U0632609

国家出版基金项目
NATIONAL PUBLICATION FOUNDATION

中国边疆研究文库·初编
东北边疆卷四
姜维公 刘立强 主编

奉天边务辑要
盛京典制备考
盛京奏议

黑龙江教育出版社

图书在版编目（ＣＩＰ）数据

中国边疆研究文库. 初编. 东北边疆. 第4卷 / 于逢
春，厉声主编；姜维公，刘立强分册主编. -- 哈尔滨 :
黑龙江教育出版社，2014.4
ISBN 978-7-5316-7339-2

Ⅰ．①中⋯ Ⅱ．①于⋯ ②厉⋯ ③姜⋯ ④刘⋯ Ⅲ.
①边疆地区－地方志－著作研究－东北地区 Ⅳ．①K29

中国版本图书馆CIP数据核字(2014)第077416号

丛 书 名　中国边疆研究文库·初编
主　　编　于逢春　厉　声
本 卷 名　东北边疆卷四
本卷主编　姜维公　刘立强
本卷书目　奉天边务辑要
　　　　　盛京典制备考
　　　　　盛京奏议

选题策划　丁一平　华　汉
责任编辑　葛　然
封面设计　sddoffice. com
版式设计　王　绘　周　磊
责任校对　王丽波
出版发行　黑龙江教育出版社
　　　　　（哈尔滨市南岗区花园街 158 号）
印　　刷　山东临沂新华印刷物流集团有限公司
开　　本　640 毫米 ×960 毫米　1/16
印　　张　21.25
字　　数　260 千
版　　次　2014 年 6 月第 1 版
印　　次　2014 年 6 月第 1 次印刷

书　　号　ISBN 978 - 7 - 5316 - 7339 - 2　　定　价　42.00 元

黑龙江教育出版社网址:www.hljep.com.cn
网络出版支持单位:东北网络台(www.dbw.cn)
如需订购图书,请与我社发行中心联系。联系电话:0451 - 82529593　82534665
如有印装质量问题,影响阅读,请与我厂联系调换。联系电话:0539 - 2925628
如发现盗版图书,请向我社举报。举报电话:0451 - 82533087

中国边疆研究文库·初编
——近代稀见边疆名著点校及解题

编委会成员名单

主　　　编：于逢春　厉　声

副　主　编：丁一平　李大龙

编委会成员：(以姓氏笔画为序)

丁一平　于逢春　马大正　马玉华

王日根　王柏中　乌云格日勒

厉　声　邢玉林　吕一燃　汤开建

李大龙　李国强　忒莫勒　张　云

张永江　阿地力·艾尼　季垣垣

周清澍　孟　楠　姜维公　黄维忠

中国边疆研究文库·初编·东北边疆卷

编委会成员名单

主　　　编：姜维公　刘立强

编委会成员：(以姓氏笔画为序)

田毅鹏　刘立强　孙　倩　孙德华

李晓光　李慧娟　杨　军　吴明罡

何海波　陈　健　姜维公　姜维东

高福顺　桑秋杰　韩　钢　舒　畅

本卷标点者

《奉天边务辑要》　李廷玉　傅　疆　撰　孙伟祥　标点
《盛京典制备考》　崇　厚　撰　孙伟祥　标点
《盛京奏议》　　佚　名　撰　王　凯　标点

序　言

　　边疆既是一个地域概念，也是一个政治概念。就地域层面而言，是指国家毗连边界线、与内地（内陆、内海）相对而言的区域。一般而言，历史上中国的边疆是在秦统一中原、其重心部分形成之后确立的，有着两千多年的历史沿革。相应地，中国的边疆研究也有着悠久的历史和优良的传统，并与国家和边疆的安危息息相关。

　　从近代到新中国成立，中国边疆研究曾出现过两次研究高潮，第一次研究高潮是19世纪中叶至19世纪末，西北史地学的兴起，国家边界沿革的考订、边疆民族发展的著述等，是这一时期中国边疆研究高潮的标志。在边疆研究的热潮中，一些朝廷的有识之士开始学习近代国际法的领土主权原则，与蚕食我国领土的列强势力相对抗。黄遵宪、曾纪泽等都曾以"万国公法"为武器，在处置国家边界事务中与英、俄列强执理交涉。在边疆研究领域，学者们开始将政治学、法学等与传统的史学、地理学等相互结合，开创了现代意义上的边疆学研究。

　　第二次研究高潮是20世纪20年代至40年代，是在国家与民族危机激发下出现的又一次中国边疆研究高潮。国际法与政治学方法也被广泛地运用到中国边疆史地的研究之中，边政学的创立与研究、以现代学术新视角和新方法对中国边疆进行的全方位研究，是这次高潮的突出成就；研究内容也从边疆领土主权、历史地理扩展到民族、语言、移民、中外交通等领域。与此同时，边疆考察作为中国边疆史地研究的内容与方法，也愈益受到重视。

两次研究高潮的实践与成果，实现了中国边疆研究从传统中国史学研究向现代多学科综合研究的转变，为中国边疆研究学科领域的进一步拓展与深化奠定了基础。新中国建立后，中国边疆史地研究方兴未艾。继而在改革开放大潮的推动下，带来边疆学研究的三度兴起。此次研究高潮酝酿于20世纪80年代初，兴盛于90年代，至今热度不减。

1983年，中国社会科学院中国边疆史地研究中心（以下简称"边疆中心"）成立，这既是我国边疆史地研究第三度热潮的产物，也进而成为国家边疆研究的前沿引领者。

近30年来，边疆中心在边疆研究领域已取得了丰硕的学术成果，很多研究成果不仅填补了新中国成立以来各自领域的学术研究空白，而且以综合性、系统性、科学性的特点，成为目前国内同类研究中的优秀作品，对学科建设和发展、对推动全国边疆史地研究，均起到了举足轻重的作用。在研究内容方面，已形成了从最初以中国近现代边界研究为主，发展到以古代中国疆域史、中国近代边界沿革史和中国边疆研究史三大系列为重点的研究格局。近年，坚持基础研究与应用研究并重，在继承和弘扬中国边疆史地研究遗产的基础上，已逐步形成了历史研究与现状研究、基础研究与应用研究融而为一的中国边疆学研究模式。

边疆中心所实施的应用研究，是以当代我国边疆的稳定和发展现状为切入点，直面当代中国边疆面临的紧要问题和热点问题，进行跨学科的综合性研究。中国边疆研究不但要追寻边疆历史发展的规律和轨迹，还应探求边疆发展的现实和未来。当代我国边疆现状研究首先是当代中国社会发展的现实需要，也是中国边疆学学科发展的需要。我国边疆区域的发展现实，促使中国边疆现状研究的内涵和外延要有新的学科定位：即将中国边疆作为统一多民族国家的有机组成部分，作为一个完整的研究客体；现状与历史不可分，现状的历史实际上也是历史的现状，所以要进一步加强历史的和现状的综合性一体研究。通过对学科布局的适时调整，中国的边疆研究不断取得学科突破和新的学科增长点，进而尽快实现以基础研究为主的中国边疆史地研究向基础研究与应用研究并重的中国边疆研究的过渡。

短期内，我国在中国边疆疆域理论研究方面必须明确主旨，并应该有大的突破。在深化实证研究的同时，应进一步加大理论研究投入的力度，不断探索中国边疆历史与现状发展的规律。在实证研究的基础上，努力为历史上多元一体的中华民族边疆地区的政治、经济、人文发展和变迁构筑理论体系，是中国边疆史地学研究的根本目标。近30年来，大量高水平的研究成果相继面世，为中国边疆疆域理论体系的构建与未来中国边疆学学科体系的构建奠定了坚实的基础。

一方面，边疆实证研究的不断深化，需要理论层面的支撑。在中国古代历史疆域理论、历代边疆治理理论、古代统一多民族国家边疆地区的发展规律、古代边疆民族在多元一体中华民族中的发展规律等方面，以及在近现代陆疆、海疆与边界的理论问题等方面，通过大量的实证研究探索其中的规律，进一步构建我国边疆历史发展与统一多民族国家发展的理论体系。

另一方面，边疆研究学科的发展需要尽快完成中国边疆学学科的构建，包括边疆学学科的概念、界定与范畴，学科性质和功能，学科体系构建等一系列理论问题，建立以马列主义为指导的、有中国特色的中国边疆学理论体系。近年来，国内数所大学以开设边疆学博士点为契机，也在加紧边疆史地学科的构建；一些高校和地方科研院所，先后以"中国边疆学"或"中国边疆史地学"的学科定位建立了相关的学科专业；围绕边疆研究先后出现的相关学科命名有边疆政治学（边政学）、边疆史地学（边史学）、边防学、边疆安全学（边安学）等。但从学科层面看，在学术界尚未形成统一的认识，缺乏基本学科框架的规范系统论证。在诸如边疆学的内涵与外延及整体构建等方面还需要做更多深入研究；在疆域理论研究方面则需要投入更多的力量，尽快拿出较为成熟的成果。同时，应注重学科理论建设与方法论的进一步开拓，在原有的历史学、民族学、历史地理学等为主的基础上，扩展引入政治学、社会学、法学、国际关系学、地缘政治学等理论与方法，进一步突出边疆研究作为跨学科、边缘学科和新兴学科的特点与优势，不断加快学科建设步伐。

学术研究与研究成果的出版是并行的。20世纪80年代末，当组建不久的边疆中心在成果出版方面寻找出路的时候，黑龙江教育出版社以高度的社会责任心与敏锐的学术眼光，伸出了合作之手。一晃至今，双方精诚合作了20多年。先是以"边疆史地丛书"的形式，自1991年3月开始出版，截至2011年，先后有70余种边疆研究著（译）作面世。已出版的学术著作得到了学术界和读者的广泛关注，取得了良好的社会效益，持续有力地推动着中国边疆研究学科的不断发展。如果说边疆中心在边疆研究方面成为学术前沿的引领者，那么黑龙江教育出版社则以边疆研究成果的出版而成为国内外知名的品牌出版社。

在当前我国边疆研究氛围持续高涨的形势下，经边疆中心与黑龙江教育出版社共同努力，将以更为严格的科学态度、更为严谨的学风文风，共同出版水平更高的边疆研究著作。双方遂决定以"中国边疆研究文库"的形式，由边疆中心组稿审定，黑龙江教育出版社编辑出版。

"中国边疆研究文库"由"中国边疆研究文库·初编——近代稀见边疆名著点校及解题"与"中国边疆研究文库·二编——当代学人边疆研究名著"两部分组成。前者共选出50种近代以来面世的我国边疆研究学术著述，在实施点校的基础上，做出导读性与研究性的解题，予以重新出版；后者选择50种新中国成立60多年来我国（包括台湾、香港、澳门）边疆研究的老一代知名学者、中年有为学者、年轻后起学者的著述，汇集出版。可以说，这些著作基本代表了目前我国边疆学研究的水平。

同时，对1949年后有较大影响的边疆研究著述又进行了修订出版，特别是将新近的研究成果充实其中，使这些有影响的研究成果内容更加翔实、完整，更具学术价值。

今天，中国边疆研究已是一门具有广阔发展空间的显学，呈现在读者面前的"中国边疆研究文库"尚属开创之举，一定有诸多不尽如人意之处，衷心希望得到广大读者的支持帮助、批评指正。同时，我们也有信心，在目前"中国边疆研究文库"初编、二编100部著作的基础上，继往开来，努力开拓进取，组织更多边疆研究的优秀成果，继续出版三编、四编……为我国边疆研究的持续兴盛，为繁荣边疆的历史文化，为今天我国边疆的社会稳定和经济发展，做出应有的贡献。

需要说明的是，本"文库"系国家出版基金特别资助项目，如果没有国家出版基金办大手笔支持我国的出版事业，本"文库"是无法面世的。在此，请允许我们表示诚挚的感谢。

主编谨识

初编序言

一、"中国边疆研究文库·初编"入选典籍的成书背景

"中国边疆研究文库·初编——近代稀见边疆名著点校及解题",为清朝、民国时期稀见边疆名著的选辑,以及对这些入选名著的点校与解题。

以往人们探讨近代中国边疆问题,特别是考察近代中国士大夫与学者关注边疆事业,都以1840—1842年鸦片战争为标志性事件。故编选近代边疆名著的时限也以鸦片战争为界,即鸦片战争之前为古代,之后为近代。

但中国近世最高统治者、士大夫与学者群体关注具有近代意义上的边界、边境与边疆事业,大致始于18世纪后期,当时英国还没有对中国发动鸦片战争。所以说,这种对边疆事业的关注并非像许多学者所主张的那样,是来自于鸦片战争对中国官民的刺激。我认为,这种关注起初是与清代中国学术发展的内在理路直接相关的,只是后来因中国在鸦片战争中败于英国而激起了中国士大夫与学者的爱国之心,这种爱国之心又与此前的学术发展的内在理路相结合,于是便促成了近代中国第一次边疆研究的高潮。因此,"中国边疆研究文库·初编"选入的近代稀见边疆名著,并不局限于鸦片战争之后,而是根据实际情况,酌量从清朝

中后期开始的。

就中国近世学风衍变而言，17 世纪 40 年代明朝灭亡是一个标志性的转折点。明清易代对汉族学者的内心冲击巨大，他们纷纷反思明朝空疏的经学之风、"玄妙"的理学弊端，逐渐开始提倡实证—考据学风。关于明清两代学风之差异，日本江户时代著名学者太田锦城（1765—1825 年）有"得明人之书百卷，不如清人之书一卷"之叹。

实际上，中国近世学者群体开始由经学—理学向实证—考据学的转变，在 18 世纪初期就已基本完成了。到了 18 世纪后期，常州士大夫庄存与转向今文经学的研究，标志着以常州为中心的今文经学派的诞生。该学派后经庄氏外孙刘逢禄的躬身实践与提倡，对学界与政界的影响也越来越大。该学派的显著特征是提倡经世致用的学风，谋求在儒学政治框架中注入变革的内容。因该学派倡导文献考证与实地考察相结合的研究方法，崇尚客观主义与实证主义精神，故其学者不久便将这些入世学风、研究方法与学术精神投射到急需经世致用之学的边疆地区。18 世纪后期，清帝国统一疆土的事业进入高峰，引起了以经世致用为己任的常州今文经学家龚自珍、魏源等的关注。对于清帝国重返帕米尔高原一事，龚自珍特作一首七律——《汉朝儒生行》来表达自己的心情："汉朝西海如郡县，葡萄天马年年见。匈奴左臂乌孙王，七译同来薰街宴。"[①] 嘉庆二十五年（1820 年）秋，大和卓木后裔张格尔（1790—1828 年）入侵南疆。[②] 时龚自珍刚出任内阁中书，于是马上撰就《西域置行省议》提出在新疆设置行省，用郡县制替代伯克制，以期探寻出一个长治久安的方略。道光八

① 王佩铮编校：《龚自珍全集》，460～461 页，上海，上海人民出版社，1975。
② 《清宣宗实录》卷 4 "嘉庆二十五年庚辰九月庚寅（七日）"条，北京，中华书局，1986。

年（1828 年），张格尔兵败被诛。①翌年，龚自珍会试中试，朝考题目为《安边绥远疏》，② 他趁机将其深思熟虑的屯田固边之策淋漓尽致地表述出来。

道光五年（1825 年），常州今文经学派中的另一位著名学者魏源 ③受江苏布政使贺长龄之邀请，编纂 120 卷本的《皇朝经世文编》。该书收集的文献为清中前期士大夫与学者的各种作品，规模浩大，对研究清代政治具有重要价值，为"当时对国内外现实问题进行研究的重要开端"④。1831 年前后，魏源编纂了 14 卷本的《圣武记》。该书之特色在于系统地记述了清初到道光朝中期的历次重大战役，特别是翔实地记录了清朝统一疆土的历次重大战役。

从清朝中晚期以降，学者们开始关注与研究边疆问题，就常州今文经学派而言，其主要理由大致有以下几个方面：一是该学派自身所具有的经世致用性格使然；二是内地人口膨胀，该学派主张向边疆移民；三是中华帝国重返帕米尔高原，激起了士大夫与学者的幽古之思与雄心壮志；四是清朝属国——浩罕内侵，以及张格尔叛乱等，引发了学者关注西域的热情。对此，美国学者艾尔曼一语中的："客观主义与实证学风在中国的出现，不是 19世纪帝国主义和鸦片贩子移植的突发性进步。"⑤

鸦片战争后，清王朝的海疆处于西方列强的坚船利炮之下，门户洞开；陆疆处于俄、英殖民者的铁炮火枪射程之内，或被鲸吞，或被蚕食，边疆危机频仍。魏源依托其边疆问题的先行研究优势，立即做出反应。首先，他于 1841 年依据林则徐委托他人

---

① 魏源撰，韩锡铎、孙文良点校：《圣武记》卷 5《道光重定回疆记》，188～189页，北京，中华书局，1984。

② 王佩铮编校：《龚自珍全集》，112～114 页。

③ 魏源（1794—1857 年），名远达，字默深。

④ 艾尔曼著，赵刚译：《从理学到朴学》，167 页，南京，江苏人民出版社，1995。

⑤ 艾尔曼著，赵刚译：《从理学到朴学》，26 页。

所辑的描述外国地理、风物与历史的《四洲志》，参以中国的历代史志，编纂了《海国图志》50卷，后经修订、增补，到咸丰二年（1852年）成为百卷本。其次，他于咸丰元年（1851年）开始纂修《元史新编》一书，两年后告竣。

嗣后，从19世纪40年代初期到20世纪40年代末期，一百多年间，中外关系问题，特别是边疆问题，成为朝野上下关注的焦点。有关边疆地区的历史、政治、地理环境、民族分布、经济、文化、习惯等问题的论著与调查报告等，可谓汗牛充栋。对于今天的我们而言，这些作品不但是不可多得的文化遗产，而且具有很高的学理与学术价值，更具有不可替代的现实意义、借鉴价值。

为了给相关研究者与关注边疆问题的人们提供这方面的研究资料，我们特选一些清朝中后期及民国时代的具有一定社会影响力或学术价值的代表性作品，予以标点与适当注释，以供读者参考。

二、"中国边疆研究文库·初编"编纂缘起

促使我们动手编纂"中国边疆研究文库·初编"的缘由，主要是因为我国边疆及周边环境的变化，以及由此派生的研究与解决边疆问题的紧迫性。我国从1978年启动改革开放政策至今，业已持续了三十五六年，所取得的成就堪称举世瞩目，此不赘言。但成就有时与麻烦相伴而生，近些年来，我国边疆的内侧与外部，都发生了剧烈变化。

仅就中国内部陆疆环境而言，随着社会经济差异的扩大，以往潜在的诸多边疆问题日益表面化。

在海疆领域，《联合国海洋法公约》于1982年通过，1994年生效。出于不同利益，周边各国对《公约》有不同解释。南海周边国家采用的有些手法则是避开《公约》原则精神，而抓住并利

用《公约》的某些具体条款，不顾历史事实，抢占海洋权益。近来，东海问题频现，中日钓鱼岛、中韩苏岩礁之争，经常牵涉着中国人的情感。尤其是南海局势更加复杂，我国在南海的历史主权、现实主权和管辖权等都面临重大现实威胁。同时，南海周边国家也经常祭出一些海疆理论，在国际学界获得一定程度的"共鸣"。对此，我们不能用非学术性语言去应对，不能笼而统之地予以简单批判。从边疆学的视角来看，廓清中国拥有海洋历史主权、现实管辖权、海洋权益的历史脉络与法理根据，为认识和处理现实海洋主权问题提供有力的理论支撑已刻不容缓。

就我国周边态势来说，伴随着中国的崛起，先是西方国家别有用心地鼓噪"中国威胁论"，而后传导到周边国家。现在的周边局势是，一些邻国利用我国以邻为善、以邻为友的政策，一边频出"中国威胁论"的噪声，一边毫无顾忌地强占我海疆岛礁、霸占我陆疆领土。另外，中国与周边国家之间的关系可谓源远流长，错综复杂，一言难尽。近代以前，中国与一些周边国家之间程度不同地存在着藩属关系，直到19世纪末，这种"宗藩体系"才基本上瓦解。如何看待和界定历史上的彼此关系，不但都有一个"理顺"的问题，而且还有领土分割与文化传统的首发权等问题。值得关注的是，1949年以后，中国与周边国家的关系也经常变化，如20世纪50年代是"一边倒"，60年代是"反帝反修"，70年代是支援世界与邻国革命，80年代转向自主和平外交，今天则提出睦邻外交。短时期不断变化的周边政策，使邻国难免产生不安，但我国现在真诚地实施睦邻友好政策是有目共睹的。无奈树欲静而风不止，一些邻国恰恰是利用我们的善良来达到其不可告人的目的。

中国疆域是通过内地与边疆交互变更、边疆与藩属（部）互换角色的形式最终形成的。新中国成立后，我国在边疆地区普遍实施了与中国传统有所不同的民族政策、宗教政策与区域自治政策，并成立了自治区、自治州（盟）、自治县，这些政策与体制的制定根据与实施效果，直接影响着边疆地区的社会进步与经济发展，而对这些政策与体制，特别是在边疆地区产生的效果的研究，是边疆学的主要任务之一。另一方面，随着周边国家的民族主义思潮的兴起与经济的进步，这些国家都在积极用近代民族主义理论编纂本国历史、建构本民族谱系。在此过程中，历史上曾经是中国藩部或属国（属部）的周边国家，都或多或少、或轻或重地与中国在历史问题上或领土问题上有所瓜葛。这些瓜葛的产生，莫不同中国疆域的形成过程与中国古代疆域观、近代中国的民族国家建构、民族主义生成与领土变更等边疆学理论问题有关。现在看来，由于时势衍变，单从历史与地理的角度着眼来解决这些问题，显然是力所不逮的，或者是无济于事的。另外，伴随着周边国家的先后独立，特别是受到近代民族主义思潮的影响，它们无一例外地都在构建本国"辉煌"的历史及本民族"伟大"的发展历程，希冀以此来树立国家与民族的自信。但以往长时间存在的所谓的"中华的世界秩序"是一个无法磨灭的痕迹，更是一道难以逾越的心灵之坎，不否定它就难以建立名副其实的民族自信，否定它自然就会衍生出"中国威胁论"。所以，关于历史上曾经是中国藩部或属国、今天业已独立的周边国家的心理问题，单靠外交努力、自我表白是不能从根本上解决的。

基于上述边疆内外情景，我们与黑龙江教育出版社于2010年初决定编纂、出版一套大型边疆研究方面的丛书，在某种程度上回应这些边疆问题。这套丛书全称"中国边疆研究文库"，内分初编、二编。其中，"中国边疆研究文库·初编"（50种），拟选近代稀见典籍，由相关边疆研究学者整理、点校与解读；"中国边疆研究文库·二编"（50种），为当代边疆研究前沿学者的研究成果。

实际上，自1989年起，黑龙江教育出版社便出版了边疆史地方面的研究图书。兹后直至 2009 年底，集腋成裘，业已出版图书 60 余种。这些图书受到了广大读者的欢迎和学术界的好评，取得了显著的社会效益，极大地促进了边疆史地研究的发展进程，黑教社也逐步确立了在业内的品牌地位。由于 20 多年不间断地组稿与编辑、出版，使得黑教社在边疆图书编辑与出版方面，拥有一支高素质、专业化的队伍。

正是基于上述这些条件，我们萌发了利用黑教社已有的资源，根据边疆社会发展与周边形势变化的需要，重新策划、编辑与出版一套大型边疆丛书的念头。当我们把这个念头告知黑教社社长丁一平博士时，未曾想丁博士也早有此意。于是，我们决定共同规划、编纂并出版这套丛书。恰好这时出版署启动"国家出版基金资助项目"，于是我们与丁博士决定联合申请，并立即着手草拟且反复修改"国家出版基金项目申请书"，承蒙国家出版基金规划管理办公室严格把关定向及评审专家们的厚爱，"中国边疆研究文库"最终荣获"国家出版基金资助项目"。

我们策划、编纂与出版"中国边疆研究文库·初编"的宗旨很明确，就是希冀通过析出晚清民国时代的具有代表性的边疆研究作品，从先人那里汲取经验，从学术层面来解读一些紧要的边疆问题。拟探讨的边疆问题大致有以下几个方面：

首先，我国边疆省区占我国国土面积的 60% 以上，同时又是我国大多数少数民族的聚居地。由于特定的历史条件，边疆地区的经济、文化等从古代开始就与中原等内地省份有着不同的特点。步入近代后，西方列强环伺边疆，边疆地区人民饱受被侵略及丧失家园的痛苦。另外，从古至今，由于特殊区位及诸多条件的限制，使我国大多数边疆地区在总体上处于欠发达状态。在这种条件下，如何在政治上进一步维护国家领土完整、维护边疆地区社会的稳定，如何在社会经济上加快边疆地区的发展、尽快改变边疆面貌、缩小边疆与内地的差距等，都是我们想适当地予以回答的问题。

其次，由于历史与现实的原因，中国与周边国家之间仍存在着一些显现或潜在的问题。譬如中俄、中朝与中印、中哈等国之间的国际河流航行及污染问题；中印之间存在着领土之争；中国与东南亚诸国及中日、中韩之间尚有领海、岛礁、大陆架及海洋专属经济区之争等。

第三，西方国家对华实施文化与意识形态输入，周边一些国家对华进行宗教乃至于极端宗教渗透等，这些都在一定程度上影响着我国边疆的安宁和社会的稳定。

第四，现在，海洋已成为我国经济发展的生命线，我国日益向海洋大国迈进，海上国土已成为制约中华民族能否复兴的重要条件。在此背景下，我们应该如何应对，等等。

"中国边疆研究文库·初编"共分为6卷，即综合卷、东北（辽、吉、黑）边疆卷、北部（内、外蒙古）边疆卷、西北（甘、新）边疆卷、西南（藏、滇、桂）边疆卷、海疆卷。所收著作系近代学者撰写的有关边疆的专著、档案文献、笔记、调研报告等稀见边疆名著。"中国边疆研究文库·初编"除了对这些著作予以标点及最低限度的校勘之外，着重予以解读，以便于读者了解原作者的学术生平、图书内容与学术价值及影响。应该说，"中国边疆研究文库·初编"对于我们深入了解近代边疆问题，探寻近代中国边疆与边界的演变，有着重大的意义。

三、"中国边疆研究文库·初编"入选典籍的范围与解题

晚清民国时代，有关边疆及周边的各种文献汇编、资料整理、编辑与出版的成果已经非常丰富，如晚清时代有朱克敬辑的《边事汇钞》（12卷）、《边事续钞》（8卷）、《柔远新书》（4卷）①，陈麟阁编辑的《历代筹边略》②，金匮浦氏编的"皇朝藩

---

① 清光绪六年长沙刊刻本。清光绪七年以后的内容大都收入"挹秀山房丛书"，长沙刊刻本。
② 四川广安州学署刊本，清光绪二十三年。

属舆地丛书"（6 集 28 种）①，胡思敬编的"问影楼舆地丛书"（10 册 15 种）② 等。到了民国时期更是层出不穷，如赵藩、陈荣昌编的"云南丛书"（152 种）③，丁谦撰的"蓬莱轩地理学丛书"（28 册）④，金毓黻编的"辽海丛书"（87 种）⑤，禹贡学会辑的"边疆丛书甲集"（6 种）⑥ 等。还有一部值得一提的丛书是王锡祺撰的"小方壶斋舆地丛钞"⑦。该丛书共 64 卷，收书多达1 348 种，选书范围广泛，既有专书、地志，也有清人笔记、札记，还有各种传抄本、稿本、亡佚文献等，保存了有清一代珍贵的、相对完整的舆地资料。

晚清民国时代还翻译了许多外国学者或机构研究中国边疆的文献，如重野安绎、河田罴撰的《支那疆域沿革略说》⑧，英国海军海图官局编著、陈寿彭译的《中国江海险要图志》⑨，金约翰撰的《海道图说》⑩ 等。

另外，适应地理学与边疆研究的需要，晚清民国时代还成立了许多专业学会，如成立于清宣统元年（1909 年）的中国地学会，由地理学家、地质学家、水利学家及历史与教育学家组成，著名的学者有张相文、白眉初、黄国璋、丁文江、翁文灏、蔡元培、陈垣、张星烺、聂崇岐、张伯苓等。正式成立于 1936 年的禹贡学会，由顾颉刚和谭其骧发起，刘节、黄文弼、于省吾、钱穆、唐兰、洪业、张国淦、顾廷龙、朱士嘉、韩儒林、翁独健、

---

① 上海，上海书局，清光绪二十九年。
② 江西新昌胡氏京师活字本，清光绪三十四年。
③ 昆明，云南图书博物馆刊印，编印始于 1914 年，1942 年停版。计有"云南丛书初编"152 种、1 148 卷，"云南丛书二编"53 种、254 卷。
④ 杭州，浙江图书馆刻本，民国四年。
⑤ 沈阳排印本，1933—1936。
⑥ 北平，禹贡学会铅印本，1937。
⑦ 上海，著易堂铅印本，光绪十七年。
⑧ 武昌，舆地学会刻本，晚清刻本。
⑨ 上海，经世文社石印本，清光绪二十六年。
⑩ 上海，上海书局石印本，清光绪二十二年。

吴丰培、苏秉琦、侯仁之等著名学者参加。这些学会既出版杂志，又发行图书，以传播相关知识与学术，如中国地学会曾主编"地学丛书"① 等。

关于边疆档案文献的编辑与出版，北平故宫博物院文献馆先后编印了《筹办夷务始末》②《清嘉庆朝外交史料》③《清道光朝外交史料》④《清光绪朝中日交涉史料》⑤《清宣统朝中日交涉史料》⑥《清光绪朝中日交涉史料》⑦《故宫俄文史料》⑧ 等。另有蒋廷黻的《近代中国外交史料辑要》（上下卷）⑨，于能模等编的《中外条约汇编》⑩、王纪元的《不平等条约史》⑪ 等。

另外，边疆地域的地方志与乡土志，基本上省、府、县志均齐备，可谓汗牛充栋。如沿海地区的省志有孙尔准等修纂的（道光）《重纂福建通志》⑫、李厚基等修纂的（民国）《福建通志》⑬ 等，沿海地区的府志有李琬等修纂的（乾隆）《温州府志》⑭ 等，恕在此处不再一一列举。

新中国成立后，特别是改革开放以来，许多学者对晚清民国时期有关边疆研究方面的各类论著、游记、笔记、档案文献等予以整理，或标点或影印出版。卷帙浩大，此不赘述。

"中国边疆研究文库·初编"的主要特点在于遴选典籍范围、入选标准与同类出版物有所区别。同时，对入选各书均予以解题。

---

① 张相文编，天津，中国地学会铅印本，民国二十四年。
② 又称《三朝筹办夷务始末》，北平，北平故宫博物院影印本，1929—1930。
③ 北平，北平故宫博物院铅印本，民国二十一年。
④ 北平，北平故宫博物院铅印本，民国十九年。
⑤ 北平，北平故宫博物院刊行，民国二十一年。
⑥ 北平，北平故宫博物院刊行，民国二十三年。
⑦ 北平，北平故宫博物院铅印本，民国二十一年。
⑧ 北平，北平故宫博物院刊行，民国二十二年。
⑨ 上海，商务印书馆铅印本，上卷，民国二十年；下卷，民国二十三年。
⑩ 上海，商务印书馆铅印本，民国二十四年。
⑪ 上海，亚细亚书局铅印本，民国二十四年。
⑫ 福州，正谊书院刻本，清同治十年。
⑬ 福州刻本，1938。
⑭ 李琬修、齐召南，等纂，温州刻本，清同治五年。

关于"中国边疆研究文库·初编"收入典籍范围、入选标准，大致有以下几个方面特点：

首先，入选图书应是在近代产生过重要社会影响或有较高学术价值者，图书首次出版时间的上限截止到清朝中期；

其次，尽可能选择存世量不多且后来没有再版者，如果已经再版，则选择再版次数极少、印数很少的图书；

第三，按照东北（辽、吉、黑）边疆、北部（内、外蒙古）边疆、西北（甘、新）边疆、西南（藏、滇、桂）边疆、海疆五个方向选书。

关于各书的解题，我们做了以下几个方面的工作：

（1）评介作者的家世、生平履历、学术经历及学术贡献、社会贡献等；

（2）论述图书的撰写背景、内容与结构等；

（3）阐述各书的学术价值，如创始性、突破性、知识性及信息储存价值、文化传承价值和史料价值等；

（4）考察各书的学术影响及社会影响，特别是对今日边界谈判与解决领土争端的作用、对今日人们认识与了解当时社会状态的价值等问题；

（5）探讨各书在边疆研究领域的学术地位，如创建学科、开拓研究体例、转变研究视野、增加研究对象等事宜。

四、"中国边疆研究文库·初编"入选典籍的版本选择与点校

"中国边疆研究文库·初编"尽量选用入选典籍的最佳版本作底本，并以其他版本参校。为了便于更大范围的读者阅读，以简化字排印。在此基础上，做了以下几个方面的点校工作：

（1）为了保持古籍原貌，对于原书中存在的一些明显的错误，如别字、讹误、脱漏等处，予以保留，但参考其他版本，在

标点者认为错误之处加上脚注。

（2）以往的古籍在排版时采用的是传统的竖排形式，此次重新出版采用了横排形式。为保持古籍原貌，我们对原书中的"如左""如右"等词语未做相应的调整，一仍其旧。

（3）为了方便阅读，凡是繁体字均改用简体字。但因清朝民国时期有的文字今天已不使用，没有现成的字可以替换，故仍然照录。

（4）关于少数民族的称谓，有些能够用今天的民族名称替换，但为了保护典籍原貌，我们没有改正，只是加上了注释予以说明。此举纯属基于学术之考量，丝毫没有不尊重少数民族之意，特加说明。

于逢春　谨识

总目录

《奉天边务辑要》解题

孙伟祥

一、《奉天边务辑要》的写作背景、成书过程与作者简介

　　清朝末年，俄国与日本相继向朝鲜渗透势力，争夺权益，经过甲午中日战争和日俄战争，日本最终取得了对朝鲜的绝对控制权。朝鲜在日本的扶持下，与中国的关系开始紧张，边界争端开始凸显。清朝为了适应当时东北局势的变化，于光绪三十三年（1907 年）裁撤黑龙江、吉林、盛京三处将军，实行行省制；设立东北三省总督，委任徐世昌为第一任总督。徐世昌到任后，为了进一步解决所谓"间岛问题"等一系列边界争端，派专人调查东北地区地形与边界事务，而奉天一带则由熟悉东北地理状况的李廷玉、傅疆带队勘察。这次勘察历经七十一天，行程两千六百四十里，重点勘察了鸭绿江的源流，足迹到了鸭绿江上游的十八道沟和十九道沟之间的塔甸。根据这次实地考察的结果，李廷玉与傅疆合撰了《奉天边务辑要》，同时绘制了《临江边界图》及《自奉至临及东边一带形势图》。

　　李廷玉，清末直隶人，在日俄战争结束后曾奉命调查过东北战后事宜，1907 年作为徐世昌的幕僚再次进入东北地区进行多次

考察活动。其学术著作除了《奉天边务辑要》之外，还有与刘建封等人合著的《长白设治兼勘分奉吉界线书》《白山穆石辨》《中韩国界说》《间岛辨》等，对于筹划在临江县附近增设长白府事宜提出了诸多合理意见。李廷玉后来担任临江县县令，并兼任长白设治委员、临通勘界委员、临辑勘界委员，兼领营务处衔，负责奉吉勘界、长临勘界及临通、临辑勘界与临江县开山通道、造舟航江事务，在担任临江县县令九个月的时间里，"所设施者，如辟山成路、伐木造梁、开放街基荒地，不索分文；革除乡约、会房，改设巡警，筹常年警费万七千余两；劝导韩侨归化千数百家，召集内地商民三千余户，与对岸日韩各官倾心相与多年；渠盗如刘苗等一并投诚；又巡警教练所、宣讲所、师范讲习所、小学校，无不极力创设"（见《奉天边务辑要·序言》），对东北地区的勘界工作与近代长白山地区的开发都做出了突出的贡献。

傅疆，清末民初浙江余杭人，曾留学日本学习法律，归国后利用所学知识参与了东北边界交涉工作，历任吉林交涉司佥事、延吉府知府、吉林府知府、吉林省城商埠局局长、财政部国税厅总筹备主任等职位。另外，傅疆在民国时期还担任过北京政府外交部特派吉林交涉员。除此之外，傅疆在我国近现代法学建设方面也取得了很大成就，他1907年翻译的《国际私法》是我国最早的国际私法著作之一。

二、《奉天边务辑要》的内容及编撰体例

本书没设分卷，而是分为十个专题，文末附加《行程纪略》。这十个专题分别为记边界，记对岸日人经营，记越垦韩①民，记日韩交涉，记胡匪，记山路、江道，记商况，记乡约，记巡警、步哨，记教育。实际上也可以将这十个专题分为两大部分，前四

---

① 1897年，李氏朝鲜在俄国的支持下，正式建立大韩帝国，改国号为韩。此处的"韩"为当时国号，并非今天朝鲜半岛南端的韩国。后同。

个专题属于当时因边界争端而出现的一系列问题，后面六个专题是为改变当地现状而采取的诸多措施。在第一部分中，作者由所谓的"间岛问题"引出当时日本人为了攫取领土利益，积极开发边界附近地区，导致韩人越界开垦中方领土的问题，从而引发数次中日边界交涉事件。在第二大部分的六个专题中，作者指出制约临江地区发展的六个不利因素，即胡匪横行、交通不便、商业不足、落后的旧式乡约组织、警备力量不足且滞后及教育不兴。针对这六个不利因素，作者一一进行了分析，并提出了相应对策。

在编撰体例上，作者将每一专题又分为两部分，第一部分指出所记专题具体情况，第二部分记载作者针对出现的问题而提出的一系列意见，同时作为考察报告性质的著作，每一专题多以表格形式记录数据及相关问题，条理较为清晰。单从标题来看，内容似乎繁杂，但在这十个专题之中，边界事务一直是本书的主线与主要内容，所以各个专题又很好地串联成一个整体。

三、《奉天边务辑要》的价值

《奉天边务辑要》虽然字数不多，但是具有很高的价值，归纳起来，主要有以下几点：

首先，该书为李廷玉、傅疆等人根据实地考察的结果撰写而成，所以可信度较高。其中诸篇中涉及的数据较为翔实，且多以表格的形式呈现，便于直观地了解表格的内容。特别是书中附加的《行程纪略》，对考察途中的地名、相关距离里数及户口、市场、警局、防军、学堂都进行了记载，可以作为研究当时相关地区的社会状况的第一手资料，具有重要的研究价值。后来徐世昌在其所著《东三省政略》一书中将《奉天边务辑要》的内容几乎全部引用，说明他对此书非常重视。另外，根据书中的相关记载可知，李廷玉、傅疆一行人在考察过程中经过多处地形较为复杂的地区，甚至可以说是冒着生命危险进行勘察活动，这种勇于为科学考察献身的精神应当为后人所学习。

其次，《奉天边务辑要》主要是对中朝边界进行考察，所以对于当时解决中朝边界事务起到了指导作用。本书开篇序言中就明确提出此次考察的原因："本年九月下旬，委员等先后蒙督、抚宪传见，谕以东事日亟，吉林东南界虽已派员经略，而临江一带密尔韩境，不可不先事筹画以为之备。"可见，此次考察的主要目的是划定临江一带与朝鲜的边界。作者通过对鸭绿江以及图们江源头长白山地区的亲自考察，指出中朝边界自清初以来以图们、鸭绿两江为天然界限，所谓的"间岛"地区属于延吉厅治辖地，并无"间岛"之名，即所谓的"间岛问题"根本不存在，从而有力地批驳了当时日方捏造的边界争端问题。作者还通过实际勘察及对清朝康熙年间界碑遗址的发现，提出两国边界以鸭绿江江心为界，而长白山主峰应当划入我界，同时提出为了巩固边界而应当采取严管边民、整顿边防的策略。李廷玉等人的这一考察结果成为当时中朝边界谈判中中方的有利证据之一，为1909年中日两国《图们江中韩界务条款》的最终签订创造了有利条件。同时作者也意识到当时勘分疆界的重要性，主张政府应当积极在鸭绿江、图们江、松花江三江的发源地长白山地区勘分中朝界限，并且主张通过设置长白府来改变临江县无力管辖边界事务的事实，明确中朝的边界，从而进一步解除当地边界争端的隐患，这为后来清政府处理长白地区的中朝边界问题提供了重要借鉴。

再次，作者在对中朝临江一带边界考察的同时，还对一些由边界争端引发的社会问题提出了自己的解决意见，这对当地的社会改革也产生了重要影响。作者在第二、三篇中针对当时日本人沿边境经营、韩民私自越境开垦土地的现实，主张清政府应继续采取移民实边政策，从内地招募农民开垦荒地，同时在边境附近增设官兵驻扎，定期巡视。另外，为了杜绝东北地区胡匪盛行、商业落后等现象，作者主张在当地增设巡警、步哨。为了振兴当地经济并加强管理，作者积极改革地方旧有乡约组织，并且建立新式驿站，这在一定程度上推动了清末政治革新的进程，对于我们今天研究清末东北地区旧有的社会结构也具有良好的借鉴作用。

　　然而，书中所提到的《临江边界图》与《自奉至临及东边一带形势图》并没有与《奉天边务辑要》一起印制，如今似乎已经散佚，无法使我们直观地了解当时临江一带边界形势，这是本书的一大缺憾。

《奉天边务辑要》标点说明

孙伟祥

　　《奉天边务辑要》最早版本为民国六年（1917 年）财政部印书局竖版铅印本，后来台湾文海出版社又以影印的形式两次出版发行。本书以文海出版社的第二版，即 1978 年《近代中国史料丛刊续编》第五十二辑本为底本进行标点。需要指出的是，文海出版社的两个版本均是影印本，出版者没有加入注释内容，完整地保存了原书内容。此外，《奉天边务辑要》尚未发现其他版本。

　　1. 本书一律按现代汉语的规范进行标点，并根据该书的具体内容，按现行行文规范进行合理分段。对原书中的用语、标点，确需更正的，以脚注的形式说明。

　　2. 对原文中出现的通假字仍按照原字形在文中列出；对原书中出现的词语混用的情况不做改动，如"视查、视察""连络、联络""勿庸、毋庸""浅鲜、浅显"等照录；对当时通用的词语、数字及语法表达形式，一仍其旧，个别产生疑问的以脚注的形式予以说明；对原文中出现的脱字、错字、别字、衍字等也以脚注的形式标出，并提出作者个人修改意见。

　　3. 对原文中出现的当时的地名、民族名称、官职名称等仍保持原貌，有歧义者以脚注予以说明。涉及的疆界问题、领土归属问题、民族宗教问题等，在保持原作者的政治立场和观点的同时，加以必要的修正。

4. 原文中随文注释及表示谦卑的小字，均用〔 〕或（ ）标出，且字号比正文略小。

5. 原文中字迹漫漶者尽可能查证相关史籍补充完善，不能补充者以□代之。

奉天边务辑要

李廷玉　傅疆　撰

序

　　前清光绪三十三年，徐尚书菊人出督东三省。以余于日俄战后调查东边，尚得要领，召佐戎幕。是年九月抵奉，奉派偕同傅君彊往查鸭绿江、长白山一带，以为防边之预备，归呈报告图说，并述邻邦谋我隐情，且建长白山附近分设郡县之议。次年，徐公檄余署临江县事，又奏派兼长白设治委员。由是，奉吉勘界、长临勘界、通临辑勘界，次第进行。而开山通道、造舟航江，亦相继规画。时余总角友魏君震方为部郎，因余资浅任重，以书抵余，谓须结欢司长某公，始无掣肘之患。余则以为作事当立定脚跟，他不足虑，因婉谢之。未几，果以领款，故与某公忤。飞语流传，百般诬陷，曰用人太滥也，曰用款不实也。幸徐公未为所动。余谒徐公，坚辞差缺，不许，请添派设治总办，许之。以总办属之张直刺凤台，余则以临江令襄助之。凡八阅月，增设长白一府及安图、抚松两县，规模大定。余辞兼差，而宰临如故，在临江凡九月，所设施者，如辟山成路、伐木造梁、开放街基荒地，不索分文；革除乡约、会房，改设巡警，筹常年警费万七千余两；劝导韩侨归化千数百家，召集内地商民三千余户，与对岸日韩各官倾心相与多年；渠盗如刘苗等一并投诚；又巡警教练所、宣讲所、师范讲习所、小学校，无不极力创设。事实详，各篇中不烦赘举。惟生平嫉恶甚严，往往与世乖忤。巡防督办纵兵殃民，则举状以攻之；采本公司藉端索贿，则列款以揭之。余方自鸣得意，且信大快人心矣。而忌余者，则亦毕力去余以为快，或嘲之为第二大帅，或讥之为第二钦差，造作流言，以图倾陷省委探查者，至十数起。幸皆端人正士，归则辄以实告。徐公信任之心，反愈以固。宣统初，徐公内召，余则亟请去官，徐公允之。卸任旅见，公顾余而言曰："汝先我退，甚佳。"余对曰："信然，稍迟则四面受敌，困垓心矣。"后五年，任赣南镇守使，孤行己意，一如宰临时。不数月，间以严拿乱党，去职且夺官，善哉。徐公之言曰："非我不能用李守，得一知己，死不憾矣。"比年，开复原官，仍侨居京都闭门思过。闲搜取在临公牍，撮要付梓，非敢自表暴也，以存实云尔。

中华民国六年一月

李廷玉　志

序言

本年九月下旬，（委员）等先后蒙（督、抚）宪传见，谕以东事日亟，吉林东南界虽已派员经略，而临江一带密尔韩境，不可不先事筹画以为之备，尔等其速协商，亲往查勘，并将应行经画各情详密查报，俾得量度情势，与吉林连络办理。十月初一日，谨奉钧札，饬带测绘学生暨护从、书记、差弁等，并照所呈手折分饬办理。懔遵之下，匆匆治装，十四首途，月抄抵临。函禀到境日期后，遂即妥慎将事逐地密勘、逐事详查。十二月二日，归自白山，临事既竣，即沿鸭绿江南下，于十二月二十五日回省。计在途七十一日，在临十一日，行道二千六百四十里。所见所闻，有可危惧者，有可欣望者，纪不胜录，录不尽意。谨就大要及今亟应整顿挽回者，纪述事略，附陈意见，都为十篇。而以伐木情形、会房概数、著名乡绅、临江辖境各保、地、户、通讯机关，拟请饬交谘议厅总核，再行分交各司、道、局、所妥筹办理。所测《临江边界图》《自奉至临及东边一带形势图》暨重要摄影，另制三册，附志例略，统乞垂鉴而施行之。谨掇序言代禀。录篇目如左：

第一，记边界

第二，记对岸日人经营

第三，记越垦韩民

第四，记日韩交涉

第五，记胡匪

第六，记山路、江道

第七，记商况

第八，记乡约

第九，记巡警、步哨

第十，记教育

附：《行程纪略》

光绪三十三年十二月二十五日

委员：李廷玉　傅　疆　谨识

第一 记边界

事 略

自来论中韩边境者，中外一词，以图们、鸭绿两江为界。图们（一曰豆满、一曰土门）江水出于长白山南麓之分水岭东麓，有二源。十数年前，北洋会办大臣吴大澂与韩委员李重夏会议吉林界务，不得要领而止。故吉林与韩交界，但能以康熙五十一年五月乌喇总管穆克登所立于图们北岸之十字界碑（"华夏金汤固，河山带砺长"）为据，而今乃起"间岛问题"。勘查奉天与韩，去俄领各地甚远，且当时韩为附庸之国，境界如何，我政府不甚措意，仅凭鸭绿江流认为天然界线，今者，中韩关系易而为中日关系。假令鸭绿江源头与图门之源成锐角形，或为交尾形，则"间岛问题"一经解决，即不致再生波折。今查鸭绿江有正源，图门无正源，不能一线相引划，然作界此，则奉吉边境最当研究处也。延吉边情，另有专员履勘前约，连络办理，未接该员函告，颇引为憾。兹第能就临江一带，述其概要而已。临江之西南境以错草沟（西）及鸭绿江（北）为界，厘然不混。其东北一隅，则江源未见，山脉错出。通常以白山派子（东）及龙岗（北）二处为定界，而韩（东）与吉林（北）是否由此起点，殊不可考。是不特临江县界不明，即奉吉省界亦不明，奉吉省界不明，则临江边界亦随之而混矣。此次查勘，重在临江边界，谨就东北隅详晰言之。所谓白山派子者，白头峰，为长白山主山，有五峰，无顶峰。水由西北向东流，土名通天河，入山顶之池，土名龙池，又曰辟门潭。天池周围可六十里，内有黑鱼，终年不冻，下三十里，坡度稍缓处，其间正南面皆轻石、石炭岩等质之石碴，其有红色草处，土名赤山。东南为横山派子，以下有三炰池，池下二白石峰矗峙，左峰状如石佛坐像，右如武将立像。两峰之间，即鸭绿江发源处，多轻石，土名江掌，韩人称之曰张弓棒，意即江掌峰也。水由峰间悬下成瀑布，深两丈许，正南流三十里，转向东南三十里，经年急流不冻，九十里抵龙门硝，硝石对立如门，高丈许。中为江流正派，左右有数小水注入之（硝左，韩人垒石为小庙，现尚存其形式）。西南流受韩界葡萄山来水，过独山里（韩名"少刀盖"），自开水（韩名"利母格加"）、狮项岭至深浦里（皆韩界地名）约五十里，水势畅流，又三里，即我界之二十四道沟，江宽四五丈，二十一道沟下则宽可七八丈，自此屈曲流驶为临江南界，水线极明，惟江中有大小洲渚、硝石，界乎我岸、韩岸之间者，将来定边界时，极当加意者也。是江两岸形势、水流及地名城邑所在，另绘详图，兹不具赘。但有一事足记者，即江源左岸四五里三炰池有残垒矗立雪中，丈余，雪深不能逼视，是否当日两国界址，颇难悬断考之。日人守田氏最近著书，"立于长白山头之清韩界碑，以土门为界"一语（见陆军步兵中佐守田利远氏明治三十九年九月出版之《满洲地志》第七编，第三章第一节《间岛概言》），或即指此残垒欤。若然，则冰融雪消以后，由驻延吉专员溯图们江源至此视查，确实不第，奉韩边界从此了然，即"间岛问题"亦可从而解决矣。更有与边界当一律重视者，奉吉省界是也。临江北负龙岗，岗脊即省界，不过寻常模拟之词，并无佐证。龙岗自白头峰起，至临江西界，实已五百余里。岗阴半为韩边外辖地。东由古洞河至西方大鹰沟宽街，宽可二百四十里。北由牡丹岭穆禽河至南方花砬子、那尔轰地方，长可二百里。（见《守田地志》第七编，第二章第三节第一项《领域位置》）临江土民称其地为岗后，称边外为大房子，实则踞长白山阴牡丹、松花两江发源一带之地，而为临江、吉林间之秘密国，固不能谓为奉天辖地，亦不得为吉林境土。幸与朝鲜隔一临江县界，不至如"间岛"之惹起交涉。然使长白山头中韩境界不明，亦足为满洲将来之大患者也。

意　见

"间岛"交涉之争点，我以该地为延吉厅治辖地，知有延吉厅而已，不知有所谓"间岛"，论似是也。而彼则曰："图们江者，韩界稳城以下大河之定名，上有二源，在北为图们江（韩称'分界江'），在南为豆满江（韩称'伊后江'，即'图们色禽'）。"土门、豆满固为图们之异音，然则土门、豆满之间之地果将谁属，论亦未尝非也。积此二说，构成今日之境界交涉。推厥原因，在彼则欲图吉林以防俄，在我则徒有厅治而不理。此案归宿必待两国会勘而始定。今之鸭绿与图们同上流虽在临江境内，亦犹延吉之有名无实。溯自江源以迄帽儿山七百余里，四道沟以上韩民多于土著，十八道沟以上日人多于韩民（详第二篇），二十一道沟以上几无人迹，此岸、彼岸谁为之证？顾由此越长白而北即为混同、松花江源，抵吉长铁路东端转绕，由"间岛"且近数百里。不得志于北势，将折而图南第二"间岛问题"，可朝夕至也。故为绸缪未雨之计，对于外宜勘界定约，对于内宜设官驻兵。界约之事，吉林、奉天自必同时举办。而据查，鸭绿一带于会订时，窃谓有当注意者七事：

（一）图们、鸭绿两源不得引成锐角，必将白山主峰划为我界，多立碑址，记明经纬度数。

（二）宜定明江心为界，遇有洲渚与两岸直角距离相等者，除未涨出或每年涨水时被淹没者外，不论面积大小，均宜指定名称，作为两国共有洲渚，严禁公私一切经营。

（三）凡非条约允许之地（此就我岸言），不准日韩官越界驻守及移住。其已越界盗木之日官（事详第二篇）及光绪二十五年后越垦之韩民，一概撤回，韩民有愿久住者，准其归化。

（四）两岸各地，但系经过或雇佣之官民，以非有战斗行为者为限，准其跨岸往来。

（五）两国有一国提议修浚或利用江道，须经协商，以无碍对岸国公私利权为限，方准独办。若必须合办之事，须得两国政府承认。

（六）一国独办事业，不得征收对岸国人民之通过税。

（七）两岸炮弹能及之地，均不许建筑炮台及驻守军队、军舰。

此七者，皆从现在已有、将来必有之情弊立论，未敢一语涉及夸张者也。能尽如是，则边患或可稍弭。然仅对外而不治内，则空穴来风，虽有约章，仍属空文耳。拟请在临江东境、韩界惠山镇对岸（日人经营情形第二篇）增设州治、驻扎防军、扩充巡警，办法另述第九篇中，兹不赘具，但就州治设立方法，条举大概如左：

甲、定界

临江辖境原有长、庆、荣、洪、壬、富六保，东西四百里，南北百里，共计面积四百万方里。东南与韩邻，西北与通化、辑安搭界。今设州治，拟请划长、庆、荣三保之地（即临东南一带，东至白头山，北界吉林韩边外）及迤北岗后（即韩边外领地）各地，面积约五十万方里。为州治建署于塔甸（原名协山城，甸子地较临江邑城宽可一倍），适与韩界惠山镇相对，形势扼要。

原有临江县仅余洪、壬、富三保（富生保实只半保之地，其半划归辑安），且皆瘠地，拟请划辑安迤东滋生、祥和二保（滋生亦系半保地，与临江富生保相连，祥和地面已垦者，多可补临江之不足）归入临江县，而以蒿子沟或羊鱼头（祥和保地有高岭）为界。盖辑安原有十一保半之地，太觉辽阔，不便管理，只拟划出二保者，因过此，即辑安县城所在不宜过事纷更也。

岗后漫江、汤河二处，名为吉林府辖境，实去府城千有余里，地势辽阔，韩边外占踞其间，久为盗贼渊薮。应请划分漫江、汤河之地，设立二县，归奉省统辖，则长白一带声势连络而荒地亦渐开辟。

乙、管辖范围

兴京厅管辖区域，本嫌辽远。兹复增设一州二县，且割取吉林一隅之地，似非另建直隶州，不足以资统治，今拟设直隶州于鸭绿上游，名曰长白直隶州。新设之漫江、汤河二县及原属兴京厅之临江、辑安统归长白州管理。一州四县，东西约千里，南北约四百里，其形势固大有可为也。

丙、简员

长白州知州宜选知兵、知外交之干员，俾之以特权，重之以厚禄，使得从容展布、延揽人才而无所于困。

漫江、汤河二县，宜派知兵之设治委员。其地本属韩边外领域，能仿云贵各省土司之例，特派韩效忠为漫江设治委员，则势顺而无乱，另以老练强干之员任汤河设治之责，与漫江相对，暗为监察，数年而后，则韩边外之患可除，东边之贼窝亦平。

临江、辑安两县亦宜与长白州知州同其资格，原有署缺人员津贴太少，不能得人佐治是一缺点。

其余凿道、开江、安电、通邮、移民开垦，皆与边务极有关系，因须详记事实，另述于后篇。即此设官一端而论其有益于边务者，第就重大言之。日俄均势，因此得以稍杀，而边患亦不至日急。利一，韩登举领域收入版图，不至名存实亡。利二，白山主脉三江（鸭绿江、图们江、松花江）发源得有重镇，从此界限分明，边荒开辟。利三，鸭江一千五百里，上游、下游一厅（凤凰厅）、一州（即指长白）同受成于东边道，而中有四县皆濒江岸（临江、辑安、宽甸、安东），足与对岸日势相抗。利四，应请发交边疆大员核议，分别奏咨办理。庶边圉可固，而图们、鸭绿不至再起波澜矣。

第二　记对岸日人经营

事　略

日本之经营朝鲜也，甲午则脱离中国而扶之独立，乙巳则击退俄势而归其保护，《丁未协约》改订则逼韩王禅位而圈入版图。举其全国八道为军事殖民地，东南则兼事农商，西北则并营林木。而其大目的，则防俄也。对于我国，则暗侵政策而已。奉天之东，自白山以迄东沟沿岸线二千余里，处处与韩隔一江，即处处与日本隔一江。我无江防、边防，一味主张民政。彼则明曰营林，实已暗驻军队，谋夺江权。试即对岸之营林厂情形记之，即可知其经营之如何。辰巳之役，《日韩协约》成立，韩境北道森林许日合办。丙午秋，统监府内特立营林厂。以前在安东之军用木材厂长小岛为长官，分遣工兵及山林技师经营。咸镜、平安二道迤北一带森林驻陆军，工兵大尉一柳藤市于咸镜道西部之惠山镇江岸（即临江十九道沟之对岸）置清、韩通译技手各数人名，统监府营林厂惠山镇分遣所，并派陆军宪兵曹长渡边喜太郎为惠山镇宪兵分区所长，驻宪兵六名，步兵二分队，于厂傍移民百余户，立市场一处，设邮便及电信局一所，往来吉林、安东、北青、平壤间。同年，又设新乽坡（咸镜道三水郡沿江之小镇，在临江十三道沟对岸)、中江洞(平安道燕城郡,浿江之小村落,原名下长里,在临江县署东五里对岸),复于鸭绿下流之北下洞地方设立贮木场,为木材聚集之所。自咸镜道南端海岸(即朝鲜东海岸与日本北海道对,离临江十九道沟约三百华里)洪原、北青等郡(此间有日本通商场在图们江南元山津北)所设之电话线,迄今已经由惠山镇沿江岸而西架设至中江洞(临江邑城对岸)。去年春,擅由惠山镇接线渡江,东至长生保二十二道沟北,顺十九道沟沟身至双岔头,以为其官民连络声气之具。兹先将关于营林事业上之布置列表如左:

临江对岸日人经营情形表

韩界地名	临江地名	公所	市场	房屋	设官	驻兵	迁民
下长里(新名"中江洞")	县治对岸	营林、木材厂出张所	一处	八十余间	庶务一员、所长一员、队长一员	两分队	三十余户
界河城	十一、二道沟对岸	官署一所,现空	—	三十余间	—	—	五六户
马连城	被阴亭对岸	—	—	二十余间	—	—	七八户
古牌城	十三道沟湾对岸	—	—	三十余间	—	—	三四户
新牌城	十三道沟对岸	营林厂出张所	一处	八十余间	所长一员、队长一员	两分队	三十余户
米汤城	十三道沟、水浒沟对岸	—	—	三十余间	—	—	二十余户

续表

韩界地名	临江地名	公所	市场	房屋	设官	驻兵	迁民
梭罗城	十三、四道沟上、下，雪罗城对岸	—	—	四十余间	—	—	二十余户
罗暖城	十四道沟下斜对岸	—	一处	三十余间	—	—	十余户
金山卫	十七道沟上金厂街对岸	—	—	四十余间	—	八名	二十余户
惠山镇	十九道沟下塔甸对岸	宪兵所、营林厂、木材警察所	一处	二百余间	警长一员、所长二员、队长一员、宪兵长一员、庶务一员	四分队六名	七十余户
宝城	二十道沟上斜对岸	—	—	二十余间	—	—	五六户
	统计	八处	五处①	七百余间	十员	二百二十六名	二百三十余户

　　表内所记市场、房屋，皆辰已以后陆续新建，含有兵队及木工之宿舍在内。民皆木工，约在二千名以上，琉球人居其半数，统归宪兵管束，韩民无敢与较者。擅自越江至临江界经营者，除电话线已如上记外，其他情形条列如左：

———————

①　根据上文内容统计，此处似应为"四处"。

临江长生保日人经营大概（光绪三十二年四月调查）

（一）梨树沟地方（十九道沟西首），日人修路，宽五六尺。遇林则伐，遇石则凿，遇河架桥。（另有详图①）

（二）协山城甸子地方（自两江口至十九道总名）沿江一带，丈量十丈余，立一木牌。

（三）十九、二十一道沟江心，日人堆杂木，高二丈余，中间留一流口，宽丈余，拦江筑坝三道。（另有影片）

（四）在十九道沟口修路，宽丈余。遇树即伐，遇石即凿，遇河架桥，宽六七尺。河中有碍木料流出之处，尽行修成流口，约四十里，至双垒头。其间均盖房屋，内设木厂三处：一在距沟口八里地，名小葡萄子，占用魏姓田地筑盖木房；一在东识巴尾地方，距小葡萄沟十里，占用荒地筑盖木房；一在双垒头地方，距东识巴尾二十里，占用木杷刘金峭木厂，并将其住房圈入作为木厂。共计木厂三处，日人百余名，朝鲜工人三百余名。

（五）在二十道沟修路、筑桥，如前式。筑盖木房一处，日人四十余名，韩工五六十名，俱在沟口修路、伐木。

（六）在二十一道沟修路、筑桥，如前式。盖木房二处：一在金姓田内；一在距金姓地四里处。共约日人三十名。

（七）二十二道沟亦修路、筑桥。有日人三十余名修盖房屋，尚未伐木。

（八）以上约计日兵丁五十名、工役五百名、雇工韩人七百名。共伐木材入江者，计二十万连（日本木排名称）。

临江长生保日人经营近情（本年十一月调查）

（一）日人修路、筑桥、盖房、设坝情形与三十二年同。

（二）十九道沟沟内三十里西垒（即双垒之一），日人增建房屋约六十间，日工百余名，雇用韩工二三百名，从事伐木，又设小铁轨一道，推运木材。二十一道沟日人增设营林厂一所，高悬

---

① 文中所提及的图和影片，在原书中没有，似散佚。

日本国旗，内住技手一名，名三轮久太郎。沟内筑小铁轨，约三里，推运木材。日人在此沟伐木者，约三百名。

以上第就营林厂事业上之布置，记其大概。更进而征其事业，其与我国利害有关系者，再列如左：

临江对岸之营林厂事业有关系于我国者

（一）凡设营林厂处，门悬二牌，一为营林厂，一为木材厂。按：营林厂系日韩合办，鸭绿江左岸森林者；木材厂即军用木材厂之旧观，暗中经营鸭绿江右岸林木者，所设官长头衔亦皆并列，与我地方官往来文牍，且有单用木材厂名称而其戳记仍曰"军用木材厂印"。

（二）初设营林厂时，该厂直接告我界地方官，严禁清人越界伐木，而暗中仍勾串愚民入山砍伐，图取山税、木税。及木材成排放江，故意将人材一并扣留，愚民不知，放弃者有之，廉价售卖者有之。

（三）本年七月间，定《鸭绿江岸漂流木材捞集法》。不论木主为何国人，凡木流至韩岸者，谕饬居民捞集，统报该厂，待主招领。实则沿途捞收充当建筑一切材料，或编为排运下贩卖。兹将该厂长小岛所定管理漂流木材事项照录于下：

1. 江岸村民，不论何人，当竭力寻觅漂流木材。如有发现时，须速至木材管理人处飞报（木材管理人以江岸各地村长及各地方有力派充）。

2. 管理人当随时令村内人民管守漂流木材，记明木材数目、山号、材主及捞集地名，开具清单，报明本厂、支厂出张所。

3. 凡来报捞集木材者，每木一连赏银二角以内，保管人及管理人每木一件赏银一角，百件赏银三元。

4. 漂流木材之木主可至本厂、支厂出张所报领木材，但须查照姓名、住址、山号，均属正当者方能交付，且须缴纳当日保管并捞获之费用。倘系不正之木主及经过每年十一月，即将木材入官，概不准领。

5. 如犯前项规程或掠夺、隐匿、改刻山号私卖者，严办不贷。

附记：此章一定，吾国沿江之杂字号木排大半为日本所夺，吾国木主不知条规，亦鲜报领者。

（四）本年十月间，又许吾国木把至韩界砍伐车轴等圆料木材，推其用意所在，欲增进税项、经营厂务而已。惟吾民已畏惧，不敢入山矣。兹将其章程照录如后：

1. 在本厂管理森林区域以内采伐及搬运车辆用材之韩国人，不经本厂许可，不得从事。

2. 欲得采伐车轴木材之许可者，须先将原籍及现在住所、姓名、职业并采伐地名、人数、字号暨采伐所需人员一一报明本厂，呈请办理。

日本人亦得援前项之例，呈请采伐车辆用材，但须身家清白、来历确实。

清国人之呈请者，亦许清国道台及地方知县保证，若系来历确实之良民，方能许可。

3. 凡经本厂许可者，即颁发执照，使其携带。

4. 遵照前条办法，受本厂许可入山采伐及运出之时所带执照，须呈明附近分卡照验，再给验照，否则，认为盗伐。有验照者，中途若受他人妨害，呈报各卡，可得保护。

5. 有前条验照之人流放木材，统至本厂北下洞贮木场聚集以受检查。将左记之金额缴纳后，方准自由买卖，如不经检查即往他处搬运，将全部木材归官，照章从严议罚。

大车轴每条税洋三角五分、小车轴每条税洋一角八分、车柱每条税洋八角。

在本厂缴纳金额之外，无论木至何处，勿庸再纳，如再有索费之处，可直来本厂报告。

附记：《安东木税章程》因此破坏矣。

6. 如违背以上之章程，无论何人，照章严罚。

附记：既曰“无论何人”，则此种木材之运入安东者，若索木税，亦被严罚矣。

7. 本章程自宣布之日施行。

临江长生保之营林厂事业

（一）藉军用之旧例，知管理之不及，逞合办之约未定，择木材最良之地为将来合办地。假张本擅自派工砍伐，占为己有，掠夺我国木杷已成之木材，使木把望而生畏，得以逞其所欲。此其计画之第一。

（二）日本人民善此业者尚少，本年改雇吾国木把包伐，至成材而给以廉价坐收费少值多之利。长生保牌头于祥云，即彼包工之一。每木一千五百立方寸，给价二十元。此其计画之第二。

综观以上各情，有一营林厂，则彼之边防已固，大利已收，形势已占，加以北青之军队、图们之汽船、惠山之铁道，吉林、安东、北青、平壤间之邮信、电报、电话种种设备，业已完全。来年闻尚欲于鸭绿江试行小轮，若可来往，则江权又得。故曰：“日本之对岸经营，亡韩防俄。对于我国，则暗侵政策也。”

意　见

安奉、南满、吉长铁道既归日手经营，奉、吉东南数万里之地直已包入经营韩国圈线之中。近更北占延吉，西侵临江，势力范围已如环拶，如不急起图维，设法抵制，奉、吉两省必将卷入涡流而不可救。今为防御计，除修约勘界、设官移民、开江通道、驻兵增警分论于各篇外，有当直起对待，阻其大患者，即临江长生保之日本人盗伐木植事件也。查乙巳《北京条约附约》，有许日本合办鸭绿江右岸森林明文，而其地段年限及合办方法均俟将来协议。去年，奉天总督与北洋大臣曾将合办章程咨明外部与驻京日使开议，嗣因日本军官小岛弄其黠，谋鸭绿江右岸范围直欲包括浑江在内，而年限又要求过远，致无成议。小岛今为日韩营林厂长，特附木材厂以经营右岸，一年以来，遂擅渡江盗伐长生保木材，垄断鸭绿江杂木，并干涉江浙木植公司，不许吾国设厂。合办之约未立，而彼已独收实益，狡谋奸计，实可痛心。闻之郑令近已密呈，大概拟请将上记各情并案，咨催外务部速与日使提议：地段宜狭，当在长生保以下，使其已成之局全归无用，又不致贻边界将来之患；年限宜短，当以安奉铁路经营年分为限，俾得同时收回独办。一面速定森林区域，某处为皇室林，某处为国有林，某处为保安林，某处为防风林（去年山西森林学生所查报告，大可据为张本）。咨明宪政编查馆暂定本省《森林管理法》，奏定颁行，庶可杜外人觊觎，立本省林政，此上策也。万不得已，亦宜将其在我界经营各情（如设坝、架电、筑屋、伐木、设厂、悬旗等）开单照会，派员履勘，勒限撤废，并申明盗伐之违约举动，为将来开议合办时之优胜地步。否则，彼明占"间岛"、暗侵临江，鲸吞蚕食直无已时也。

第三　记越垦韩民

事　略

开国之初，韩元帅姜功烈率兵万人首先归附，遂即编入旗籍。故鸭绿江一带虽系中韩分界，而伐木、采参、打牲、垦田各事，任两国民人自为，向无歧视。惟韩国田赋重倍于我，沿江官府供役繁苛，兼以边土荒寒、山阴地少，于是韩民之业农者，春夏过江，聚族开垦，收成后，裹粮南渡，仍栖旧居。嗣因刈获丰富，运转烦劳，乃斫木建屋与我民杂处，历年已久，渐成一家。我国土著农民利其长于农事，每雇以代耕，重予佣值，或资以辟垦，粮石酌分。同治初年，山东贫民赴上江从事参、牲、木植者，知其土地肥沃，渐来垦田。然三五成群搭盖窝棚，只思得利以归，并无久居之志。故垦地取利，大半招雇韩民，此不第帽儿山以上为然也。自甲午战后，日人宣布韩国独立，韩民狡黠一流渐渐强项。垦种地亩时或不偿租价，用强硬手段择地开荒。故二十五年中韩议定商约，遂将"边民已经越垦者，听其安业，俾保性命财产，以后如有潜越边界者，彼此均应禁止，以免滋生事端"等语载入第十二款。近年，临江设县，去定约时代已八九年。当设治之始，既未查编韩户共有若干，现虽由县查韩民一千一百余户，男、妇大小三千余口，然韩民是否续来越垦，从前越垦者是否仅有此数，均无确据。是禁止韩民潜越边界，只属空谈矣。俄日和议既成，日人移民实边占用韩土，韩民苦其苛虐，相率渡江结庐垦地，已成喧客夺主之势。况土田肥厚，农产丰美，我民不思屯居。韩人日来垦辟，大利所在潜授外人，此不可不预筹挽救之策也。特列四表如左，以证之。

临江各保地亩表①

保名	额报及续报地亩
洪生保	八千七百一十七亩八分
壬生保	九千一百六十八亩四分
富生保	二千七百五十三亩四分
荣生保	六千五百五十八亩一分
庆生保	六千二百五十九亩九分
长生保	二千七百一十三亩八分
共计	三万六千一百七十一亩四分

备考：以上地亩就已报者言，未报者实多此数倍。故庆、长两保会账不用亩捐，分上、中、下三等户，按户摊钱，荣生保只以锄头计算（每一人耕地，名一锄头，常年可耕三十亩），民皆安之，以黑地（土人以不报之田名曰"黑地"）可以欺官府，不能欺会首也。

临江中韩户口比较表

中户数	一千四百一十九户（内有家眷者，只五百余户）
中人数	八千四百九十六口
韩户数	一千一百余户
韩人数	三千余口

备考：此据该县本年九月调查，就现在论之，韩民已增二百余户，其春夏越界垦田，秋收后携粮归去者，尚不在内。

---

① 原书此处虽以表格命名，但下文相关内容并没有绘制表格，为了便于读者查看表格内容，标点者在标点过程中绘制表格。下同。

临江农产表

谷类：

名称	种时	收时
荞麦	六月上旬（收小麦后可种）	八月下旬
小米（谷子）	三月下旬	同上
黄豆（大豆）	同上	同上
黑豆	同上	同上
玉蜀黍（苞米）	同上	同上
小麦	同上	六月上旬
红粮（高粱）	同上	八月中旬
小豆	同上	同上
元米（糜子）	同上	七月中旬
稗子	同上	八月上旬
黍子	—	同上

备考：谷类以外，尚种蔬麻、土药，但种者无多，故不列入。

蔬类：

南瓜、倭瓜、王瓜、土豆、山药、秦艽、芥菜、萝葡、油菜、菠菜、茄子、芹菜、芫荽、疙瘩白、葱、蒜、扁豆、白菜、韭。

备考：以上收种时期与内地略同，惟适种地点端在各沟近口，若近山则不能生，即生亦不畅茂。又十二道沟上、十九道沟下可种甜瓜、西瓜，品味与内地相埒。

临民垦田雇韩佣工及分收比较表

佣金概数	分收概数（按三分计算，而食粮、籽种先由地主备办，收时划还）
一人四十两以上	一人三分之一
一（人、牛）七十两以上	一（人、牛）三分之二

备考：佣金以粮价折准，实与分收略同。惟分收则利害平均，佣工则只索赁价而已。至韩人租田，无论开荒、种熟，租价概以粮石计算，然开种之始并不交价，仍待秋成后照价偿粮。故每遇

歉收，往往租粮不交，致生争吵。

综上各表以观，就地而论，我肥韩瘠；就人而论，我少韩多；就农业而论，我拙韩工；就习惯而论，我惰韩勤。于此而言生存竞争，则优胜劣败之形已昭然可睹矣。

意　见

国以民为本，民以食为天，食以农为主，统古今中外而同焉者也。试即中国北边论之，伊犁新疆东西六盟，均旷土也，自屯田之策行，新伊俨成行省，盟旗渐解垦荒。东三省边界亦旷土也，自住靖边各营，导以屯耕之利而设治卫民。藉民守土之事，乃数四行之各有效果之可见。传曰："有人，此有土；有土，此有财。"洵有味乎？其言之也。夫长白山阳为东边最绝之荒徼，三十年前人迹罕到（此就十二道沟以上而论）。谭之者不曰天气严寒，即曰地脉硗瘠，故大吏视为瓯脱，农家弃等石田。其所由来者，渐矣！近年，十二道沟以上居民三百余家，大粮户有十之三四。若在塔甸设治，听民自来，则生聚十年，其富庶必在通化、怀仁以上。惟韩民越垦倍于土民，开荒其利溢于外，犹小也。浸假而日藉保护韩民为名，设官江北，侵我主权，扰我地方自治矣（现在十九、二十一两沟，日已建设营林厂，且高树国旗）；中韩杂处易肇衅端，犹末也，浸假而韩民格外加多，中民益形稀少，"间岛"第二问题又将发现矣。拟请饬令民政司查编越界韩民户口，禁止再行越江，一面令土民赶报地亩、宽限升科，作为清赋基础，并遴派干员选带上江明白土民若干名，赴山东登、莱、青一带（三府贫民每上江谋食，但旅费所限，不能携，故得财即思旋里）招民开垦。而招垦之法应酌给盘川，俾携家口建屋垦地，量为给资，移民方有速效。按登、莱与安东隔海，只一日行程，搭轮渡安船价人需一圆五角，由安陆行赴十八、九道沟约十六日可到（若春、冬乘扒犁，十二三可到），旅费人需五圆五角（此就安东至帽儿山计算，若三道沟上，则旅客尖宿尽在窝棚，家主向不索费）。若每年移民千口，以五口为家计之，可得二百户，每户给建筑、籽种，各费二十五圆（上江建草房一间，需洋十圆内外，种粮一石，价洋三四圆不等，且租地开荒，每由地主借粮食，秋收再行偿还），合之川资共需一万二千圆之谱。此项正款应由临江木捐（临江木捐每排三两，现已开办。每年以两千排计之，约得捐银六千两）提用，不足再由东边木税项下拨给。更须于安东、辑安、临江设立移民局，局费亦由木税拨用，派员招待新迁客民以杜冒滥，而妥安插。如此，连年接办新来贫民衣食有资。旧有土民不受韩民欺骗，荒废山地逐渐变成腴田而土沃人稠，胡匪自然敛迹。且韩人之越垦者，屈我势力，莫逞强梁。其未来者，因无地可耕，不思越境。数年之后，地无遗利，人无余力，边疆既实，捍卫自坚，不特越垦交涉泯于无形，日人长蛇封豕之谋亦阴为消阻矣。

第四　记日韩交涉

事　　略

临江南面与韩界处处相交错，两国边民互相往来，习以为常。光绪二十五年《中韩条约》第十二款内载"两国陆路交界处所边民向来互市，应于定约后重订陆路通商章程、税则"等语，迄今章程、税则均未提议，而韩已归日保护。中韩事件一变而为中日事件，中韩交涉一变而为中日交涉。情势不同，我之应付方法，亦宜握定宗旨，随时更变。兹将近年韩日交涉案件记其关系重大者摘要记录，亦足以觇情势之一斑。

甲、中韩交涉案（各举一例，其详，当查存案）

地方官诈索规费案

我界沿江木植易于砍伐运转者，逐渐采尽，故吾国木把常有越界入韩山者，遵照韩国定税（有入山税、棒税等名）缴纳后，运至安东出售，又有韩局另收木税，与地方郡守无涉，此常例也。光绪三十一年三月，荣生保乡约韩应贵禀报，该保木把丁士林等十一名至韩砍木，已纳韩平钱七百两，又被厚昌郡兵持枪绑去诈索规费，彼此争执，几酿巨祸。经前吴令瞻莪照会厚昌郡守，追回诈赃，减去木税三分之一，我木把所夺韩兵枪械亦饬归还。彼此越界砍伐一律禁止，事遂平允了结。

税官暗招华民伐木案

韩国木税另有税官经理，地方官本不能与闻。乃因前案禁止越界后，木税进项骤减，税官陋规亦少，乃暗招木把渡江砍伐。三十二年十一月，广生保木把迟克俭等二百余名、木植数百拢，突被厚昌郡守扣留。经郑令鸿勋往议，知该木把等已缴入山各税于该国税员金兆鉴。郡守不得已，乃将人、木交还，复严申越界禁令。

地方官纵盗焚杀案

越垦韩民及对岸边界韩民中，尝有情同胡匪越界抢劫之事。光绪二十九年四月，有韩匪绑缚乡约王环等（土名"绑票"）至彼界，勒取银两，将置之死地。乡民徐庆发大愤，率伙伴十二人渡江追击。当夜，韩来炮手百余名围攻，韩人大败，索还王环等，不应，复厚集兵力要战。庆生保练长任辅臣带队弹压，劝令罢兵，始将王环等放回，然韩人仍含怒，徐欲杀之。五月，韩人又来掠夺，绑去木把迟克俭等十一人，索银千一百两，拷打甚酷。八月，任辅臣函约徐庆发带队往攻，未行，而韩兵已渡江围徐，被伤者二人，仍与力斗，韩兵乃败走，徐追渡江至三水郡城，韩兵弃城走，徐得临门敦枪三十杆、子弹四箱，归途经古平卡，复与韩民战。九月，韩复率炮手八百名来袭，仍被徐击遁。沿途大小窝棚五十余家皆被焚毁，掳去男女老少十八名，烟膏、银货、首饰等物不可胜计，粮米千余石，牛马骡畜二百余头。设治委员吴令光国派王外委宝山率队弹压。十二月，兴京厅孙丞、设治委员吴令与韩甲山郡守李、三水郡守李、特派检查官赵、中队长赵会议，议定徐庆发所虏枪弹归还韩国，将徐正法，一面由韩送还所虏之人畜、物件，并罚银二万九千一百五十两，以光绪三十年正月二十五日为交换期，即此出示安民诱杀徐某。嗣因日俄开战，韩国议罚之银两及我国应还之枪弹均未践约。此事关系甚巨，急宜办理了案。兹恐存卷散佚，特将当日安民告示照录附后，庶足为提案之一证。

中韩会同安民告示稿

大清国（赏戴花翎、抚民府正堂孙，奏派办理临江县治事、宜兼节制马步练军在任候补分府吴）、大韩国（从二品嘉义大夫、甲山郡守李，正三品、通政大夫、三水郡守李，元帅府特派检查官赵，步兵科中队长、陆军正尉赵）为出示安民事照得。本府县边民与韩国越垦农民均系我圣朝赤子，深仁厚泽三百余年，初无中外之分，尔商民均所知悉也。查长生保、庆生保被韩兵越扰烧毁窝铺五十七处，杀毙大小男女十八命，抢毁各户烟土、银货、首饰、衣服、油磨、家具等物并米粮一千二百余石，牛、马、骡畜一百五十八匹。该保乡约王环、刘惠昌报经本府县，勘验属实。现在韩官三水郡守李、甲山郡守李及韩国元帅府派来检查官赵均已先后查明被扰实情。民无分乎彼此，痛悯相关，心岂存乎中外？爱民为本。是以本府县与李郡守等再三熟商，以安民为先。无论清民、韩民，此后视同一家，不得意存中外，致相仇怨，亦不准互相越扰有伤和气。所有长生、庆生两保牛马，现经郡守、检查官极力找获一百二十五匹，定于本月某日交收，尚有未得之骡马二十三匹，尽力查追以期送还。烧毁房屋，大窝堡十七家计二百间，拟按间赔银二十两，共修费银一万二千四百八十两。粮米，十七家共一千二百零五石，每石合银三两，拟赔银三千六百十五两。至大小窝堡所有烟土、银货、首饰、衣服、油磨、家具等件，拟赔银六千二百两。此外，人命大小十八名，按名拟给恤银三百两，共银六千四百两。以上统银两万九千一百五十两之多，此款出自韩民。虽日挞而不能复得，且当时有不肖韩兵、韩民抢财远遁，一时无从查获，除已究出祸首分别各归各官严办外，惟认赔银两必俟韩官奏明韩帝，议明各款数之多少，必期民愿而后已。查韩京路远，往来奏文约限四十日，以光绪三十年正月二十五日为度，届时必有明谕。如查有越垦韩民在长生、庆生两保被灾、被抢及被难之人，一体抚恤。此外，打仗、伤命、被抢之人，彼此免议。倘此后清国民、兵有越韩界滋扰事端者，准尔韩民绑送来县，依法惩办；如韩兵、韩民越扰滋事以及无端放铳者，准我国兵、民绑送韩官，尽法究办，如拒捕，格杀勿论。至越垦韩民，皆得依照清国治理，一体领贴门牌。尔商民人等亦不准私相容隐，以杜后患。自示之后，无论清民、韩民，不得再启衅端，更宜格外和好以释前嫌。倘有不法匪徒藉端生事，查出即予重办。为此谕知尔商民人等一体知悉，各安生计，静俟韩京来文。如何赔偿，再为禀请（军督部堂、抚尹部堂）核办，毋许相扰滋事，各宜永敦和好。顷甲山郡李官查悉，长生保农民受难颇重，心甚痛切，先由韩民处代购米粮三十石以资接济，尔商民人等须知韩官格外体恤之意，即由该乡约具领度日。切切，特示。

右谕通知

大清光绪二十九年十二月十四日

大韩光武八年十二月十四日

乙、中日交涉案（各举一例，其详，当查存案）

日人盗伐木植、留华民案

日人越界至长生保盗伐情形，已详记日人经营篇中。吾国木把有至该保山沟砍木者，均被阻止。三十一年冬间，该保乡约王环入山被留多日，十二月初八日乘间脱身，赴县禀报情形，并谓尚有同伙张希圣扣留未放，所伐之木已被勒价逼卖等情。前吴令闻报，驰赴惠山镇，面与该厂长一柳藤市诘问越界扣民情事、索阅文据，不应，再三究诘，始谓："我等系安东军用木材厂长小岛大佐所遣派，想伊必已照会。"嗣查并无来文，奉由前军督照会军政署小山，彼亦坚不承认实有此事，因面约各委专员查勘虚实，日派宪兵三名先赴长生保，署县郑令于次年正月到任，亦即随往，彼此目睹情状，该宪兵亦难为掩饰，允为据实禀报。

强买华木、强迫雇工封禁森林、不许华民伐木案

当郑令查勘时，该保木把纷纷呈报：日员一柳逼勒贱价买木，有时复迫令雇工代伐，所在产木之处尽行封禁、挂号，不准华民砍伐，违者鞭笞、拘禁，无所不至，与之辩论，辄以厂长小岛命令为词，终不退让，且其经营复日有进步。

江心筑坝冲害右岸、横夺木排案

三十二年春，日员一柳以修理江道为词，擅在塔甸（对岸即惠山镇）江心筑坝二道。雪消水涨，冲决右岸一带民地，凡在上江流下之木排均被撞散，截筑之坝亦有损坏，日员复要求筑坝费，扣排不放，几酿大患。报经前军督，严行照会安东日本军政官高山。闰四月，接高山复电："据韩军用木材厂所查，断无令强买华人木料之事，并无设法妨害木材流下之意，如有奸商以军用藉口，必当竭力禁止"云。嗣经复查，仍无稍改，至今亦如旧。

庇护韩人、指索华民华官违约偿款案

彼之越界经营有进无退，迭次交涉不过纸上空谈。而彼之责备于我者，轻则倍定赔款，重则指索罪人。韩人攘牛一经追捕，则谓越界拿人，当撤巡弁之差。居民过境稍与口角，则谓妨害电工，即起罚锾之议。皆近日之事，均由统监府照会东边道饬查者也。

以上所记，仅举一例，大率皆关于木植，其他琐小交涉时有所闻。概而言之，彼日韩违约而终得优胜，我日守约而终归劣败。韩民有恃无恐，动辄寻仇，吾民日受逼迫，无可呼吁，此则临江现状也。苟使守吏稍知外情，绅民略有知识，或可防患未然，不致溃烂，而今皆无有，是真危险。

意　见

古之守边也，以大将；今之守边也，以微员；人之治边也，以军人；我之治边也，以庸吏。无惑乎？情见势绌而边事日亟也。临江对于本省为四塞之地，对于朝鲜为八达之衢。两岸边民均以江为大道，攘鸡夺牛之微动成极大交涉，应付失宜，责言立至。况韩民越垦多于土著，日人盗木俨成占有。虽非通商口岸，已是内外杂居，一纸空文。无论至安东、至省，即境内往返，动须弥月，而事机已误、无可挽回。如是，守边何堪？设想为今之计，除已论于各篇者外，尚有当从根本上整顿者，条议如下：

当派明白外交者充当边吏

临江，苦缺也，好官皆不愿为之。而人之在对岸经营者，尽是工兵大尉，官位大于我，公费少于我，而办事则着着胜我。此系国家关系，似不能责备一二人。顾奉省固多州县，不能谓决无好官。拟请选派干吏扼守边要，万不得已，亦当饬令选聘稍涉新学之文案藉以佐治，免致贻误事机。

当明定外交权限以防边患

我国官吏知权限者少，知外交权者尤少。故一遇外人，不问事情大小、不问事权大小，率尔应对，漫无把握，非见轻于外人，即见恶于外人，因之被欺、被迫，而隐患遂生。拟请严饬沿边地方官：凡非通商地，本无外交权者，不得与无外交权之外人往来文牍，不得已而有私相往还之事，无论巨细，亦当饬，随时呈报，毋得疏懈。或可藉弭隐患，调察边情。

至对于前记各案，韩已归日保护，一切外交统归日本办理，更无中韩交涉矣。所当注意者，惟临江之日本交涉，以盗伐木植案为最重要，已略述办法于对岸经营篇中。其余筹备，当视我之经营如何，各篇所论，皆与此有关系者也。盖今日中国之外交，既无陆海军为之后盾，又有极大束缚力之条约，使不能径直行事，徒以笔墨口舌与之角逐，即有效力，亦其至小极微者也。惟有从自身上着着进行不落人后，使彼无可措手、无从藉口，不生外交问题，斯则外交之最胜着也。

第五 记胡匪

事 略

　　临江去柳条边墙四百余里，辖境为横圭形。龙岗（即长白山脉）据其北，蜿蜒走安东，林木掩蔽，回抱如缭垣。南滨鸭绿上流，沟汊错出，间有平原，莫辨为山麓水浒。国初，圈为围猎地，民人入山有禁。乾隆时，山东大饥，流民泛海至东沟伐木采参，缘溯而上，人烟渐聚。咸同以降，八旗防弛，官治不修，胡匪遂聚为巢薮。甲午后，防边无力，俄人明助讨剿，暗出招募，贼势更猖獗，不可收拾。拳匪肇乱时，竟联合党羽号称"忠义军"，剽掠东边，起与官军为敌，居临之人逃亡、杀戮殆尽。所设帽儿山巡检陷入贼窝，不得已退驻八道江。至今，山麓公廨惟残屋数椽，矗立丛莽间而已。二十七年，复有王老道、董老太太之乱，率男女七百余，自吉林汤河直迫临邑，驻防捕盗营王外委宝山死力击退之。翌年，割通化六保地，设县。三十一年，改各保防为巡警队，拨驻后营步兵二哨于二道沟、三岔子，贼势始敛然。临江处处皆山，山皆森林，自夏至秋，绿阴暗黑，不辨蹊径，俗呼之为"树叶关门"，言其蔽塞莫辨也。胡匪乘时出没，夺门劫路，年或五六次不等，每至其时，行者呼伴不敢重负，居者挟其金帛子女迁避入市，屯、堡一空。顾此，犹县西富、任、洪三保密，迩通化、辑安，且有哨兵、邑宰驻守地也。其东三保，如荣生、庆生、长生，距县数百里，白山列后，大江阻前，穷谷深林，鸟道飞绝。为民为贼，惟力是视，杀人纵火时有所闻。二十九年冬，有匪首徐庆发者，窝居十六道沟，偶与韩人交哄至率党十余人越江焚掠，陷韩镇市十数，掳其牛马、枪械以归。韩人大愤，集民众二千余人，称"外兵队"，涉江来袭，长生全保焚掠一空。巡长刘某出兵弹压，卒中弹死，徐匪亦击毙，模糊了案。而交涉未结，余党散入林中，时时作乱，岗后韩边外保送苗永贵、刘锦棠二匪为庆、长二保巡长，藉以寝事内外。人之过其地者，至今犹懔懔不敢犯，官吏亦莫敢，谁何焉！

意　见

胡匪，东省祸源也。主剿、主抚，数百年于兹而莫衷一是。迹其大势推之，究因官治为消长，官治之力日进，胡匪之势自日消。抚之非是。专言剿而不绝其发生之源，因是无官治也。剿亦非是。临江僻在省东，山川阻梗，严寒日多，民不乐居，其称胡子窝，固宜然。较吉、黑东朔之区，比年以来，犹沐治化，凶杀之焰不能不云大减。临江贼踪不论大帮小股，多自吉林汤河穿林越岭而来（岗后韩边外缉拒甚严），设治而后，壬、洪二保城邑所在，兵力自厚，居民渐渐集合而声气较通，贼来窥伺不易，自渐向东而退。苟能于东岗森林择地添驻队兵，则市集而民聚，道路因以辟，荒芜因以垦。贼势失据，民生安堵，所谓发生之原因绝，不待剿而凶焰自销。今据查勘所得，县治东北隅距城百余里，地名断头山者，跨五、六、七各道沟，有平岗，东西宽可一百里，南北长约二百里，控松花江之源，扼鸭绿江上流，地势平衍，土多可耕。惟现在林树未芟，委为荒土，吉林、临江胡匪藏踪于此，诚能拨驻一营步队，春冬伐木垦荒，夏秋搜山捕盗，不特临祸可靖，隐寓屯田实边之意，即吉林历年巨患亦得藉以稍平，功在抚、剿以上者也。非然者，移民而民不至，捕盗而盗不清，韩民越垦渐成土著，日人盗木悍然罔顾，其事机之危、祸患之迫有甚于胡匪万万者。敢请饬下营务处，及早预筹，不得已而移驻一哨，亦足拒胡匪于百里之外也。今为备参考起见，姑先就一哨步兵计画之。驻在地当在五、六、七道沟发源处之平冈，得与二道沟、三岔子现驻二哨成犄角形。兵宜选自本地习于山林且耐寒者，最宜为辍业之木把，若新练之陆军及骑炮队，均无所用，以其性质似屯田，目的在捕盗，不在守边也。惟哨官最难，其人，第一宜有威名，为胡匪素所惕慑、为兵民素所信服者，得以坐镇雍容，不劳弭患；第二宜久在东边，熟识山路、不惮劳苦者，方能力任艰难、位卑禄薄而不怨。具此二格，庶几胜任。据所查，察久驻临江捕盗营王把总宝山现充巡警总局副巡长，谢把总鸿恩尚能胜任而愉快，而尤以王为劳绩较多，众所推服。至营制经费等，仍照向章办理，尚无他也。更就一营论，照章共有五哨，舍二道沟、三岔子及现计添设一哨，已得三哨。外当于十九道沟及林子头两处各置一哨，以前记之平冈为中坚，驻营官不设哨官，选兵派弁一如前策。临江胡匪从此可以无患。然消耗巨费于此，不能不筹报酬于彼。拟请稍变营制，每兵每日例操外，教之砍木、凿路、垦荒、导沟，山林田泽之利溥矣，使之打牲围猎、行军击剑，精神活泼、好勇知方矣。如是一年，四境小治，然后移民与商，百废可举。若仅添设一哨，未能希望及此，乞垂察焉！

第六 记山路、江道

事 略

临江之地势，大概与辑安同，而其设治也，皆在光绪二十八年。此数年来，辑安俨成县治矣，临江则依然一荒徼。是非地方官吏治贤否之异，异在交通之便与不便。辑安至省、至安东，虽隔山河，而皆有车迹可通，故能吸收南满、安奉铁道，营口、东沟汽船之利，而绍介于全世界。临江则山不通车，江不通舟，全凭人足、马蹄作为交通器具，入境之处即已险绝，每履其地，强者股栗，弱者捐其生命，是临江境内纵已成为乐国，犹恐裹足不前，矧为奉省第一瘠区乎！无惑乎？设治年同而治不同也。然使对境之国仍为去日之韩，则已久阅年岁、遑恤今日，乃观前记各篇情状，外势凭凌已岌岌不可终日。交通不便，不仅临江无幸，于大局亦不利也。今试记其山路、江道之情状。就山路言，临江与境外交通，冬则二道，夏则一道，而皆仅容人马，险仄难行。西北自林子头起（与通化搭界），越老爷岭、珍珠门、宝德泉、椴抱松岭（皆有影片），至头道沟共九十五里，尽系密林峻岭，杳无人烟，穷一日之力始达。夏秋之交，时有贼盗出没，故行者有戒心。自此至帽儿山，计二十五里，较老爷岭之险虽少减，然沟水乱流山陂陡绝处仍不少也。既无桥梁，又无磴级。八月以后，冰雪载途，土石冻结，交通方易。此自临至省之大道也，其不便如斯。迤西一道由通化四道江起，绕大罗圈沟，过七十二道河，跨辑安北境，达临江里数较多，必待严冬冱冰以后，始能行走、扒犁，平时交通亦绝。舍此而外，虽尚有一、二小道可通吉林汤河、漫江等处，惟队兵捕匪时偶一行之，商贾无出此者，故即与邻境之辑安往来，舍涉江而外，余时，均出林子头至通化，绕道而行。其余各处交通之不易，更可知矣。更就江道论，东南五百余里处处濒江，界内各地往来全取此道。江水深浅不一，不能徒涉处，中韩两岸居民，率皆设渡船，跨江以行常多纠葛。江心大小硝石，全江上下统计六十八处（另有全江硝石地位图），即春夏江涨时，下驶之木排时被冲散漂流，上行之木艕（即蟒牛艕，载重约二万斤，吃水三尺余）亦皆停滞不进（据土人言，安东木艕已二年不至临江矣）。幸届冬至节后，全江封冻，可通人马、扒犁（由临江至安东，约十日，由临江至二十三道沟，约八日），否则，上游、下游交通几绝。如此江山适为临江之大害，欲求临江发达、边患不兴，其可得乎？即使设官驻兵，事事筹备，而交通不便，直掷黄金于虚牝耳！

意　见

闭锁时代，有边如此，中国之福；开放时代，有边如此，则中国之祸。旅顺、大连、东沟、沙河，数年以前，犹临江耳。一经外人经营，遂成繁华都市，然此犹曰"海口"也。韩之惠山镇与临江长生保对岸，四面阻山（北长白，东南云，南高峙，西雪岭），荒塞寂寞，较临江有过之无不及，而日本居之，设邮电、开铁道，二年以来，又成都市。此何故？治与不治之故，非经费足不足之故也。日本战后财政窘于我国数倍，满韩经营之费，大半就地筹措，此固母国对殖民地之通例。我国政府对于各省，数百年以来不与补助，其道亦若是。诚能以地方之财整理，得宜太半归为地方行政之费，不足则多取于民，但求能顾民命，不必尽顾民怨，磊落光明之事，任自为之，可也。观于临江乡约、会房，每年之苛派于民者，就其可知者言之，已浮于正供数倍（详第八篇）。知奉天财赋实有可筹之地，特筹之，不得其当或得当而民狃于习，骤然行之，而谤讟朋兴耳。故历任东边一带之地方官莫不知山路、江道之当通，而皆以经费之故，钳舌而不敢言，即言亦归无效，诚因循之至者也。今之鸭绿已成国际江流，开浚匪易，然比木艞吃水较浅之船来往上下游，未尝不可（近与署县郑令计画通舟之法，已有成议。明春，拟造船四只，试行上下游，客货均载。若辑安亦接续办理，通至安东，则交通稍便，江权亦可维持，且不必跨岸往来，省去无谓之交涉）。对岸日人今年已行之矣，此种经费筹之各地方而有余。应请严饬沿岸各州县连络举办，数年而后，民船仿办者多，航路亦定，官局可合办浅水小轮，此行之以渐轻而易举之事也。若山路，他县尚有车道，稍加修筑，即可仿安奉铁道敷设小铁轨（通化四道江铁厂所出之铁，每千斤能炼生铁七百斤，临江大梨子沟且有钢矿，大可就地取材，枕木则各山皆有，采办更易），附建电杆。临江只一大道，而其艰险又如上所记，急宜估工勘修，使大小各车均能通行，则交通便而各事皆可整顿。兹将山路里程及应如何修凿方法，大概列表如左：

自林子头至临江县城里程表

起迄地名	里程	道路状况	修筑大概
南沟关门碴子	五	平道	但将路侧林树砍伐，铺平乱石，即可通车
乱石窖	一〇	内有二里，多乱石，地势凹凸不平	须修筑平广

续表

起迄地名	里程	道路状况	修筑大概
老爷岭	一五	陡坡曲折，狭处仅容一马	顺沟身而进，须修盘道三四，方可达顶
珍珠门岭	五	同上，有小横岗四道，灰石地身	从南山坡修筑盘道
珍珠门	五	同上，有灰石碴子四道	从东山坡修盘道
宝德泉	五	同上，有二道小碴子，黄土地身	同上
椴抱松岭	一〇	同上，有石碴子三道	从北山坡修盘道
木头房子	五	同上	顺东山坡修盘道三
三道阳岔头道沟	二五	中有小碴子四处，陡坡三道	须修盘道
临江县城	二五	同上	同上

备考：（一）此道土名"南道"，尚有"中道"，亦自林子头起，至白水泉，越老爷岭，顺南山坡三里与"南道"合并。（二）北道由三岔子沟门起，至东南岔，旧有车道上至北老岭，极险仄，绕出四平街沟门，又登三道阳岔岭顶，顺河身至临江城，里程较南道更远，修筑不易，兹不详述。

临江之二道沟、十九道沟与吉林汤河、漫江本有间道可通，若在长生保塔甸设治，亟宜勘修一道以通岗后各处，方足治理。即以临邑论二道沟、汤河间之山道，实有不可不开通者，兹将道路概况附记于下：

临江县二道沟至吉林汤河道路概况（凡有人家处，以〇为记）

由县城进二道沟至油房①八里，至王家营②八里，至吊搭沟③八里，至闹子沟④旧金厂二十六里，至岭顶四十里。历年淘金，洼处甚多，须大加修筑方能平坦。自岭顶至青沟子⑤八里，至望家营⑥八里，至沙河⑦三十五里，至金坑⑧二十八里，至汤河口大房子⑨二十二里，自青沟至此，皆跨沟，行进并无危险之处，大房子前即有车道通吉林省城。

综此二道，共计三百零一里，吉林、通化、临江共同办理，拨派营兵略加津贴，人数不足则加以民工，或用抽丁法补助，每里难易平均计算，百金已足，约需银三万零一百两，半年之内便可呈功。以一府二县之力通筹，并计三万余金，何至不能举措？应请饬令度支司、巡防营务处暨各该府县会议详勘路工、妥定章程，限来年开冻以后分段办理，准其拨用某款，俟全路竣工后，于临江之林子头、吉林之汤河口设立车捐分局，酌收车捐以补足用款为止，一律撤废或仍接办以养路，仿《北京、张家口道工捐局章程》，逐年加修宽平，可为将来修筑铁道之基础，一如京张路线。如是，则图始虽难，收效实大，鸭绿上游或可因之巩固，不第临江一邑受福已也。

---

① 原书"油房"下有〇。
② 原书"王家营"下有〇。
③ 原书"吊搭沟"下有〇。
④ 原书"闹子沟"下有〇。
⑤ 原书"青沟子"下有〇。
⑥ 原书"望家营"下有〇。
⑦ 原书"沙河"下有〇。
⑧ 原书"金坑"下有〇。
⑨ 原书"大房子"下有〇。

第七　记商况

事　略

　　咸同以前，千里东边尽属山东饥民漂流之地，光绪初年设官，而后始兴木业，迄今三十年。鸭绿江流域之市场均因木植而起，临江之谣曰："年岁丰歉问木把。"斯语可概。东边其居民但知伐木，而采参、捕兽特其副业，其市场但知供给木把，而殖产企业绝少经营，官乏政治思想，商无经济观念，纯任自然至为危险者也。前年日俄战起，东边陷入阵地，木材二百四十万两占为军用，料房倒闭者半，木把数万辍业三年，市况大惨，影响及于关内，日木材乘时输入中国，遂使数十年东边之专业一蹶不振，言之寒心。临江本非商业区，然踞有白山森林之半，需要少而供给遂减，关系所及，殊非浅鲜。加以乱离之后，元气未复，人民稀少。邑廂三里之地仅有大小杂货铺二十二、小醋烧锅一、客店十、饮食店十四、工艺十四，全市资本六千八百余两，每年销场三万一千四百余两。板屋董篱不相连，比非逢三、八之日，道无负戴。三、八者，土名曰"集"，清韩互市之期也。摊床数十，日中始集。吾民所售日用粗劣之品，价视沈阳半倍或一倍。精米、玉蜀黍、鱼盐、毛皮之属，则尽是韩人所市。以物易物，各得其所，俨然上古遗风。间有货币，日韩错杂，视同珍璧。市散则搜括驮载出境，故市有余货而少现货。若他山沟各处五里十里、三家两家，更不成市。米盐之属，尽由韩人供给，不能言商矣。市中银钱交换之值，以中钱每吊为单位，每十吊易银一两、七吊易银一圆，日本纸币加一升算，韩货亦如之。奉天官币率皆贱，视流通于市者，皆各省之小银圆，真伪参半，交易多则由吊合小圆，少则论角，无值十文、数十文者，折算不精，购者常亏损，因无铜枚补助也。至货物运输之道，冬山而夏江，均极艰难。山则驮载，由省至临，运力每百斤银六圆，来自通化者，银二圆八角，需时约二十日。江则漕运，皆木把由沙河贩归，无专运者，赁金稍廉，而需时转久。兹将输出、入货物大宗列表如下：

输入（专由安东来者）

种类	每年销数	市价	价额	备考
食盐	三五〇，〇〇〇（斤）	每斤五分	一七，五〇〇	每斗四十斤，至贵时，每斗换豆八斗，至贱时，换豆三斗，豆子每斗六角
铁锅	一五〇（个）	每个二元	三〇〇	分大号、头号、二号三种，此是约数
瓷碗	五〇〇（筒）	每筒六元	三，〇〇〇	每筒约四十个
煤油	一〇〇（箱）	每箱八元	八〇〇	—
鳌鱼	一〇，〇〇〇（斤）	每斤二角五分	二，五〇〇	—

续表

种类	每年销数	市价	价额	备考
海带	三，〇〇〇 （匹）	每匹二十四元	七二，〇〇〇	每匹一百五十斤
卤虾	一，五〇〇 （斤）	每斤二角	三〇〇	—
共计	三七五， 一五〇①	—	九六，四〇〇	—

输入（由安东及沈阳两处输入）

种类	每年销场②	市价	价额	备考
白花旗布	一，〇〇〇（匹）	八元	八，〇〇〇	
蓝花旗布	二，〇〇〇	十四元	二八，〇〇〇	有二种，一为十五元，一为十三元
白红码粗布	五〇〇	一元五角	七五〇	有二种，其一为一元三角
蓝红码粗布	八〇〇	一元七角	九五〇	—
蓝高桥粗布	一，〇〇〇	五角	五〇〇	有二种，其一为四角五分
白尺粗布	二〇〇	一元五角	三〇〇	—
青坎洋布	一〇〇	十元	一，〇〇〇	—
月白竹布	五〇	十五元	七五〇	—
共计	五，六五〇	—	四〇，二五〇	—

---

① 此处数据有误，根据每年销数计算，总数应为"三六五，二五〇"。
② "场"似为"数"的误写。

输出（沈阳、安东两处）

种物类	植物类	矿物类
虎、虎骨、虎肚、虎肝	木材、人参、五味子、麦冬	砟子
鹿、鹿茸、鹿胎、鹿毛	车前、赤芍、黄芪、黄柏	焦砟
熊、熊油、熊掌、熊胆	独活、金银花、菟丝子、贝母	—
悬羊血、野猪毛、山羊皮	细辛、木通	—
獾、獾油、雉	木耳、东蘑、黄蘑、直蘑	—
豹、狼、獭、貉、貂	松子、金针菜、百合、山楂	—
猞猁、灰鼠、狐、黄鼠	山药	—
香樟脐、麂、麖皮	松烟、木炭、靰鞡草	—

备考：输出以木材为大宗，每年约三千排，每排约五百五十两，共一百六十五万两，人参约一万两，山货如兽皮、药材等约二万两，其余皆零星买卖，实不足云输出也。

即此输出、输入两项比较，输出之超过输入百数十倍。然此输出额之大宗，全在木植，操于木把之手。诚能囊□①以归为临江商力者，年仅四十万两。推原其故，木植在山，不用钱买，一也；冬采夏售，去未必归，二也；性多浮浪不知储蓄，三也。加之峻岭荒江运输艰苦，民稀俗陋，需要简单，是虽入倍于出，而商力不富，商况仍萧瑟也。

意　见

临江不治而已矣，非不可治者也。考其土地出产，据第三篇所记，不可谓不富。而商况乃如是不振者，实交通不便、银市不整有以致之，交通之当设法已陈述于前不第。关于商务，兹第就

---

① 原文中此处字已经模糊不辨，似为"囊"，暂时以"□"代指。

银市论之：如前记以中钱吊数为单位，而中多折扣（弊一）；日韩货币价昂而外资侵入（弊二）；官币真伪参半而民不信用（弊三）；银元少，铜元更少，行使不便（弊四）；无钱铺为之借贷、存储、汇兑，而现资皆消耗于境外（弊五）。由上五因乃生数果：借贷艰难、利息腾涨、物价昂贵、空帖流行。而临江乃贫，其患恐不仅在商业也。为今之计，亟宜设官银号分号于安东、通化、临江，由商承办，由县督理，安、通两处各发纸币十万元，临江五万元，平利存放、通省汇划、禁止空帖，厉行洋角定价之令，辅助以铜元。如是，则东边市情渐有实力，可望进步，不特临江振兴已也。应请饬下度支司、劝业道督同官银号迅速筹办。兹就临江分号略筹之。初办时，可仿邮政分局办法，附设邑署，最大商铺由省中官银号派一诚谨可靠之人经理，受县令之直接监督，则一切开销皆可节省，拨解公款均由分号转划，则基本充实，可省现银押送之劳，可免沿途抢劫之险。严定存放、汇划规则，采日本町邨贮蓄银行、劝业银行及山西票号制度，使木把头、庄稼人等之资本、财产得以存借流通，则重利盘剥（查临江借息有重至加三者）、空票行用（与沈阳同病）、现资出境诸弊皆绝。又如铜元，奉省向未畅行，近虽屡饬劝销并许酌加津贴，每银一两兑至百六十枚为限，商民狃于习惯，官吏罔知计画，辄以商家不愿兑领为辞，希图了事。窃按临江市况，虽曰萧条，千两铜元（计十万六千枚）尚堪行使，特其津贴之数不可不足，搭用之始，宜从公款。盖一因道路险阻，运赁奇昂，每两百五十枚，亏损甚大，一因维持市面，半在营署、二成搭用，自渐销行。今将市价、运赁、津贴之数之关系列表如左：

市价	沈洋一圆换铜元一百枚；沈银一两换铜元一百四十三枚
铜元重量	一枚重二钱二分；一百四十三枚重三十一两四钱六分，合一斤十五两四钱六分

续表

运赁（自省至临）	每百斤价力沈洋六圆；约二斤合算铜元十二枚
押解人夫川资	每人每日沈洋一圆；一人往返省、临间约三十日，铜元三千枚

据上所列，每银一两兑换铜元，除市价一百四十三枚、运赁十二枚，已需一百五十五枚，加以押送川资、银平折耗，约需百六十枚方无亏损，故曰津贴不可不足。若以此事责成商民，难于图始，不如搭放公款使之销于不觉，且得节专差押领之费。今复将自省拨解之临江常年行政费记如左：

县署津贴——年额四千八百两，除六分减平，共四千五百十二两（廉俸在外）。

典史津贴——年额七百两，除六分减平，共六百五十八两（廉俸在外）。

奉军左路后哨薪饷——年额五千四百五十一两。

奉军左路右哨薪饷——年额五千四百五十一两。

捕盗营薪饷——年额约二千四百两。

步拨工食——年额一千两。

共计——年额约银一万九千四百七十二两。

据以上所记，加以廉俸，搭放一成铜元达二千两之数。仅云千两者，斟酌商况而定之者也。顾此为至下之维持策——"欲言振兴道，在通道、开江"。

第八　记乡约

事　略

　　临江之有人民，自光绪初年始；有官治，自光绪二十八年始。故自初年以至二十七年，民与贼不甚分明，实可断为"酋长时代"也。闻之酋长之制，自为部落，戴强者以为王，生杀予夺，恣其所欲。临江北界八十里，所称为韩边外者，其制依然，今之乡约，即其蜕体。有谓"一变乡约可至于地方自治，为立宪之基础者"，是皆不求甚解、苟且图功名之说也。尝考文明各国之地方自治，以地方之财办理自己地方之公务，法律上有自治权者也。今之乡约勒派地方之财供应地方之官差，习惯上充地保者也，不得与自治团体同年而语。临江改文武乡约已年余矣，文称"会首"，武为"巡长"。巡长之事别论之，但记会首，以其性质与乡约同，仍称乡约。兹将各保乡约情状约分三表如左：

各保乡约之组织表

名称	每保人数	资格	分限
会首	一	由本保花户推举，或自行谋充，禀准县令或擅充者有之	指挥牌头、外柜办理本保一切官私事件，驻于会房

续表

名称	每保人数	资格	分限
牌头	每牌一	由会首指雇，多系农人、木把，系有才干而不甚安分者	承会长之命令办理本牌一切官私事件，驻于各牌
外柜	四至八人	同上	承会长之命令办理会账及杂务，常驻于会房者一二人

备考：会首即乡约，三十二年冬改名，牌头、外柜仍旧。前者为助役，后者为使役。

各保乡约之事务、情弊对照表

事务	情弊
（一）掌办关于词讼之和解、拘捕押送及传达命令等事	武断乡曲、私刑擅捕、把持地方、违抗功令，以长、庆二保为最甚
（二）掌理调查户口、地亩及报告等事	捏报亩分，藉端敛钱，各保皆然
（三）掌理催征关于税捐及地方公费等事	私征、苛派浮开不报，各保皆然
（四）掌办供应官差及徭役等事	倚势托名，滥支勒索，各保皆然

各保乡约会账及其征取一览表

名称	劳金年额	摊派法	收取法	三十二、三年每天摊数
会首	一至二百两	俱由花户摊派，有按每地一天，或上、中、下户，或锄数之多寡不等	每年于秋成后，由会首统计一年所支，传知各户，均摊。派定后送银钱或什物至会房者，有由乡间串换者。粮食、烟、麻、牛、酒等物均有一定市价，总名会账，会首等之劳金即自提取，并无预算及报告	洪生保地亩计共一千四百余天。三十二年，每天摊中钱四十五吊，共计六万三千吊，十吊合银六千三百两。三十三年，每天摊三十五吊，共计五万零八十五吊，十吊合银五千零八十五两
牌头	五十至一百两			
外柜	约六十两			
—				

备考：会账者，各保乡约房之公账，公家所征之地租、亩捐

均不在内。据上三表参互以观，临江乡约之情状已得大概。故凡心术纯良、稍有能力资产者，均不愿当其职，而黠悍无赖之徒遂把持地面，与官分治，此而不痛加改革而欲整顿吏治，举办自治，恐仍涂塞耳目之计耳，吾民不受实惠也！

意　见

今夫文明各国之所贵乎自治者，学说虽多，而要不外乎：（一）官不当治；（二）治而不当；（三）民自能治；（四）民应自治诸点。今之乡约，所谓地保也，皆官应治之事：（一）因无官治；（二）官不愿或不能治，而乡约乃分东省数百年政治之席。直接临民，置地方官于间接地位，为乡约之傀儡。此不特临江为然，今查临江乡约所取于民者，三十二年份计摊二万七千余两，本年约二万一千两，较之正供不翅三倍，试以左表证之：

六保花户每年正供表

保名	亩数（据已报者计）	天数（六亩成天）	地租（按每亩三分、每天钱八计）	亩捐（按每天每年一元二角，每元七钱合银）	小计
洪生	八，七一七八（亩），八（分）	一，四五三（天）	二六一（两），七四	一，二二〇（两），四〇	一，四八二（两），一四
壬生	九，一六八，四	一，五二八	二七五，〇四	一，二八三，五二	一，五五八，五六
富生	二，七五三，四	四五九	八二，六二	三八五，五六	四六八，一八
荣生	六，五五八，一	一，〇九三	一九六，七四	九一八，一二	一，一一四，八六

续表

保名	亩数（据已报者计）	天数（六亩成天）	地租（按每亩三分、每天钱八计）	亩捐（按每天每年一元二角，每元七钱合银）	小计
广生	六，二五九，九	一，〇四三	一八七，七四	八七六，一二	一，〇六三，八六
长生	二，七一三，八	四五二	八一，三六	三七九，六八	四六一，〇四
共计	三六，一七一，四	六，〇二八	一，〇八五，二四	五，〇六三，四〇	六，一四八，六四

备考：各保天数不计零分，故地租、亩捐之零数亦不在内，除地租、亩捐六千一百余两外，尚有烧锅捐三千两，因系营业税，故不计入。

上表每年由花户纳，归正供者仅六千一百余两，其每年纳之于乡约者，证之左表：

六保花户每年摊、捐比较表

保名	天数	三十二年捐额	三十三年捐额
洪生	一，四五三（天）	六，五三八（两），五	五，〇八五（两），〇
壬生	一，五二八	六，七八六，〇	五，三四八，〇
富生	四五九	二，〇六五，五	一，六〇六，五
荣生	一，〇九三	四，九一八，五	三，八二五，五
广生	一，〇四三	四，六九三，五	三，六五〇，五
长生	四五二	二，〇三四，〇	一，八五二，〇
共计	六，〇二八	二七，〇二六，〇	二一，〇九八，〇

备考：乡约所摊于各花户者，本连黑地（未报之地）在内，兹但记其可知者，故天数仍照上表。据查，三十二年份，洪生保每天各摊四十五吊，以十吊合银，每天各摊四两五钱；三十三年，每天各摊三十五吊，以十吊合银，每天各摊三两五钱。各保之数由此推算，三十二年乡约未改，每年摊捐银至二万七千余两。本年改为会首，尚摊捐银二万一千余两。惟据乡民言，今年负担已轻，似有欣喜之色。

上表每年由花户纳之于乡约者，就本年论，尚在二万一千两以上，故曰"三倍于正供"。苟使乡约所办之事诚于地方有实益，犹可言也。乃观夫要道，山无磴级，水无桥梁，披荆涉冰，莫名艰险，纯任自然，毫不整理，此治乡、治国最切要之事。而犹若是他，如学堂、社会救贫、育婴、医药卫生、公共建筑、水利组合等地方团体应办之公共事业，一无所有，更可知矣。惟日孜孜于当差敛钱、蹂躏乡里，诚何取乎此二万金耶？矧其所取犹不止此耶！无怪抗税闹捐，日见黎民之扰乱无状也。夫今乡约所办之事务（如上表所列），非官所不能办，不应办者也。一巡警已优为之，现设乡镇巡警百余人，复设步哨、捕盗等营二百人，又有衙役皂班数十人，所办何事？而必欲留此乡约以日蠹吾民生计耶？故为今日东三省整饬民治计，第一宜撤废乡约弊制，如治莠然，芟除务尽，临江特其一隅耳！或谓：（一）乡约之制尽革，则官民之间去一连络机关，事多隔膜，而民或不便，不如因循旧制，另设名目，选其公正者充当斯职，如临江之改为会首，海城之改为乡正是也，此为因循说，消极的积极派所主张者也，占大多数；（二）现设巡警，民未信服，费少力薄不能办事，况学力经验均极幼稚，办之未必无弊，此为忧患说，消极派所主张者也，占少数；（三）预备立宪正宜伸张民气，举办自治有此基础可图改进，此为希望说，积极派所主张者也，占最少数。是三说者，皆现今政治家研究有得之主旨，于政界颇有实力者，窃皆以为不然。夫乡约制度之原仿自旗户之头项，二百余年来，东三省但有军政。乾嘉以降，八旗戮力中原，满洲防制大弛，一切乡政任民自为，而头项之制起。咸同以降，汉民私出关外，旗民杂居，民无拘束，而乡约之制又起。近数十年奏设府县百余，化八旗为郡县，东至长白，西至医巫闾，北抵黑龙，南垂渤海，政教所迄，几成中原。今复损益新旧、参酌中外官制，一变旗民统治，警队、防军日有增益，已有官多民少之势，民事几何尚得谓"事多隔膜，中少连络"乎？且民亦孰不愿撤乡约之制哉？公益不见于地方，摊款三倍于正供，良懦远避，刁悍谋踞，亦可见一斑矣。此因循之不可也。警兵虽少，多于乡约（参看第十三篇），警费维艰，因有会账（参看本篇意见第一、二表，临江本年亩捐仅五千余两，会账在二万两以上。若以会账为亩捐，尚虞警费艰难乎？即少提数成，民受实惠，而地方亦治）。至学力经验，以今日之警兵与乡约衡，亦伯仲之间，警费加多，何患无人？况警兵为官之资格，操纵进退较易，乡约百倍弊在不治，而不在有弊，此忧患之不必也。为立宪之预备、为自治之基础，其说似坚确矣，顾一按乡约之事务情弊（本篇第二表），又征其资格（第一表），及会账收取法（第三表），所谓供官差之地保与立宪自治有百害而无一利，痛除之不暇，何能云改进？此希望之不成也。然则何所俾而留此？惟有主张积极的消极主义将满洲全地之乡约及似非而是之乡正、会首、头项、屯达等一切弊制尽行裁撤，归入巡警，不仅临江一邑为然也，一面整顿巡警，预备自治，即提会账之款以办理之，亦绰乎有余裕矣。如是二三年，民困尽舒、官治日进，而巡警、自治等渐有基础，再斟酌民智之高下，使乡镇巡警消纳于自治团体中，仿日、英成法而规画之庶，不愧预备立宪之一端。应请饬下民政司、谘议局，速议裁撤方法。其著手之始：（一）宜调集各乡会账，可藉此办理清赋，并禁止差徭杂费；（二）宜禁闭会房；（三）使识字之牌头、外柜等改充巡警，稍明事理之乡约、绅董研究自治，禁之以时，毅然行之，庶有豸乎？

第九　记防军、巡警

事　略

　　临江之设步哨也，肇于光绪二十七年（通化令陈璋练通字营，拨后营、后哨驻帽儿山旧营盘内，按：旧营系前左总兵宝贵所建，驻兵一营，光绪二十年中日之役调赴前敌，营房遂空，后临江设治，即权作官署），及俄兵陷通化，兵遂溃散。二十九年，设临江县治，复练新兵，曰"亲军队"（步兵五十名，另附马兵二十名），又移奉天巡捕队一营（无后哨，以张奎元充总巡），以资防卫。三十二年，巡捕队改为奉军左路后营（前通化总巡李景明为管带），留两哨镇守临邑，一驻县城，一驻三岔子（现以邵连胜为管带），旧设亲军队改为捕盗营（步兵裁撤）。巡警之设也起于三十一年冬（前吴令瞻莪在壬生保设局试办，抽丁四十名，以十名常川驻局，余则临时听调，并无警章）。巡警之略具形式也，起于三十三年春。然就兵论，两哨及捕盗营只百八十名（现在兵丁请假或升革者皆不顶补）；就警而论，六区只百二十五名。兵力既单，警察又少，而临江北亘老岭，半系森林，南带长江，与韩对界，夏秋木叶茂密，中韩胡匪出没无常。上江（土人以帽儿山以上为上江）地旷人稀，居民时被抢掠（参看第五篇事略），日人在对岸驻兵设警（参看第二篇），已着先鞭而占优势，迩来韩义兵暴动（参看第五篇），镇压不力，难免不横生枝节，此皆与我兵警大有影响者也。兹将步哨、捕盗营及巡警之组织分三表列左：

奉军左路后营步兵后哨组织表

名称	额数	饷数	枪名	枪数	操法	住在地
哨官	一	三〇	十响毛瑟	四五	德操	县治（右哨驻三岔子）
哨长	一	二〇	单响毛瑟	三五	—	—
哨书	一	一一	—	—	—	—
教习	一	同上	—	—	—	—
什长	八	四四	—	—	—	—
正兵	七〇	三五〇	—	—	—	—
共计	八二	四五五				

备考：以上兵额，除由统领调去学兵五名、管带调去学兵九名，现只什兵六十四名（停补兵额不列此内），又三岔子右哨与此相同，不另列表。

捕盗营组织表（此营拟合请定步拨正款一千两，再加马兵十名，一律改为邮拨）

名称	额数	薪饷数
巡长	一	二〇
什长	二	一九
马兵	一八	一六二
共计	二一	二〇一

枪名	枪数	马色	马数	操法
快毛瑟	三	红	三	德操
单响毛瑟	一四	白	七	—
铁板开斯	三	青	四	—
—		黄	四	
—		黑	三	
共计	二〇		二一	

巡警总局表（洪生保第一区）

名称	额数	月饷
正巡长	一	二〇
副巡长	一	一二
书手	二	九
正兵	三五	一七五
共计	官二、书手二、正兵三五	二一六

枪名	枪数	操法
七米厘	一	德操
连珠	五	—
单响毛瑟	一	—
共计	七	—

备考：此就总局列表，余局列后。

据上三表观之，无论为步哨、为捕盗营、为巡警，一再更张，率多不合程轨，况军装错杂，枪弹残缺，官不知操、兵不知练，马为私备，警无定章（以临江典史充巡警总办，只有虚名）。以此边疆要区，竟有如斯兵、警，对外、对内均无可凭，若不大加改良，力求进步，则形式既殊，精神将于何寄？此不可不速为整顿者也。

意　见

今之言防边讲卫民者，金曰"驻陆军、置巡警"，而练陆军、重巡警者，又金曰"官须通文，兵须识字"，皆正当不易之确论也。然就临江形势及气候观之，新练陆军不宜驻戍乡镇，巡警之法未能实行。夫选将、练兵及分哨驻在地，业详第五章意见款内，兹不赘论，但论巡警之改革及支配。查临江六保分划六区（详前后警局表），共有正、副巡长七员。第一区总局设正、副巡长各一员，巡兵一百二十五名（详前后警局表），而林子头（第二区警局驻在地）至帽儿山（第一区警局驻在地）约一百三十里（中隔老爷岭，尽是森林，并无住户，为通、临甬道，夏秋树叶茂密，劫掠时闻）。苇沙河（第六区警局驻在所）上达帽儿山约六十里。下抵辑安界约三十里，化皮甸子（第三区警局驻在地）至帽儿山约一百里，上溯十二道沟（第四区警局驻在地）约一百二十里。十二道沟上溯半截沟（第五区警局驻在地）约一百三十里，半截沟上溯二十二道沟（该沟上通边界约三百里，现无人居，故不叙入，如塔甸设治，再议增区设警）约一百五十里（此段中韩胡匪出没无常），似此距离弯远，声息难通，偶有警闻，焉能互相缉捕？应于二、三、四、五区各加兵十五名，六区加兵十名（第一区三十五名，不再加添），择要建所、拨兵分驻，方能联络一气，呼应灵通。惟巡长以练长改充，事权即当统一，应将副巡长、会首、外柜、牌头、书手裁撤，每局各添书记一名（以备确查实款，免致巡长把持）、巡目三名，富生保只添书记一名、巡目二名，归各巡长管辖，另设区官一员（塔甸设治，再添区官），统辖各局，协助地方官理事（区官驻十二道沟，若设州治，县区官应再择地，移驻州区官，即驻十二道沟），并派教习二员（用巡警卒业生），按期赴各局训练，庶警务日有起色，居民可保治安。但边隅瘠苦，骤添区官、教习三员、警兵七十名，鲜不因筹款维艰，废然中止。近临令谓"警务亏款，拟裁警兵五十八名"，似非正当办法，查各保警局原系会房改设，一切经费各保摊筹，向无亏款，第一区警兵三十五名，除十五名由洪生保自筹薪饷，余系分摊（详后第二表），且门户钱与亩捐，警局本无分析，薪饷各费均自筹给，并不一律报官（惟亩捐报官，会费概不册报），官亦无由确查。若以会费（参看第十一章《摊、捐比较表》）、亩捐（参看第十一章《正供表》）及裁去会首、牌头、外柜（参看第十一章《会账表》）所余薪饷专办警务，当无入不敷出之虞。兹列五表如左，以证之。

五保警局表（《总局表》列前兼详枪支、操法，此则枪太杂乱，
并无操法可言，故不叙入）

保名	区名	官数	书手数	兵数	官薪	书手饷	兵饷
壬生	第二	一	一	三五	一四	四、五①	一〇〇
荣生	第三	一	一	二〇	一四	四、五	一〇〇
庆生	第四	一	一	二〇	一四	四、五	一〇〇
长生	第五	一	一	二〇	一四	四、五	一〇〇
富生（半保）	第六	一	一	一〇	一四	四、五	五〇

共计每月薪饷五百四十二两五钱，合之总局每月薪饷二百十六两，统共常年九千一百零二两五钱（不计闰）。

各保分摊总局巡兵十五名月饷表

保名	饷数
洪生保	二五
壬生保	二五
荣生保	二五
庆生保	二五
长生保	一五
富生保	一〇

共计每月摊饷一百二十五两。

---

① 根据下文可知，此处为四两五钱银子。

裁撤官役节省薪饷表

名称	人数	常年薪饷数
副巡长	一（总局副长月薪一二）	一四四
会首	六（每保一名，平均每名年薪一百六十两）	九六〇
牌头	二七（每保五牌，惟富生保二牌，计二十七牌，每人年薪一〇〇）	二七〇〇
外柜	二四（每保五六名不等，平均每保四名，计共二十四名，每名年薪约各六〇）	一四四〇
书手	七（每名月薪四、五①）	三一五

共计常年节省五千二百四十四两（不计闰）。

拟加巡警官兵薪饷表

名称	人数	薪饷数
区官	一	五〇
教习	二（每员三〇）	六〇
书记	六（每名八）	四八
巡目	一七（每名五、五）②	九三、五
巡兵	七〇	三五〇

共计每月六百零一两五钱。

巡警需款、筹款比较表

旧有官兵，内除副巡长一、书记七	常年需款八千九百二十六两五钱
新加官兵	常年需款七千二百一十六两
裁撤官役	常年省款五千二百四十四两
摊、捐会账（参观③第十一章摊、捐表后备考）	常年集款二万一千余两
旧有新加款项	常年需款一万六千一百四十二两五钱
裁撤摊、捐两项	常年集款二万六千二百四十四两

---

① 根据上下文可知，此处为四两五钱银子。
② 根据本表薪饷总数可知，此处的"五、五"为五两五钱银子。
③ 根据上下文，"观"似应为"见"。

统共除警费常年一万六千一百四十二两五钱，尚余一万零一百零一两五钱。

综观以上各表，知临江举办新政不患无法，患在无人；不患款之难筹，患在弊之不去。会房，大弊也，但改其名，不究其实；会账，巨款也，但便营私，无补办公。兵与警守土卫民之法也，形势所在而不驻兵，是为开门揖敌；民居所在而不设警，是为慢藏诲盗。夫人而知之矣！知而不言与不知等，言而不办与未言等，道在毅然行之而已！况曩者与韩为邻，今则与日为界，现在韩民越垦，将来日民侵田，从此急起而筹，已落后著。若因循迁就，恐数年以后，固有之土授于外人，土著之民展转他适。试问守土者何人，保民者何人？竟任他族逼处，扼据上游。设日人与我相争，则水有长江一泻千里之势，陆则老岗横亘，而全满东南势力悉归其掌握之中。现就表面论之，日本开边政策专在对俄，然俄日交兵，则不第荡摇我边疆，蹂躏我人民已也。俄胜，则土为俄领，民为俄用，日胜，弊亦如之。否则，势力均敌，匀匀沃土，听其秋色平分，宽城南北划界之事，实前车也。蚩蚩氓庶从乱如归，俄日交攻，此辈不南应日，即北附俄，"花胳膊""花膀子"之号为"忠义军"者，实殷监也。况上江韩民十倍于我，结庐而不报官，租田而不偿谷（上江租田，每以分谷定约），已成惯例，近来狡黠一流倚日人为护符，挟诈营私、为虎作伥，我民抱恨于心而不敢怒形于色，失此不图，民心去而国体亡焉！悔何及耶？应请饬由巡防营务处赶速拨足一营（已有两哨），或就通、临一带另招一营，分扎前定驻在地（详见第五章《意见》款内）。并请饬由巡警道选派区官、教习（旧有巡长不撤，俟办理就绪，再议更张），颁发简明警章（白话为佳）。札饬临令认真改革、从速举办，而兵权、警权尤须专归地方官总揽，方能征调灵通，指挥如意，似应县令兼充统领及巡警总办以正名分，而一事权（若设州治，仍须仿此）乃为保土安民之计。又军装、器具尤宜划一整齐，表示形式俾人皆知我有兵、有警，庶日人寝其狡谋，韩人敛其强梁，土民各乐安居，客民移来开垦。彼通化、辑安各县皆临江之对照而效之先见者也。况服装一律，则兵警因公渡江及经过韩境不至日兵疑虑，指为胡匪，或故意留难，侮我军人（本年七月，苗巡长带兵过江，新牌城日兵出而栏①阻，兵不放走，枪亦截留，辨别数四②，始放兵归，枪亦还我），此又事关交涉而不可不预防者也。乃庸庸者任会房之剥削，愚民不肯决然除之，致大弊不去，公益无从办起，岂不谬哉？

①　文中"栏"似应为"拦"。
②　"四"疑为"日"。

第十　记教育

事　略

　　教育与户口及人民之生计有至大之关系。今查临江户数一千四百十九，有眷属者不足六百户，丁口八千四百九十六，学龄儿童不足千人。以辖地面积东西四百里、南北百里，乘方约四万方里计，每四十方里有户三、有民九、有儿童一人。及考其生活程度，以烟火为衣，以饼饵为食，以冰雪为水，以木石为屋，谋生不足，奚暇知礼义，故广义之教育不足记，记其狭义之学堂而已。奉天之有学政于兹三年，南满铁路沿线各州县学校已及千余，二百年来之闭锁政策一旦开放，至于如是，不可谓不速。独临江僻处边陲，进化独迟，官私学堂绝无所有，间有村馆，求冬烘先生而不得，能卒读《论语》十篇者，几如凤毛麟角，不足言教科。三十二年春正月，署县郑令履任后，始设官立初等小学一区，略有学堂形式，兹姑志之。堂在邑城东，偏草屋五间，左二间为讲堂，右二间为教习室，中后半间为厨房，以室庭作体操场。招生十四名，年龄自八岁以至十六，合为一班，聘山东流寓附生崔炳蔚充国文教员，月薪十二两，教读论、孟、习字，一如村馆。今年由其跟役中，特擢一略知笔算、体操之周凤岐添充教员，教授笔算四则及德国兵式体操步伐法。委前江苏巡检，现营油业之山东流寓人员李树勋充当学董，管理校务，生徒、书籍、纸笔及膳宿等费概由官给，学额始足。是校创办费由前设治委员吴令移交款项八十余两，暨木把讼案罚款充用，去年常年费六百余金，亦由此项开销，本年尚无凭藉，拟由新定木排捐项下酌提数成充作的款，现未收到，支绌不堪。生徒来自百里者，有之故不得不住宿于校中，每至田稼忙时，辄唤归一二月不返，每年在校期日至多不足七月，因此不定学期，亦无例假日。在讲堂诵读、习字而神志皆疲，顾人数虽少，颇有聪颖秀出者，奈无合格之课本，又无善良之教授法，塞聪堕明，为可惜耳！

意　见

今中国之所最可希望者，惟此少数之小学生徒耳，若并此而窒塞之，直无可挽救矣！临江丁口号称八千余，去其妇女、儿童之数三千，此五千男子中，大半为直隶、山东逋匪罪民聚此，多数无赖，认为一邑住民事象至危情态，可悯极矣！幸而有此千数童子肇造临江，而得受学校教育者仅十四人，乃以款项支绌之故不得受善良教育，则所希望于临江者，固将何恃父兄长老？地方官吏不知计，不得不乞命于有教育之责者。今查临江直接国税年仅一千零两，省税（惟烧锅捐一种）年约三千两，而国家所耗于临江之常年行政费年约二万两以上（参看第九篇《记商况》），入不偿出者已逾五倍，万不能再事拨济，惟有从地方经费中设法筹措。庶几事明而理当前记，乡约本年摊用地方费至二万二千两有奇，所办之事尽非公益，若照所议尽行裁撤，使保民各摊些少，学校经费断非难事，即不尽裁，但整理其无谓之费用，如会房、外柜之各种薪膳杂费，亦足办理一学而有余，今姑就尽行裁撤。论每一小学校，以临江现设小学校经费年约六百金计，实可设立小学三处，全境儿童不患无就学之地矣。若为去乡约摊款积弊，不使如前照派，即另立学校捐，每亩月收一角，年收一元二角，已得五千余金（参看第十一篇），适合三校经费之数，而已减纳万五千金，谁不愿认？即不尽裁，但革牌头（即头项）、外柜等人役，一校经费已能扩充，得聘学问稍好之教员，备图书、仪器矣！何至如今日之教课不良，管理不善，贻误佳子弟哉？闻之署县郑令，拟以禀定木税，酌提几成充学校经费，事诚善也！顾木税为临江赋税之大宗，舍此以外，更无巨款：（一）临江地方应办之事，奚止千百，全赖此款挹注；（二）保护木把之事务毫无经营，乞邻而与木把已啧有烦言；（三）东省协约既定，中日合办木植之议告成，木税恐不可恃；（四）提木税以维持现状，而学额依然，教课依然，管理依然，亦何所取？而有此不过卸地方官之仔肩，十数儿童不受实惠也。有此数端，窃谓不如从整理乡约入手，以地方之巨蠹易人民之幸福，之为得也。拟请饬下提学司会同民政司筹议，能使学校增设一二区，使此千数儿童不致坐废如其父老，则最善。即不然一整校务，使之加多学额，严定在学日期，改用适宜课本，添聘相宜教员，亦当今急务。此次经过之地，如桦皮甸子、林子头两处，有谋私设小学者，竭力赞导，已有端倪，桦皮甸子近日筹画大定开学试办矣。林子头仅有发起人，成立与否，尚未可知，即成立，亦与现设之官立小学有同病焉！

行 程 纪 略

沿途地方形势情状大有关系于军务、政务，而于边防更有直接关系，故于就道之初，特令随行各生实测沿途形势，以为临江一带边务之参考。另察沿途情状节为三段，分类详记。以自省至临江为第一表，自临江至鸭绿江源为第二表，自临至安东为第三表。由安回省乘坐汽车，二日即至，不能详细考察，姑从简略，凡绘图、影片所不能尽者，略志于此，互相参看，鸭绿江沿岸情势已能一览了然，其他阴晴风雪、行道险夷，虽为日记例载之文，因无实用，概不叙入。以归简要三表如后。

（自省至临）沿途地方情状概略表

（凡著名之地上以△，早尖处以○，晚宿处以◎为记，下二表同）

经过月日	地名	距离里数	户口	市场	警局	防军	学堂	备考
十月十四日	高官台	四	一二	—	—	—	—	—
	三皇屯	三	九	—	—	—	—	—
	后陵	三	二一	—	—	—	—	—
	乱泥洼子	四	一三	—	—	—	—	—
	水泉	三	二六	—	—	—	—	—
	马家湾子	八	一五	—	—	—	—	—
	三家子	三	一一	—	—	—	—	—
	△○旧站	三	一一八	—	—	—	—	—
	共计	三一	二二五	—	—	—	—	—
十五日	兴隆店	一○	六	—	—	—	—	—
	下房身	五	七○	—	—	—	—	—
	地塔	五	六○	—	—	—	—	—
	葛布街	五	四○	—	—	—	—	—
	三义庙	五	二○	—	—	—	—	—
	△○抚顺城	五	五○	一	—	一哨	—	—
	西二道房	九	二六	—	—	—	—	—
	东二道房	一	一四	—	—	—	—	—
	流水河子	五	三○	—	—	—	—	—
	前甸子	五	一○	—	—	—	—	—

续表 1

经过月日	地名	距离里数	户口	市场	警局	防军	学堂	备考
	关领	五	—	—	—	—	—	—
	△下章党	五	六〇	—	—	—	—	—
	大火房	五	二〇	—	—	—	—	—
	△德沽	四	六〇	—	—	—	—	险路
	东沙窝	五	四〇	—	—	—	—	—
	△〇营盘	五	三〇〇	—	—	—	—	—
	共计	八四	八〇六	—	—	—	—	—
十六日	△萨尔浒	二	五〇	—	—	—	—	—
	楼城子	四	七〇	—	—	—	—	—
	△铁背山	一〇	一〇〇	—	—	—	—	山上有平原
	赶马河	五	四〇	—	—	—	—	—
	土密①蜂	二	六〇	—	—	—	—	—
	△鼓楼	五	八〇	—	—	—	—	风景佳极
	△下夹河	五	九〇	—	—	—	—	—
	东岗子	五	一〇〇	—	—	—	—	—
	△腰站	五	一二〇	—	—	—	—	—
	〇上夹河	五	三〇	—	—	—	—	—
	五龙沟	五	六〇	—	—	—	—	—
	黄土岗子	三	五〇	—	—	—	—	—
	△马尔墩	一〇	八〇	—	—	—	—	高岭上有石碑，路险
	老龙庙	五	七〇	—	—	—	—	—
	泰和堡	五	八〇	—	—	—	—	—
	△〇木奇	五	一六〇	—	—	一哨	—	平原
	共计	八一	一二四〇	—	—	—	—	—

————

① "密"似为"蜜"之误写。

续表2

经过月日	地名	距离里数	户口	市场	警局	防军	学堂	备考
十七日	△东站	二	一五	—	—	—	—	—
	和木岭	八	二〇	—	—	—	—	—
	四道沟	五	三〇	—	—	—	—	—
	羊祭台	五	二〇	—	—	—	—	—
	四道岗子	五	一〇	—	—	—	—	—
	大下园子	二	三〇	—	—	—	—	—
	小下园子	二	一五	—	—	—	—	—
	△〇永陵西堡	五	—	一	一	—	—	—
	共计	三四	一四〇					
十八日	△永陵东堡	二	二八〇〇（合两堡计算）	一	—	—	—	—
	九龙堰	五	二〇	—	—	—	—	—
	老城河	五	三〇	—	—	—	—	—
	那家堡子	五	一五	—	—	—	—	—
	石厂	五	二五	—	—	—	—	—
	拨补沟	七	四〇	—	—	—	—	—
	双龙寺	三	—	—	—	—	—	—
	下大甸子	五	八〇	—	—	—	—	—
	上大甸子	二	—	—	—	—	—	—
	△茶棚	三	三〇	—	—	—	—	—
	△〇新兵堡	五	六〇〇	一	一	马队一营、捕盗一营	—	—

续表 3

经过月日	地名	距离里数	户口	市场	警局	防军	学堂	备考
	吴福峡	五	三〇	—	—	—	—	—
	自家堡子	一〇	二〇〇	—	—	—	—	—
	红石拉①子	五	一五	—	—	—	—	—
	东昌台	五	八〇	—	—	—	—	—
	△〇北峰密沟	一〇	五〇	—	—	—	—	浑河发源处
	共计	八二	四〇一五	—	—	—	—	—
十九日	分水岭	三	一五	—	—	—	—	—
	旧门	二	四〇	—	—	—	—	—
	偏岭	一〇	五〇	—	—	—	—	—
	夹河北	五	六〇	—	—	—	—	—
	△东江道	五	七〇	—	—	—	—	—
	△三棵榆树（下排）	五	—	—	—	—	—	—
	△三棵榆树（上排）	五	三〇〇	—	—	—	—	—
	喜欢岭	一〇	一五〇	—	—	—	—	—
	△冈山岗	一五	八〇	—	—	—	—	险路
	英额布	一五	五〇	—	—	—	—	—
	△〇高丽城子	一〇	三〇	—	—	—	—	荒路
	共计	八五	八四五	—	—	—	—	—
二十日	碰缝	五	四〇	—	—	—	—	—
	△金斗伙洛	一五	六〇	—	—	—	—	—

————————

① "拉"疑为"砬"之误写。

续表 4

经过月日	地名	距离里数	户口	市场	警局	防军	学堂	备考
	夹河心	一〇	四〇	—	—	—	—	—
	三合堡	五	五〇	—	—	—	—	—
	△〇快当帽子	五	一六〇	—	—	—	—	—
	蛅蛄河	一〇	三〇	—	—	—	—	—
	河口	一〇	四〇	—	—	—	—	—
	老把头坟	一〇	四〇	—	—	—	—	—
	△江提台	五	五〇	—	—	—	—	险要
	大荒沟	五	二〇	—	—	—	—	—
	△〇通化县城	一〇	三七〇	—	一	一哨	一	—
	共计	九〇	九〇〇	—	—	—	—	—
二十三日	△头道江	二	—	—	—	—	—	—
	△二道江	二〇	四四〇	—	—	—	—	—
	△三道江	一〇	三〇	—	—	—	—	—
	〇热水河子	一〇	六〇	—	—	—	—	—
	小罗圈沟	一八	八〇	—	—	—	—	—
	大罗圈沟	一五	五〇	—	—	—	—	有煤矿
	△〇四道江	七	一二〇	—	—	—	一	铁砟矿甚佳
	共计	八二	三八〇	—	—	—	—	—
二十四日	△〇五道江	一五	四〇	—	—	—	—	—

续表 5

经过月日	地名	距离里数	户口	市场	警局	防军	学堂	备考
	△○六道江	一五	七○	—	—	—	—	—
	△○七道江	一八	三○	—	—	—	—	—
	△○八道江	一二	一二○	一	—	一哨	—	由此北行八十余里，即三岔子，为浑江发源处
	共计	六○	二六○	—	—	—	—	—
二十六日	金坑	五	八	—	—	—	—	—
	红土崖	二○	一五	—	—	—	—	险路
	石人沟	五	八	—	—	—	—	—
	涧山沟	五	三○	—	—	—	—	—
	△○林子头	一○	一二○	—	—	—	—	—
	共计	四五	一八一	—	—	—	—	自此至椵抱松岭岭下，皆险路，森林茂密
二十七日	陈家店	五	—	—	—	—	—	—
	白水泉	一五	五	—	—	—	—	—
	△○老爷庙	二○	—	—	—	—	—	—
	共计	四○	五	—	—	—	—	—
	△珍珠门	一○	—	—	—	—	—	险极处
	△宝德泉	五	—	—	—	—	—	有金矿
	△椵抱松岭	一○	—	—	—	—	—	险极处

续表6

经过月日	地名	距离里数	户口	市场	警局	防军	学堂	备考
	△○三道阳岔	二五	六○	—	—	—	—	险路
	共计	五○	六○	—	—	—	—	—
	四道阳岔	八	—	—	—	—	—	—
	五道阳岔	七	—	—	—	—	—	—
	△○临江县城	一○	一二○	二	一	一哨、捕盗营	一	—
	共计	二五	一二○	—	—	—	—	—
	总计	七二九	九一三一	八	一二	步兵营各一、捕盗营二	四	—

（自临江县至深浦里韩界）沿途地方情状概略表

经过月日	地名	距离里数	中户	韩户	警局	学堂	备考
十一月初十日	△三道沟	八	三○	七○	—	—	—
	葫芦套	五	八	一○	—	—	—
	擦屁股岭	五	二	—	—	—	险路
	大烟突沟	六	三	—	—	—	—
	长川	四	一○	—	—	—	平原
	△○四道沟	一	六	三○	—	—	炸矿
	共计	二九	五九	一一○	—	—	—
十一日	五道沟	一	—	—	—	—	—
	小埋台川	六	四	六	—	—	平原

续表 1

经过月日	地名	距离里数	中户	韩户	警局	学堂	备考
	甩湾子	一	—	—	—	—	险路
	大埚台川	四	—	—	—	—	平原
	砬子前	二	一	—	—	—	—
	老母猪圈	六	—	一	—	—	—
	望江楼	九	二	—	—	—	险路
	驮子沟	一五	—	—	—	—	—
	○西桦皮（甸子）	三	一二	—	—	—	平原
	共计	四三	一九	七	—	—	—
十二日	东桦皮（甸子）	八	八	—	—	—	平原
	六道沟	三	二	—	—	—	紫铜矿
	大夹皮沟	四	三	—	—	—	—
	小夹皮沟	五	一	—	—	—	—
	二股流	八				—	江心有洲，冬令水落无水
	○西马鹿泡	八	一四	—	—	—	平原
	共计	三六	二八	—	—	—	—
十三日	王八脖子	八	二				险路
	东马鹿泡	一○	一	—	—	—	平原，有九圣祠
	△七道沟	七	三○	八○	—	—	平原
	共计	二五	三三	八○	—	—	—
十四日	佗罗腰子	八	三	一	—	—	—

续表 2

经过月日	地名	距离里数	中户	韩户	警局	学堂	备考
	夹心子	四	二	二	—	—	—
	△八道沟	一	二	一	—	—	—
	大湾子	五	二	一	—	—	—
	葫芦套	八	八	五	—	—	平原
	△九道沟	七	二	二	—	—	—
	○蛤蟆川	九	六	四	—	—	平原
	共计	四二	二五	一六	—	—	—
十五日	小蛤蟆川	四	一	五	—	—	—
	△十道沟	三	一	—	—	—	—
	△十一道沟	二	一	—	—	—	—
	小南川	五	五	—	—	—	平原
	金厂	五	五	—	—	—	未曾挖金，现拟开采
	二股流	三	三	—	—	—	林木茂密
	小孤山子	三	四	五	—	—	—
	照壁沟	五	三	—	—	—	—
	△○十二道沟	五	一二〇	三〇〇	—	—	平原，有三圣祠
	共计	三五	一四二	三一〇	—	—	—
十六日	船坞子	八	七	六	—	—	—
	十二湾沟	六	五	八	—	—	—
	△被阴亭	一〇	一五	七	—	—	险路
	套裤带	九	三	五	—	—	—
	十三道湾	三	二	四	—	—	险路

续表 3

经过月日	地名	距离里数	中户	韩户	警局	学堂	备考
	砬砬岗子	二	二	六	—	—	—
	小冷沟子	三	一	三	—	—	对岸受韩界黑河水故，江流由此□□
	△○十三道沟	四	一二	二五	—	—	对岸新牌城，日人驻兵，设营林厂
十七日	共计	四五	四七	六四	—	—	—
	冰浒沟	八	一	三	—	—	—
	雪罗城	一六	六	一	—	—	—
—	冷沟子	三	二	一四	—	—	—
	鸡冠砬子	六	五	七	—	—	险路
	△十四道沟	五	八	七○	—	—	平原
	△十五道沟	四	六	六○	—	—	—
	西乾沟子	三	一○	三六	—	—	平原
	○东乾沟子	三	一四	五○	—	—	平原
	共计	四八	五二	二四一	—	—	—
十八日	箭头	五	三	—	—	—	险路
	下湾子	八	三	一七	—	—	—
	小十六道沟	四	一	—	—	—	—
	△十六道沟	一	一	五	—	—	—
	夹心子	四	一	—	—	—	险路

续表4

经过月日	地名	距离里数	中户	韩户	警局	学堂	备考
	△○半截沟	六	九	二五	—	—	四面群山环抱，中为平原
	共计	二八	一八	四七	—	—	—
二十日	△十七道沟	三	四	一二	—	—	平原
	金厂卫	五	三	六	—	—	—
	西砬子缝	一○	六	三	—	—	险路
	东砬子缝	三	五	七	—	—	—
	△十八道沟	八	一	八	—	—	—
	○万宝岗南（山头）	二六	六	七	—	—	险路
	共计	五五	二五	四三	—	—	—
二十一日	△两江口	一五	三	四	—	—	初设盛地，内有铁炸矿
	梨树沟	一六	四	七	—	—	对岸惠山镇，日设营林厂、驻兵、设警
	○塔甸（协山城甸子）	四	五	七	—	—	平原，山有古塔
	共计	三五	一二	一八	—	—	—
二十二日	小马鹿沟	五	四	一二	—	—	—
	大马鹿沟	五	二	三	—	—	—
	△十九道沟	五	四	三	—	—	日人设木材厂
	△二十道沟	一八	二	一五	—	—	—

续表 5

经过月日	地名	距离里数	中户	韩户	警局	学堂	备考
	△○廿一道沟	一五	一	六	—	—	日人设营林厂
	共计	四八	一三	三九	—	—	—
	廿二道沟	一○					
	廿三道沟	一○					
	○深浦里（金凤谷）	五	—	—	—	—	韩界有打牲金姓住此
	共计	二五	—	—	—	—	—
	总计	四九八	四七四	九七一	三	一	—

（自临至安）沿途地方情状概略表

经过月日	地名	距离里数	中户	韩户	市场	警局	学堂、防军	备考
十二月初八日	乾沟子	五	七	一五	—	—	—	对岸下长百里，日设营林厂，驻兵队
	当石沟子	一○	一○	一二	—	—	—	
	△望江楼	四	一一	八	—	—	—	险路
	大梨子沟	四	一四	一四	—	—	—	铁矿甚佳
	小梨子沟	一○	八	三	—	—	—	
	上葫芦套	六	五	九	—	—	—	
	四人把	七	四	—	—	—	—	
	△○苇沙河	一○	一五	八	—	—	—	平原
	共计	五六	七四	六九	—	—	—	
初九日	石灰沟	一○	三	二	—	—	—	
	△错草沟	四	二○	一五				

续表1

经过月日	地名	距离里数	中户	韩户	市场	警局	学堂、防军	备考
	刀尖碰子	八	—	—	—	—	—	—
	下葫芦套	九	九	一二	—	—	—	—
	△白马浪	五	一二	五	—	—	—	险路
	二马驹	七	三	二	—	—	—	—
	△大长川	六	一〇	五	—	—	—	平原
	冰沟子	六	—	—	—	—	—	—
	天桥沟	六	二	—	—	—	—	—
	仙人洞	五	一六	—	—	—	—	—
	小长川	一〇	一二	九	—	—	—	—
	三道沟	三	七五	一四	—	—	—	—
	二道沟	二	三四	九	—	—	—	平原
	头道沟	四	二〇	七	—	—	—	—
	大水提台	五	二五	四	—	—	—	险路
	将军石	一二	四	—	—	—	—	—
	下桦皮（甸子）	六	二五	一三	—	—	—	—
	王八脖子	三	二	—	—	—	—	险路
	小石灰沟	三	三	—	—	—	—	—
	小湾沟子	一八	一	—	—	—	—	—
	楸皮沟	六	三〇	九	—	—	—	平原
	△〇良宝甸子	四	三四	一三	—	—	—	平原
	共计	一四二	三四〇	一二七	—	—	—	—
初十日	葫芦花（上套）	一五	三〇	一九	—	—	—	险路

续表 2

经过月日	地名	距离里数	中户	韩户	市场	警局	学堂、防军	备考
	葫芦花（下套）	一二	一五	八	—	—	—	险路
	△蒿子沟	一五	二五	一三	—	—	—	平原
	黄白甸子	一〇	三五	九	—	—	—	平原
一	下小长川	七	一二	四				
	△上羊鱼头	二〇	八	三	—	—	—	平原
	下羊鱼头	一〇	一五	八	—	—	—	
	△〇辑安县城（通沟城）	一五	四三	五	—	一	一	捕盗营一，有东明王墓及记功碑
	共计	一〇四	一七三	六九	—	—	—	
十一日	马圈沟	一〇	一一〇	二五	—	—	—	
	斜清岭	五	三	二	—	—	—	险路
	太平沟	三五	一七	九	—	—	—	
	△榆树林子	四〇	一一五	五二	—	—	—	平原
	凉水泉子	二〇	一四	七	—	—	—	
	△〇外岔沟	二〇	二三五	六三六	—	—	—	平原
	共计	一一〇	四九四	七三一	—	—	—	
十二日	杨木林子	五	三〇	—	—	—	—	
	△浑江口	一〇	二四	—	—	—	—	
	土提台	九	六八	—	—	—	—	
	狼头	二五	一二	—	—	—	—	
	△〇石柱子	四〇	四三二	—	—	—	—	平原
	共计	八九	五六六	—	—	—	—	—

续表3

经过月日	地名	距离里数	中户	韩户	市场	警局	学堂、防军	备考
十三日	夹皮沟	四	三二	一	一	一	一	一
	下秋果碧	一五	二一三	二五	一	一	一	一
	△大皇沟	五	六二三	三六	一	一	一	一
	白菜地	一五	一三	五	一	一	一	一
	苦胆沟	一五	八	三	一	一	一	一
	小蒲石河	一五	二五	九	一	一	一	一
	杨木杆（子沟）	五	九	三	一	一	一	一
	大韭菜沟	一五	二五	一三	一	一	一	一
	小韭菜沟	五	八	四	一	一	一	一
	△○永甸河口	一五	五	二	一	一	一	平原
	共计	一〇九	九六一	一〇八	一	一	一	一
十四日	北街	五	六	二	一	一	一	险路
	△长甸河口	三〇	一一八	二五	一	一	一	平原
	△东洋河	一八	六	一	一	一	一	一
	△大蒲石河	三〇	五二	一九	一	一	一	平原
	古楼子	一五	一二	八	一	一	一	一
	荒沟	二〇	三四	一五	一	一	一	一
	碹子沟	二〇	六	二	一	一	一	一
	虎山	一五	三	一	一	一	一	平原
	△九连城	五	五四	一九	一	一	一	平原
	老龙头	五	八	二	一	一	一	一
	△○安东县城（沙河子）	一五	二四一	一	一	一	步、马各二哨	一

续表 4

经过月日	地名	距离里数	中户	韩户	市场	警局	学堂、防军	备考
	共计	一七八	五四〇	九二	一〇	一二	步、马哨各二,捕盗营一	—
	总计	七八八	三一四〇	一二七五	一〇	一二	同上	—
	总共计	二〇八五	一二一四五	二三七二	一九	二六	步七哨、马二哨、捕盗营五	—

东边道转呈临江县密呈《县境日人盗伐木植情形》并委员李廷玉请设州治二件奉饬核议由

谨按临江一带情形，去冬，经本厅副议员傅疆查勘报告，业已绘图帖说，沥陈边况，亟当增设州治以资捍卫，并将设治办法条陈在案。兹据交涉司东边道暨查勘委员李廷玉所呈意见，先后均复相同，应请查照该员等查勘报告所陈办法，于临江三道沟以上，即长生、庆生、荣生三保之地及龙岗、岗后一带，共计面积约四万方里，划为州治，亲理地面，建署于十八、九道沟沟间之塔甸，不设附郭首县，划分兴京厅所属之临江、辑安二县归其管辖。另于吉林所属漫江、汤河二处增设县缺，亦归该州统治。奏设长白直隶州缺，选派干员充当该州设治委员，即往规画新设、旧有各县境界并驻兵、增警、凿道、通邮各项要政，应边荒得有重镇，外人无从侵占。若如临江县郑令所称"添设州县、平权分治"，势必归隶兴京厅管辖，考其地势太觉远，恐不足以遥制也。至十九道沟等处盗伐木植事件，历经谕阻，毫不理会，诚非口舌所能禁止，似应查照该道所拟办理，是否有当，统候钧夺。

谘议厅谨核

木把至韩国伐木情形

据木把业者姜际清言，凡入韩界砍木者，韩税局派人临时至各沟口，集木把报领入山许票，凡带一人入山，纳奉银三元，对于韩人亦然。票式列左：

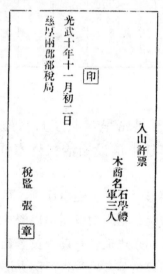

领票后，入山砍木情形与东边同。至次年三月运木下沟，韩税员又至沟口收木税，每木一根，纳奉银一钱，给以凭票，式如左，然后编排放江。

票　憑

第	板	慈
伍	木	◉
號	八	
商民	百	
石學呂	張	

第　伍　號　商民　石學呂

板木八百張

稅錢　銀八十兩

捧稅許送事

光武十一年五月二十六日稅監　李□

慈◉

至平安道江界之满浦镇（辑安对岸），日人设木卡于此验税单，换给排票，每排一纸式如左：

番號第　　　　　號	住所姓名	造編木材鎮地名	字號	考備	明治三十年　　月　　日

排至安东，日员验排票，按排木数抽木二八五成（姜某所有百廿拢，共抽卅拢零一根），所抽收之木仍按定价给予，定价分三等，如左表：

每拢给价表

寸数	等次	定价
千六百余寸（立方）	中中	十九元八角
二千寸以上（立方）	中上	三十元
千寸以下（立方）	中小	九元

以上寸数、每拢共计系按安东裁尺。定价之银，中韩两国银币杂用。照章抽收以后，所有者始得入市求售云。今将安东本年红松市价列左：

立方一寸（安东裁尺）：奉银二分；立方千寸：奉银二〇两；立方千五百寸：奉银三〇两；立方二千寸：奉银四〇两。

以上据本邑木把姜际清所言。

会房之征收（三十三年十月）

临江辖境分地为六保，曰"壬生""洪生""富生""庆生""长生""荣生"，各保立一事务所，曰"会房"，各设会首一人、牌头数人、外柜数人，承办各项官差及保中公共事务，在保各花户有事，均报于会房。会房经费按年向各花户所有天（六亩）地分摊，洪生保地亩计共一千四百余天，三十二年份，每天各摊四十五吊（每十吊合银一两）。本年因撤去乡约，另立会首，摊数减半，计每天各摊东钱三十五吊（合银三两五钱），今以千四百天计，年摊东钱四万九千吊，合银四千九百两，除内中重要开销如左外，皆作零星杂用。前月本保曾演酬神戏十日，计用洋二千元，亦皆由每天地分摊。据姜某云，每天摊洋一元七角（以上据木把姜际清所言）。

乡约年金：百余两；牌头年金：八十两；外柜年金：六十两。

临江邑城商务概略表（三十三年十一月所查）

商户	商人	资本	销场
烧锅（一）	二一〇	六，八五二（两）	三一，四四四（两）
杂货（二二）	—	—	—
工艺（一四）	—	—	—
客店（一一）	—	—	—
饭馆（一四）	—	—	—
共计（六二）	二一〇	六，八五二（两）	三一，四四四（两）

临江各保之著名绅士

临江设治未久（光绪二十八年起），住民皆自山东登、青、莱各州转徙而来，其最久住者，仅五六十年，尽系庄稼人。每年以伐木为生活，既乏识字之人，安得有著名绅士？今第就略能办事、奔走于官民间者而言，举列如左：

姓名	字	籍贯	现住	职业	资格
李树勋	荫亭	直隶	本城	江苏候补巡检，设有福泉茂杂货铺	略识字，人尚老成，可任小事
翟兆祺	寿山	山东	三道沟	设有泰泉茂杂货铺	识字，尚有能力
丛万益	—	—	苇沙河	设有小醡烧户及杂货铺	略识字，有胆略，不愿办事

又有半官半绅而于地方办事有实力者三人。表示如左：

姓名	字	原籍	现住	职业	资格
王宝山	云亭	山东	本城	巡警局总巡官	打牲出身，久住本邑，善剿胡匪，不识字
谢鸿恩	子均	直隶	本城	本保巡长兼副总巡	善剿胡匪，不识字，三十二年来此
慕日增	—	山东	本城	木植公会副董	本业木把人，尚明白识字

其余则会首诸人与各保巡长，皆与地方有直接关系，当另查。本城又有刁民史德庆，久居本邑，历开杂货铺，自称教民，屡兴词讼，为地方患。

临江管辖四至表 （据临江县令所调查）

方向	所至地名	距城里数	搭界
东	二十二道沟 长白山排子	五四〇（里）	韩国咸镜道茂山郡
西	错草沟	七〇（里）	辑安县
南	鸭绿江	〇	韩国平安道慈城郡
北	龙岗	六〇	吉林省吉林府

临江各保地亩户口表 （据临江县令所查，三十三年九月）

保名	亩分	户数	人口
洪生	八七一七（亩）八（分）	二九五（户）	二，〇一〇
壬生	九一六八，四	四〇五	三，五四〇
富生	二，七五三，四	一三三	四九三
荣生	六，五五八，一	三五一	一，四一八
庆生	六，二五九，九	一二〇	六二〇
长生	二，七一三，八	一一五	四一五
共计	三（万）六，一七一（亩），四（分）	一（千），四一九（户）	八（千）四九六（口）

南北百里，东西千里，乘方共一万方里，每二十方里有三

户，有十七人，一方里之已开垦者，约三亩。

男：（大）三，九五二口；（小）七三二口　

妇：一，四四三口；

女：五六三口

共计：六，六九〇（丁口）

　　　　　　　　　　　据三十二年调查

通 信 机 关

临江人民稀少，商业亦不振，向来通信之惯例，皆有往来各处之商贩及驮货橇马所携带，并无一定资金，亦无一定期日。官家公文、物件皆临时特派差役投递，亦有托商贩带送者，并无驿站、传马之设备。近二年来，邑令嫌其不便，特禀设步拨子数名（步拨即递信专差，步行不乘马者），月给饷银三两，由地方苦力（现在三道阳岔客店代办）承办，无事时自为生活。此步拨专递公函物件，并无定期。其递送方法：临江饬交，持至邻县最近之步拨处，再行辗转投送。计每至省一次，需费十五六日，因其辗转交送，时多有延搁也，故遇紧要公文，仍须特派专差，其费用每日在一元上下（此为食宿费），往返多日则所费不赀矣。本年九月二十六日，由省城邮政总局设分局于县城，托李绅树勋所开油房——福泉茂代办，暂照定章收送公私信函、印刷物（包裹及物件类未办），设送信夫二名，往来通临间，每三日包送一次，每次至多二十余件。将大概情形列表如下①：由临至通约四日，往返共八日，信件至通即交通化分局，由通递至兴京，由兴京递至省约费六日，计自临江至省每次至速须十日；信夫每名月给十四元，二名计共二十八元，此费及分局业务上所用一切器具，均由省中总局发给，其分局管理人之俸给不详，据管理人云，仅就邮票购售

---

① 此处虽然写作"列表如下"，但现有版本并没有列表。

费每一大元中取费一角五分而已。兹摘取大概，分列二表如左①，以便览。

分局之组织

管理人姓名及劳金	送信人及月给	寄递法
吴江（邮票售出费百分之一五）	二名，每十四元	三日一发，由临至通，由通至临

　　以上步拨、邮递二种，其线路，如邮递，则临江县城至省城间而已，其以东各沟及他县均不通，步拨则可递至他县及省城间，其性质，均系官设，步拨仅递公件，而邮局公私皆受者也。

---

① 　此处虽然写作"列二表"，但现有版本只有一表，疑似脱漏或笔误。

《盛京典制备考》解题

孙伟祥

一、作者生平

该书作者为崇厚，字地山，号子谦，又号鹤槎，完颜氏，内务府镶黄旗人。虽然崇厚家族是金朝完颜氏女真后裔，地位极其显要，被后世称为"三韩贵胄，七叶名卿"①，但是其家族向来崇尚儒学。其七世祖阿什坦，顺治壬辰首科进士，官刑科给事中，翻译过《大学》《中庸》《孝经》等书，康熙帝称他"此我朝大儒也"②。六世祖和素，官内阁侍读学士，圣祖御试，清文第一，赐"巴克式"号，充皇子师。崇厚父亲麟庆为嘉庆十四年（1809年）进士，其兄崇实为道光三十年（1850年）进士。不仅如此，崇厚的祖母恽珠也是清代著名的女文学家，出身于江苏书画世家恽氏家族，撰有《国朝闺秀正始集》《兰闺实录》《红香馆诗草》等。在如此浓厚的家学熏陶下，崇厚6岁入学，8岁与兄崇实"从潘夫子读书，朝夕训诲，厚之能读书成立，受益于夫子者最

---

① 麟庆著，汪春泉，等绘图：《鸿雪因缘图记·钟世耀序》第一集，1页，北京，北京古籍出版社，1984。
② 《清史稿》卷484，13 336页，北京，中华书局，1977。

多"①，24 岁应顺天府乡试中举。总体说来，崇厚文化水平很高，并且在其治理盛京期间，积极搜集盛京地区相关的政治、经济、文教制度资料，并将其前几任将军改革措施与自己的治理心得整理、汇编成《盛京典制备考》，以期有裨政治，从而奠定了其在清末学术史上的地位。

除了显著的学术成就外，崇厚在清末政局中也发挥了重要作用。其先后担任长芦盐运使，兵部、户部、吏部侍郎，三口通商大臣，署直隶总督、左都御史，且从光绪二年（1876 年）到光绪四年（1878 年）接替其兄崇实任盛京将军，同时数次代表清政府处理外交事宜。崇厚积极主张学习西方的先进军事技术来挽救当时衰败的清政府，曾主持开办近代著名军事企业——天津机械制造局，被看作清末洋务运动的重要代表之一。但是由于其在 1879 年与沙俄政府交涉边界事务时擅自签订《里瓦几亚条约》，致使清朝丧失诸多主权而被免职。虽然崇厚在政治上存在过失，但是这不能掩盖其在学术方面的成就，我们对其学术著作的评价也应当具体问题具体分析。

二、《盛京典制备考》的内容

《盛京典制备考》最早于光绪四年（1878 年）编辑完成并出版，全书共八卷：卷一为舆图、疆域、城池、宫殿、坛庙、太庙、山陵（附职官、兵役）、殿阁尊藏、将军档库恭储；卷二为庙寺、祀祠；卷三为宗室、觉罗事宜，内务府事宜；卷四为将军署分司；卷五为恩赏库事宜、督捕步营二司事宜、马政处事宜、牧群司事宜、围场处事宜、捐输局事宜、官参局事宜；卷六为五部职官公署事宜；卷七为额设驻扎镇守、各城旗驻防、将军管辖各边、奉天职官、练军弁兵数目、客军弁兵数目、各城捕盗营弁兵数目、审理词讼、旗界官回避本城、缉捕章程、监捐章程、昌

---

① 崇厚：《鹤槎年谱》，3～4 页，民国十九年（1930 年）刊本。

图职官改升增设并学额兵数章程、东边外开垦升科设官事宜；卷八为奏议折片、上谕一道。根据崇厚自己在书前所作序可知，本书的主要内容可以概括为盛京地区的疆域、城池、宫殿、坛庙、山陵暨殿阁所尊藏档案、书画，以及该地区相应的官职设置、兵制、农田水利、边疆驿站、佃渔畜牧等。

卷一开篇附有盛京地区全图，同时对盛京地区从唐尧至清末的郡县设置进行了简单梳理，在提出盛京地区的疆域范围后对盛京地区的盛京城、兴京城、东京城进行了介绍，同时详加叙述了盛京地区的永陵、福陵、昭陵三座陵寝的情况及其管理制度。另外，介绍了盛京城皇宫内馆藏的清代帝王的御容像、玉玺、册宝、藏书及书画作品。卷二则介绍了盛京地区的寺庙和祀祠及其管理制度，涉及庙宇二十座、寺院二十二座、祀祠三座，其中三贤祠祭祀的对象中包括崇厚之兄崇实。卷三则对盛京地区的宗室及觉罗教养事宜进行了介绍，不仅对盛京地区的宗室、觉罗户数进行了简单统计，同时对其相关的职位和待遇问题都较为详细地进行了描述。另外，卷三也对盛京将军总管内务府下的广储司、营造司、掌仪司、会计司、都虞司、三旗、黑牛馆所管辖和负责的具体事宜都进行了详细的介绍。卷四对盛京将军公署下辖从事日常政务的印务处、折本房、司务厅、户司、礼司、兵司、刑司、工司的官员设置和具体负责的事务进行了详细介绍。卷五则对盛京将军公署下辖的恩赏库、步营司、督捕司、围场处、牧群司、马政处、官参局的应办事宜及每年所需费用等予以记载，特别是对官参局历年的管理变革进行了详细的说明。卷六对盛京地区的户、礼、兵、刑、工部五部公署的位置及职官的待遇进行了介绍，所附《驿站新章》记载了光绪二年清朝对盛京地区的驿站进行的简单的革新。卷七主要是对盛京地区军备力量的记载，首先对盛京地区额设驻扎镇守各城的武官及士兵设置、归属进行了说明，又对盛京奉天府的一系列职官设置进行了说明，同时对奉天练军弁兵、客弁兵、各城捕盗弁兵的相关事宜也进行了详细的记录和说明，其中涉及旗民审理诉讼事宜和缉捕章程，以及盛京军费问题。卷八是本书的最后一卷，是对崇实、崇厚二人先后担任盛京将军期间上奏皇帝的诸多重要奏折的汇编，奏折内容主要为二人针对盛京弊政而提出的诸多改革建议，涉及整顿吏治、改革租税、加强地方治安、变革地方设置等方面。

三、《盛京典制备考》的价值

该书内容繁多，涉及面十分广泛，相应地在诸多方面都具有较高的价值和实际意义，能够使我们更加全面地了解当时的社会现实。概括起来，可以表现在以下几个方面：

首先，《盛京典制备考》作为一部政书类文献，为后世保存了大量史料，史学价值较为突出。由于崇厚当时担任盛京将军一职，能够便捷地接触书中所载的第一手资料，故该书具有很高的可信度。另外，在编辑过程中，该书主要参照前任所编类似的资料以及乾隆末年修著的《盛京通志》，但是由于时代久远，前人著作难免出现与现实脱钩的现象，而他却能在书中根据现实的变化以批注的形式对之前的内容进行详尽的补充，正如他在序言中提到的："惟岁久，传写颇有讹漏。且政贵因时沿革，即有不同乃延友人厘订增辑而编次之。"例如，第一卷中记载的盛京各殿阁尊藏图书及画等物品中就补充了《盛京通志》中所没有录入者，而第七卷中，在记载盛京所属各地官员设置和相应地区的升科地及所收制钱时，批注则采用了当时最新统计的数据。这些成果实际为后来光绪年间进行的兴修典籍等一系列活动提供了资料，《续修四库全书总目提要》中就对《盛京典制备考》的这一作用给予了很高的评价。而《清史稿》卷146《艺文志二》就将其归入清朝政书类之典礼方面的史学著作的重要代表之列，这足以反映其价值之高，影响之大。

其次，崇厚作为清末洋务派的代表人物之一，积极主张地方的改革，并将相应的改革措施编入了《盛京典制备考》中，通过这本书，我们可以更加直观地了解当时以盛京为代表的东北地区的地方形势及当时洋务派的改革主张。根据记载，当时的盛京地区"自嘉、道以来，一切政治墨守旧规，皇壤私垦已多，而民吏殊少"，"事权未一"，① 社会问题十分严重。而早在崇厚之前的盛京将军崇实就已经开始采取措施进行整顿，崇厚很大程度上是沿袭了其兄的主张，并对其进行了进一步的扩展。根据第七卷及第八卷的相关内容可知，崇厚在盛京地区进行的革新措施主要包括：（一）整顿吏治，提高官员的养廉银的数量，规定各级官吏薪俸，同时裁撤了部分官员，明确各级官员责任，提高盛京将军权力；（二）对地方行政区划进行重新修整，新设怀仁、通化等县，并将昌图厅升为府治；（三）各地增设官兵，并且采用直隶练军章程，采用新式装备；（四）注意缓和盛京地区的旗民矛盾；（五）改革地方税制，制订明确税目与税额，缓解地方财政困难局面；（六）兴办教育；（七）开垦盛京地区的荒地，招募农民开垦，将已经开垦的土地正式编入国家土地管理与税收体制之中；（八）新设驿站，加强各地之间的联系。在诸多措施中影响最为深远的是移民实边政策。以上改革措施不仅仅是针对盛京地区制订的，实际上可以看作当时清朝内部洋务派对地方改革的尝试，这为清末以来地方改革提供了借鉴。

再次，《盛京典制备考》卷一中保留了当时所做的盛京地区全图，图上将该地主要地名一一标注，特别是将盛京与东部朝鲜的边界也十分明确地标出。从图上可以清晰地看出，当时盛京地区的中朝边界北部以长白山、鸭绿江为界。同时在卷一所记载的盛京疆域以及卷六所记载的驿站里程中也明确提出中朝南部以凤

① 《续修四库全书总目提要》第23册，382页，济南，齐鲁书社，1996。

凰城辖界以东瑷阳江①为界。不仅如此,《盛京典制备考》中对中朝的关防与海防也有涉及。在兵司应办事宜中明确记载了清朝在中朝边界附近设立中江卡伦,还记载了清朝在旅顺设立水师营定期巡察海面。但是,由于当时朝鲜仍然是清朝的藩属国,因此设置海防和卡伦的主要目的是稽查偷盗木植、私自贩运粮食等。通过该书的记载不难看出,当时中朝之间的边界线十分稳定且明确,该书为解决当时中朝边界问题提供了重要依据。

　　总之,虽然《盛京典制备考》仅有十万字左右,但是其内容十分详尽,对于我们研究清朝盛京地区的典章制度、地方沿革以及相关问题而言,都是不可或缺的珍贵资料。

---

①　虽然卷一盛京地图上没有瑷阳江之名,但根据《清史稿·志三十·地理二》记载,"鸭绿江导源天池南曰瑷江,南流至双岔口,葡萄河自东北来汇,此下为中、韩界水,始名鸭绿江",不难看出,瑷阳江应该属于鸭绿江的上流,当时中朝两国实际也以鸭绿江为界。

《盛京典制备考》标点说明

孙伟祥

　　《盛京典制备考》最初版本有两种，即光绪四年盛京军督署藏版与光绪二十五年（1899 年）上海双顺泰藏版翻印版。光绪二十五年版仅多几幅插图，两者在文字内容上并无出入。近人编纂《续修四库全书》时采用光绪四年影印版。2002 年出版的《中国少数民族古籍集成》在收录该书时亦采用光绪四年影印版，标点者在标点过程中采用文字较为清晰的光绪二十五年影印版。

　　1. 本书一律按现代汉语的规范进行标点，并根据该书的具体内容，按现行行文规范进行合理分段。对原书中的用语、标点，确需更正的，以脚注的形式说明。

　　2. 对原文中出现的通假字仍按照原字形在文中列出；对原书中出现的词语混用的情况不做改动，如"联络、连络""纷歧、分歧""勿庸、毋庸""覆核、复核""镇慑、震慑""遵、尊"等照录；对当时通用的词语、数字及语法表达形式，一仍其旧，个别产生疑问的以脚注的形式予以说明；对原文中出现的脱字、错字、别字、衍字等也以脚注的形式标出，并提出作者个人修改意见。

　　3. 对原文中出现的当时的地名、民族名称、官职名称等仍保持原貌，有歧义者以脚注予以说明。涉及的疆界问题、领土归属问题、民族宗教问题等，在保持原作者的政治立场和观点的同时，加以必要的修正。

4. 原文中随文注释及表示谦卑的小字，均用〔　〕或（　）标出，且字号比正文略小。

5. 原文中字迹漫漶者尽可能查证相关史籍补充完善，不能补充者以□代之。

6. 原文中有目录与内文标题不符之处，均照录，以保留原貌，但在不符之处已经说明。

盛京典制備考

崇厚 撰

序

　　粤稽往籍典谟聿著，勋勤缅溯成周官礼，特详制作。盖体天出治，受命造邦，罔不缔构艰难，经营劼毖。逮九功，叙百度贞，率土观成，群情向化。举凡条教、政令，布在方策，贤者识之而弈。世奉为法守，自古然也。我朝自太祖、太宗乘乾出震，圣圣相承。膺景命于沈阳，运神谟于辽左。经纶丕焕，疆宇宏开。启祚、发祥、肇基，建极山川，效钟毓之灵，黎庶享丰盈之乐。逮世祖定鼎京都，奄有九夏，声教布于寰海，恩威被于藩服。乃以盛京为留都，钦命大臣镇守，置各部侍郎及府尹率属治事，视周之邠岐、汉之丰沛，为尤重焉。光绪二年冬，（崇厚）奉命权篆，下车伊始，庶务殷繁，深恐掌故未谙，致形丛脞。适崇协领（善）以手录特忍庵将军前任兵司时记载一编呈阅，甚获益焉。盖是编于疆域、城池、宫殿、坛庙、山陵暨殿阁所尊藏、档库所恭储，莫不详备。其余如官职、兵制、农田水利、边疆驿站之大、佃渔畜牧之微，皆条分类聚，粲若列星洵，可为文献之征，有裨政治非浅鲜也。惟岁久，传写颇有讹漏。且政贵因时沿革，即有不同乃延友人厘订增辑而编次之，并录先兄文勤公奏议数篇及（崇厚）偕岐司农（元）、恩京兆（福）会议奏疏附于简末。盖先兄在任时，于定东边、肃吏治、整练军、靖盗源诸大端，皆竭诚殚虑，恳切敷陈，上蒙恩允，量予变通，创办一切事，尚未竟。今幸边务甫定而（崇厚）奉命内召，适是编告成，爰书其梗概于简端，留以为考证者之一助云。

　　光绪四年，岁次戊寅季夏，太子少保、头品顶戴、署理盛京将军兼管兵刑两部、总督奉天等处地方军务兼理粮饷、吏部左侍郎崇厚谨叙。

目录

卷一

盛京全图

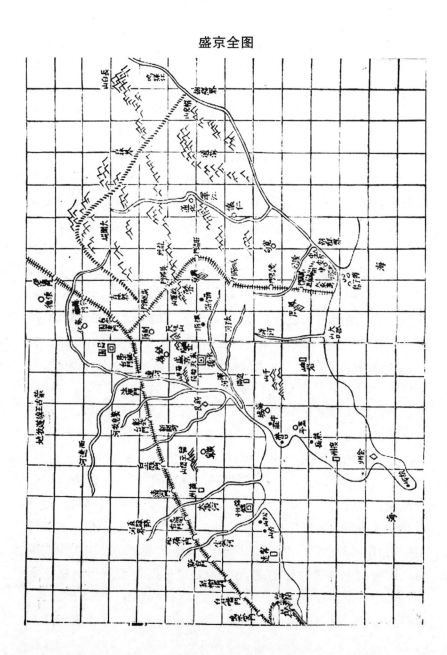

盛京历代郡县建置考

盛京方域，东接长白山，南竟海，西至山海关，北及蒙古达尔罕王诸旗游牧地。东西一千七八百里，南北一千三四百里，地大物博，泉甘土肥。所谓宇宙之奥区，灵秀之所钟毓也。在唐尧时，为青州、冀州之域。舜分冀州东北为幽州，即今辽河以西地，分青州东北为营州，即今辽河以东地。（按：今金州西渡山东芝罘仅海程数百里，故前明辽东科举附于山东。国初时，山东莱州府尚有复州、金州二衙学，系辽人寄籍，雍正五年裁。）禹仍尧旧，汤仍舜旧。在周为幽州，《周官·职方氏·东北》曰："幽州其山镇曰医巫闾，为箕子封国，稷慎（即肃慎）、濊陌、良夷诸国皆属焉。"战国属燕。秦伐燕，燕王喜走，保辽东（辽东之名始此）。始皇既灭燕，遣蒙恬筑长城击走东夷，以其地置辽东、西郡。汉初，仍秦置，为燕王卢绾封地，后绾亡入匈奴，地为卫满所略，至卫满孙右渠，武帝遣将讨灭之，置乐浪、元菟、真番、临屯四郡。昭帝时，省真番、临屯并入乐浪、元菟。汉末，公孙度据有辽东，传孙渊，司马懿讨平之，分辽东昌黎、元菟、带方、乐浪为平州。晋世，高句丽略有辽东，百济略有辽西，后平，二郡改为辽东国，其昌黎四郡隶平州如故。东晋时，慕容廆为平州刺史，旋有永嘉之乱，遂为廆所据，立冀阳、成周、营邱、唐国诸郡，子皝又立西乐郡。北魏置平州，领辽西；置营州，领辽东。历北齐、北周，辽东各郡渐为高丽、奚部所侵。隋开皇三年，讨破高宝宁于黄龙，置营州。大业三年，复置辽西郡。唐太宗征高丽，得盖牟城，置盖州；得辽阳城，置辽州；得白崖城，置岩州。五代后唐明宗时，契丹陷平州，又陷营州，自是地入于辽。在辽为东京道辽阳府、中京道大定府地。在金为东京路辽阳府、北京路大定、广宁府地。在元为辽阳、广宁、大宁、沈阳、开原诸路地。明洪武四年，置定辽都卫。六年，置辽阳府县。十年，因元辽阳路置定辽中卫、左卫、右卫、东宁卫、海州卫、盖州卫、复州卫、金州卫；因元广宁路置广宁中卫、前卫、后卫；因元大宁路置广宁中屯卫、前屯卫、后屯卫、左屯卫、右屯卫、宁远卫、义州卫；因元沈阳路置沈阳中卫、左卫、右卫、沈阳中屯卫、铁岭卫；因元开原路置三万卫、辽海卫。改定辽都卫为辽东都指挥使司，统领诸卫，而府县遂废。永乐间，复置自在、安乐二州，隶山东道。盖自唐虞以迄元明，其建置有不同，亦幅员有攸殊也。

我太祖肇基兴京，天命十年，增修沈阳城，建为盛京。迨太宗有杏山、松山之捷抚有全辽，世祖定鼎燕京，奄有九夏，遂以盛京为留都。顺治元年，悉裁诸卫，设内大臣、副都统及各旗驻防、镇守之。十年，以辽阳为府，置辽阳、海城两县。十四年，省辽阳府，以沈阳为奉天府，置府尹。康熙三年，于故广宁卫地设广宁府，领广宁县、锦县、宁远州。四年，改广宁府为锦州府，移治锦县。是年，奉天府添设承德、盖平、开原、铁岭四县，改辽阳县为州。十二年，于故复州卫地设复州，于故金州卫地设宁海县（后仍改为金州），于锦州府增设义州。乾隆三十七年，于奉天府增设岫岩州。嘉庆十二年，增设新民厅。十八年，增设昌图厅。光绪二年，置凤凰直隶厅，增设安东县。三年，增设宽甸县，分岫岩州，均隶凤凰厅。是年，升兴京理事通判为抚民同知，增设怀仁、通化二县隶焉，又升昌图厅为府，增设奉化、怀德二县隶焉。奉天府府尹行巡抚事，通省府、厅、州、县均归统辖。奉天府自领厅二，曰"金州"，曰"新民"；州二，曰"辽阳"，曰"复州"；县五，曰"承德"（附郭），曰"海城"，曰"盖平"，曰"铁岭"，曰"开原"。锦州府所属州二，曰"宁远"，曰"义州"；县二，曰"锦县"（附郭），曰"广宁"。昌图府所属县二，曰"奉化"，曰"怀德"。兴京抚民同知所属县二，曰"通化"，曰"怀仁"。凤凰厅所属州一，曰"岫岩"；县二，曰"安东"，曰"宽甸"。

疆　域

盛京城距京师一千五百里，东至朝鲜国瑷阳江界一千三百余里，西至山海关八百余里，南至大海七百三十余里，北至（吉林界、蒙古部落）三四百里不等。

城池（附外郭、水栅、内池、钟鼓楼）

盛京城

天聪五年，因金、辽沈州旧治，拓其制，改筑高三丈五尺，厚一丈八尺，女墙高七尺五寸，周围九里三百三十一步，垛口六百五十有一，城门八，门楼如之。角楼四，东二门，左曰抚近，右曰内治；南二门，左曰德盛，右曰天佑；西二门，左曰怀远，右曰外攘；北二门，左曰地载，右曰福胜（每门原设大炮一位）。

池：宽十四丈五尺，周围十里二百零四步。

郭：康熙十九年，增筑高七尺五寸，周围三十二里四十八步，亦设八门。

水栅：外郭东南隅原建水栅二座，各宽十余丈，沈水分出焉（按：小沈水，俗名五里河，自东关观音阁东泉水发源，由二水栅分流出郭）。

内池：城内有池七十二，土人名曰泡子，夏秋雨潦归之水不外泄而无泛滥之虞，城内藉其潴蓄为不时之备云。

钟鼓楼：钟楼一，在福胜门内大街。鼓楼一，在地载门内大街。

兴京城

在辽、金时为沈州地，明初建州卫于此，我太祖高皇帝发祥之地。天命元年，以为都城。距盛京城二百七十里，其城周五里，南一门，东二门，北一门；外城周九里，南三门，北三门，东二门，西一门。太宗文皇帝天聪八年，改称兴京。乾隆二十八年，以锦州理事通判改驻，与熊岳通判所辖之哨子河分界管辖。光绪元年，添设副都统一员守护陵寝。四年，改通判为抚民同知，移驻新兵堡。

东京城

太祖高皇帝天命六年，筑在太子河东，距辽阳州城八里。其城周六里零十步，高三丈五尺，东西广二百八十丈，南北袤二百六十二丈五尺。城门八，东左曰迎阳，右曰韶阳；南左曰龙源，右曰大顺；西左曰大辽，右曰显德；北左曰怀远，右曰安远。天命十年，迁都盛京，遂于东京设城守章京。康熙二十年，城守改驻金州城内（即宁海县）。宫殿与城同时建，迁都后，令管理驿站官守护。

谨案《通志》载述附录：

"盛京城为坛、庙、宫殿所在，谨先志之以明皇业之有本也。至兴京城为发祥初基，东京城虽国初暂建，然创业伊始，肇域自东，遂奄九有，允宜缕述以昭景运。盛京城本辽、金沈州治，元为沈阳路总管府治，明为沈阳卫。洪武二十一年，指挥闵忠因旧址筑门四，周围九里三十步，高二丈五尺。池二重，内阔三丈，深八尺，周围一十里三十步，外阔三丈，深八尺，周围一十一里有奇。我太祖高皇帝天命三年，城介沈。六年，城萨尔浒，又城东京。天命十年，迁沈阳。天聪五年，因旧城增拓其制，改筑焉。八年，更名曰盛京。顺治元年，迁都京师，监往代留都之制，设官镇守。康熙十九年，奉旨筑关墙（即外郭）。兴京城，在辽、金时为沈州地，明初置建州卫于此。我太祖高皇帝发祥之地，距盛京城东微南二百七十里。太祖高皇帝癸卯年，创建内城，己巳年，乃增筑外城。太宗文皇帝天聪八年，改称兴京。东京城，我太祖高皇帝创业之初，筑城于此。一以经画宁、锦，一以控制沈、辽。圣谟深远，制胜有方。与《周颂》所云：

'天作高山，太王康之，有同轨焉。'"

宫　　殿

大政殿

崇德二年建，在城中央，南向。殿制八隅，左右列署十，音乐亭二。其殿前左右二署为左右翼王大臣议政所。其次，东四署为镶黄、正白、镶白、正蓝四旗官员朝集所；西四署为正黄、正红、镶红、镶蓝四旗官员朝集所。自顺治元年定都京师，奉天府文武各官，每月初五、二十五等日恭诣朝集，凡年节、万寿，各官恭诣行礼如制。殿后为銮驾卤簿库。

大 内 宫 阙

崇德二年建，在大政殿之西。正门曰大清门（东西设奏乐亭，迤西为内务府堂档房。南设东西司房、东西朝房，正南照壁一座），左阙门曰文德坊，右阙门曰武功坊，大清门内正中为崇政殿（本名）曰笃恭殿（乾隆十三年，设左右翊门）。殿前东为飞龙阁，阁后直房七楹，井亭一座；殿西为翔凤阁，阁后直房七楹（房南转角九楹，偏厦三楹）；殿后正中为凤凰楼，楼前东为师善斋、日华楼，西为协中斋、霞绮楼。凤凰楼后正中曰清宁宫（宫后东西配房各三楹），宫之东曰衍庆宫。关雎宫西曰永福宫、麟趾宫。清宁宫之东院为敬典阁，前为介祉宫，又前颐和宫；清宁宫之西院为崇谟阁，前为继思斋，又前保极宫，又前迪光殿，殿西院为文溯阁，阁后为仰熙斋，阁前为嘉荫堂。

坛　　庙

天坛（德盛门外）。

地坛（抚近门关外）。

社稷坛（天佑门关外）。

风云雷雨坛（天佑门关内）。

先农坛（德盛门外）。

藉田（坛前）。

堂子（内治门外）。

国初祀天神之所。

太　　庙

初建在抚近门外，尊祀列祖神御。崇德元年，始定仪制。乾隆四十三年，移建于大清门之东。

山　　陵

永陵山曰启运山，在兴京城西北十里，省城东二百六十里。奉安肇祖原皇帝、原皇后，兴祖直皇帝、直皇后，景祖翼皇帝、翼皇后，显祖宣皇帝、宣皇后，均于启运殿恭奉神位。宝顶台阶下左侧葬武功郡王（讳）礼敦巴图鲁，次左葬恪功贝勒（讳）塔察，偏古殿前碑四，通护以亭。（恭查乾隆四十三年《钦定盛京通志》载《三陵规制》："永陵启运山在兴京城西北十里。初肇祖原皇帝、原皇后，兴祖直皇帝、直皇后之陵共一山，称兴京陵。景祖翼皇帝、翼皇后，显祖宣皇帝、宣皇后之陵共一山，称东京陵。在奉天府城东二百五十里。顺治五年十一月，南郊始追上列祖尊号。八年，封兴京陵山为启运山，东京陵山为积庆山，均从祀方泽。十三年，于陵山周围立界址，界内禁止采樵。十五年，奉移东京陵，改祔兴京，罢积庆山祀典。十六年，尊为永陵。十八年，立《迁祔永陵庙碑》。陵前宝顶上有瑞榆一株，轮囷盘郁，圆覆城隅。乾隆四十三年，御制《神树赋》，勒石西配殿。"）

福陵山曰天柱山，在省城东二十里，奉安太祖高皇帝、孝慈高皇后。隆恩殿恭奉神位，殿前圣德神功碑一，通护以亭。寿康太妃园寝在右（园内附葬安布福晋、绰奇德和母）。（恭查乾隆四十三年《钦定盛京通志》载《三陵规制》："福陵，在奉天府城东北二十里。顺治八年，封山曰天柱山，从祀方泽。"）

昭陵山曰隆业山，在省城西北十里，奉安太宗文皇帝、孝端文皇后，隆恩殿恭奉神位。殿前立圣德神功碑，护以亭。懿靖太贵妃园寝在右（园内附葬康惠淑妃及格格等九位）。（恭查乾隆四十三年《钦定盛京通志》载《三陵规制》："昭陵，在奉天府城西北十里。顺治八年，封山曰隆业山，从祀方泽。"）

三陵额设职官兵役，盛京将军总理。凡总管，专管巡查陵山树木、河道，俱系京缺，五年报满更换，其余官员俱系驻防缺。凡掌关防官，专管内殿陈设，做办祭物。凡四品官，专管千丁夫役，芟刈外园荒草，烧造砖瓦，备办灰筋，以供岁修。

永陵额设总管一员、翼长二员；八旗满洲防御十六员、笔帖式二员；领催四名、马兵一百八十五名（内有国戚舅氏之子孙兵，至十八岁者作为马兵，随岁增添，未及百名）；章京品级三员（由国戚舅姨子孙兵内挑放）；掌关防官一员、副关防官二员（内管领、尚膳正兼理）；内管领一员、副内管领一员；尚膳正一员、尚膳副一员；尚茶副一员、笔帖式二员；尚膳人八名、尚香人四名；拜唐阿十二名、摆桌人八名；厨役十二名、院户领催壮丁四十名；四品官一名、外郎二员；领催八名（四品官所属，俱盛京工部管辖）、各项匠役十三名；牛羊馆管达二员、喂牛羊壮丁二十名。

福陵总管一员、翼长二员；八旗满洲防御十六员、笔帖式二员；世袭云骑尉六员、世袭六品官一员；世袭七品官五员、世袭八品官四员；领催四名、马兵七十六名；章京品级六十五员（由国戚舅姨子孙兵内挑放）；舅姨子孙兵一百名；掌关防官一员、副关防官二员（内管领、茶膳正兼理）；内管领一员、副内管领一员；尚膳正一员、尚膳副一员；尚茶正一员、尚茶副一员；笔帖式二员、尚膳人八名；尚茶人六名、尚香人六名；拜唐阿十五名、摆桌人八名；院户领催壮丁二十名、各项匠役二十三名。

太妃园寝首领二员（由兵挑放）、兵十八名；四品官一员（汉军袭缺）、外郎二员；领催八名。

昭陵总管一员、翼长二员；八旗满洲防御十六员、笔帖式二员；世袭头等侍卫兼轻车都尉一员、世袭头等侍卫兼骑都尉一员；世袭云骑尉四员、世袭六品官七员；领催四名、马兵七十六名；章京品级二十员（由国戚舅姨子孙兵内挑放）；舅姨子孙兵一百名；掌关防官一员、副关防官二员（内管领、茶膳正、世袭侍卫内兼理）；内管领一员、副内管领一员；尚膳正一员、尚膳副一员；尚茶正一员、尚茶副一员；笔帖式二员、尚膳人十名；尚茶人八名、尚香人六名；拜唐阿三十四名、院户领催壮丁二十一名、各项匠役六十五名。贵妃园寝首领二员（由兵挑放）、兵十九名；四品官一员（汉军佐领公缺，加支俸米一百零五斛）；外郎二员、领催八名。

以上三处，凡总管俱三品俸，随缺地各八十日。翼长俱四品俸，随缺地各六十日。防御俱五品俸，随缺地各四十日。笔帖式随品级俸粮，随缺地各三十日。章京品级同食二两饷，随缺地各二十五日。舅姨子孙兵同食二两饷，随缺地各十五日。领催随缺地各十日。马兵随缺地各十日。掌关防官同四品俸，岁支俸米一百零五斛，随缺地各六十日，副关防官岁支俸米各八十斛。内管领同五品俸，银八十两、米八十斛，随缺地各四十日。茶膳正俱五品俸，不支米，随缺地各四十日。副内管领及茶膳副俱食二两饷，原随缺地各三十日。茶膳人及香灯人俱食二两饷，随缺地各十五日。拜唐阿食一两饷者，有随缺地十五日、十日不等，食五钱饷者，随缺地各十日。匠役食五钱饷者、厨役支领米盐者、院户支领布绵者三项，各有缺分定数。园寝二处首领由兵挑放，食原饷，原随缺地外郎俱食二两饷，领米三十斛二斗，随缺地各二十日。领催俱食二两饷。

奏请三陵官俸按照八成实银支放折（光绪元年十一月 署将军、刑部尚书崇实具奏）

奏为守护三陵文武官俸不敷应差，谨援案恳恩改放八成实银以示体恤，恭折奏祈圣鉴事。窃（奴才）接据三陵总管、关防等官联衔禀称，职等均系贫苦之员，别无恒产，只有赖俸当差，自折放五成官俸以来，积年不敷应差，甚至衣冠不整，倍形蓝缕，请援照东西两陵官俸改放八成实银等因。（奴才）当查三陵衙门未准，户部咨行改放。东西两陵官俸八成实银之案旋经咨查马兰等镇，去后兹准马兰镇总兵抄录部文，咨覆前来。所有户部议准。东西两陵官俸改放八成实银，系于同治元年十二月初二日具奏，奉旨：依议。钦此。（奴才）伏查守护三陵官员巡山值班、内外稽查，差务殷繁，该员等向例除领俸银外，别无他项进款。现在所领五成实银，非但不敷养赡，即以之应差尚觉艰窘异常。目击情形，殊堪矜悯。且东西两陵官俸，业经部议改放八成实银。三陵各官，事同一律，现在仍领五成实银，未免向隅。虽刻下库款尚未充裕，惟查三陵额设文武各官员数无多，即使量加调剂，所费亦不堪巨。合无仰恳天恩，俯念该员等现领五成俸银实属不敷应差，可否援照东西两陵成案，自明年春季为始，改放八成实银以示体恤之处，出自逾格鸿慈所有。（奴才）援案请放官俸八成实银，缘由是否有当、理合，恭折具奏。

伏乞皇太后、皇上圣鉴训示遵行，谨奏。

奉旨：户部议奏。钦此。于光绪二年二月二十一日经户部议准，奉旨：依议。钦此。

附录：《同治八年钦派礼部主事张元益恭勘永陵龙脉设立封堆说帖》

礼部主事张元益谨勘得永陵旺清边外风水禁地应行封禁之处。敬谨依定永陵启运山后正岭，逐细上溯，查勘先附龙脉之左而行西北至总岭。新开岭东绕为盘岭，东南绕至平岭，由此过岭附龙脉之右而行南转为文子壕。东折为水晶宫等处，正东为东南岔岭。以上诸岭，岭右诸水俱入浑河，岭左诸水俱入苏子河。由此越岭，又附龙脉之左而行，山势北转，又绕而东南为金厂岭，岭南即属边界。山势至此跌断过脉，左右两水分流：岭左诸水俱会为夫尔江，南流过旺清门，会辉江入南海；岭右诸水俱会为伊统河，东北会辉发河等水入东海。因即谨拟金厂岭为西界封禁第一处。

登高审视，见东南峰峦层叠，密林丛翳。询及土人，佥云无车路可通，乃仍过岭附龙脉之右而行东北至舞凤楼，出边弃车乘马，取道深林陷甸中，逐步履勘，日行不过二三十里。东南绕至帽盔山，见三峰耸峙，列为右幛，极其圆静。西北距金厂岭三十里，南距太平岭（俗名雅巴岭）八里。峰下河水环流，中有黑石，名为黑石沟。因谨拟为封禁第二处。

从此复入深林寻路，前进交枝牵衣，倒木横地。崎岖鸟道，人马时虞扑跌。行至双山子，见山势环抱有情，与西北帽盔山遥遥相对三十余里。谨拟为封禁第三处。

过此，东行佥云附岭右界，实无路可通，乃由六里之瑚玛岭越龙脉之左而行至八里河。是即蜊蛄河，掌东南受诸水入浑江。此处峰峦耸翠，为龙脉左界附近护山。因谨拟为封禁第四处。

仍依左界，沿蜊蛄河前行约四十里至小荒沟门，东西山排列如俯，北与龙脉正岭相距八里。谨拟为封禁第五处。

由此东行，又绕山而北登清岭，上有三小石庙。谨拟为封禁第六处。

由此北行，过岭八里至北坡口门，西北距双山子四十里，皆属右界一带，林木深茂，众山环峙如拱。谨拟为封禁第七处。

由此南旋，仍登清岭。步岭东行至八里邯郸坡高岭下，西北距北坡口门十余里，西南距小荒沟门十余里。再四周历审度，见东来脉气至此停顿，局势宏敞，左右护山辅而西行，备极周密，万世帝业胥基诸此。因拟为封禁第八处。东界封禁即谨拟自此画始焉。

由此回道西南，逐地查勘，一路山势去龙脉渐远。至旺清门，复履夫尔江界，沿边北查至金厂岭南，逐细详视其三道沟内，边条子沟为夫尔江发源之所。东北距太平岭五六里，东南距八里河四十里，其间山势盘曲、回环、拱卫，允宜列为左屏。谨拟为封禁第九处。

除已谨拟封禁标记外，自西界至东界，足力所不能到，目力所未能周之处，凡左右附近护山随山之曲折五六里、八九里不等，均关龙脉山向，统拟一律封禁以清界限，而臻完备。合计周围封禁山界二百数十余里。谨具说呈。

殿 阁 尊 藏

凤凰楼三间，上层设金龙柜十五顶，上设顶箱供奉：
《太祖高皇帝圣容》；
《太宗文皇帝圣容》；
《世祖章皇帝圣容》；
《圣祖仁皇帝圣容》；

《世宗宪皇帝圣容》；

《高宗纯皇帝圣容》；

《仁宗睿皇帝圣容》；

《宣宗成皇帝圣容》（中层）；

《文宗显皇帝圣容》（中层）。

又供奉：

《高宗纯皇帝行乐图》十三分；

《熏貂冠皮镶边朝服图》；

《御盔甲乘马图》；

《清凉冠裕朝服图》；

《万国朝贺图》；

《元宵行乐图》；

《春原阅骏图》；

《古制衣冠图》；

《观月行乐图》；

《游戏黄庭手卷》；

《岁朝行乐图》；

《威弧获鹿手卷》；

《御容玻璃挂屏》；

《圆光行乐图》；

《仁宗睿皇帝春苑展书行乐图》；

《宣宗成皇帝行乐图》（中层）。

凤凰楼中层设金龙柜十五顶，尊藏宝十颗。谨案，乾隆十一年，奉旨将国初行用十宝赍送盛京，尊藏楼之中层。其宝文曰：

大清受命之宝（满汉篆文。碧玉，方四寸八分，厚一寸九分。麒麟纽，高二寸四分）；

皇帝之宝（满汉篆文。青玉，方四寸八分，厚一寸九分。交龙纽，高二寸七分）；

皇帝之宝（满汉篆文。碧玉，方五寸，厚一寸八分。盘龙纽，高三寸）；

皇帝之宝（满篆文。栴檀香木，方三寸八分，厚六分。素纽，高五寸）；

奉天之宝（满篆文。金，方三寸七分，厚九分。交龙纽，高二寸）；

天子之宝（满篆文。金，方三寸七分，厚九分。交龙纽，高二寸）；

奉天法祖，亲贤爱民（满汉篆文。碧玉，方四寸九分，厚一寸五分。交龙纽，高二寸）；

制诰之宝（满篆文。青玉，方四寸七分，厚二寸。交龙纽，高二寸二分）；

敕命之宝（满汉篆文。青玉，方三寸七分，厚一寸八分。交龙纽，高二寸五分）；

广运之宝（满篆文。金，方二寸四分，厚八分。交龙纽，高一寸五分）。

《御制宝谱记》（遵《通志》恭录）：

乾隆十一年春，阅文泰殿所藏诸宝，既详定位置，为文记之。其应别储者，分别收储。其文或复见，及国初行用者，为数凡十。虽不同于现用诸宝，而未可与古玩并列。因念盛京为国家发祥之地，祖宗神爽，实所式凭。朕既重缮列祖实录，尊藏凤凰楼上，觊扬光烈，传示无疆。想当开天之始，凝受帝命，宝符焕发，六服承式，璠玙孚尹，手泽存焉。记不云乎，陈其宗器，圭璧琬琰，陈之西序，崇世守也。爰奉此十宝，赍送盛京，镣而藏之，而著其缘起如此。乾隆十一年，岁在丙寅孟春日，御制。

谨案《通志》述：

"《太宗文皇帝实录》载：'天聪九年八月庚辰，出师。和硕墨尔根戴青贝勒多尔衮、贝勒岳托、萨哈廉、豪格等征察哈尔国，获历代传国玉玺。'先是，相传兹玺藏于元朝大内，至顺帝为明洪武帝所败，遂弃都城，携玺逃至沙漠，后崩于应昌府，玺遂遗失。越二百余年，有牧羊于山岗下者，见一羊三日不啮草，但以蹄跑地，牧者发之，此玺乃见，既而归于元后裔博硕克图罕。后博硕克图为察哈尔林丹罕所侵，国破，玺复归于林丹罕，林丹罕亦元裔也。贝勒多尔衮等闻玺在苏泰太后福金所索之。既得，视其文，乃汉篆'制诰之宝'四字，璠玙为质，交龙为纽，光气焕烂，洵至宝也。多尔衮等喜甚曰：'皇上洪福非常，天锡至宝，此一统万年之瑞也。'因具疏以闻。癸未，文馆甲喇章京鲍承先奏言：'皇上圣德如天，仁政旁达苞符，协应大宝呈祥。天赐玉玺，乃非常之吉兆也。当敕工部制造宝函，诹择吉日，躬率诸臣郊迎，由南门入宫以膺天眷而昭符瑞，仍以得玺之由书于敕谕，钤用此宝，颁行满、汉、蒙古，俾远近闻知，咸识天命之攸归也。'上从之，敬识得玺之由，垂示万世，永永无极"云。

册　　宝

乾隆四十五年六月，奉旨，"太庙尊藏册宝，应选和阗良玉另镌，一律以彰符命。所有太庙原藏册宝十六分，恭送盛京太庙尊藏"。四十八年，特命皇子、亲王赍送盛京。

太庙敬谨尊藏：

太祖高皇帝尊谥玉册玉宝；

孝慈高皇后尊谥玉册玉宝；

太宗文皇帝尊谥玉册玉宝；

孝端文皇后尊谥玉册玉宝；

孝庄文皇后尊谥玉册玉宝；

世祖章皇帝尊谥玉册玉宝；

孝惠章皇后尊谥玉册玉宝；

孝康章皇后尊谥玉册玉宝；

圣祖仁皇帝尊谥玉册玉宝；

孝诚仁皇后尊谥玉册玉宝；

孝昭仁皇后尊谥玉册玉宝；

孝懿仁皇后尊谥玉册玉宝；

孝恭仁皇后尊谥玉册玉宝；

世宗宪皇帝尊谥玉册玉宝；

孝敬宪皇后尊谥玉册玉宝；

孝圣宪皇后尊谥玉册玉宝。

嘉庆元年以后，历届送到尊藏：

高宗纯皇帝尊谥玉册玉宝；

孝贤纯皇后尊谥玉册玉宝；

孝仪纯皇后尊谥玉册玉宝；

仁宗睿皇帝尊谥玉册玉宝；

孝淑睿皇后尊谥玉册玉宝；

孝和睿皇后尊谥玉册玉宝；

宣宗成皇帝尊谥玉册玉宝；

孝穆成皇后尊谥玉册玉宝；

孝慎成皇后尊谥玉册玉宝；

孝全成皇后尊谥玉册玉宝；

孝静成皇后尊谥玉册玉宝；

文宗显皇帝尊谥玉册玉宝；

孝德显皇后尊谥玉册玉宝。

敬典阁三间，上层设金龙柜三十二顶，尊藏《玉牒》。

崇谟阁三间，上层设金龙柜二十二顶，尊藏《实录》《圣训》、老档册、旧档案、《实录图》。

文溯阁六间，三层珍藏书籍：

经部（共一千五百六十八函，内有《古今图书集成》）；

史部（共一千五百八十四函）；

子、集部（共三千六百函）。

（每年由盛京工部领取潮脑六十六斤、野鸡尾掸八把、短把鸡毛掸八把，隔一年糊饰窗扇一次，由该部派员携带纸张办理。）

将军衙门档库恭储：

顺治十年奉到圣旨一道（取围场贡品）；

雍正元年奉到上谕满汉十一册（训谕总督以下官员）；

乾隆八年奉到御书匾额（"屏翰邠丰"四字，恭悬公署大堂）；

乾隆四十四年奉到《皇舆全图》（一百零三篇）、《回疆一带得胜图》（三十四篇）；

乾隆四十八年奉到上谕一道（谕清宁宫幪子等项不准擅动，令阿哥知悉）；

乾隆五十一年奉到《金州战图》（十六篇）、《盛京全图》（二轴）、《柳河沟碑文》（一分）；

乾隆五十五年奉到上谕一道（教诫内外大小臣工），又奉到《台湾全图》（十二篇）、《安南国战图》（六篇）、墨刻三分（《上元灯词册识语》墨刻一卷、《福康安大剿逆苗》墨刻一卷、《和林剿捕秀山苗》墨刻一卷）；

嘉庆五六年奉到《台湾战图》（十二篇）、《廓尔哈战图》（八篇八折、《安南国战图》六篇六折）、《御制河决叹》墨刻一卷；

嘉庆七年奉到《御制邪教说》一卷；

嘉庆十年奉到《云贵战图》一分（四篇）、《湖南战图》一分（十六篇）；

嘉庆十三年奉到《御制清字木兰记》墨刻一分、《御制明慎用刑说》一分；

嘉庆十四年奉到上谕一册（告诫督抚以下官员）、《御制宗室训》墨刻一卷、《御制八旗箴》墨刻一卷、《普陀宗乘之庙瞻礼纪事》墨刻一分；

嘉庆十六年奉到《训谕八旗简明语》墨刻二卷、《钦定辛酉工赈纪事》二卷；

嘉庆十九年奉到《高宗纯皇帝八旬万寿盛典》四部；

嘉庆二十年奉到《御制将军箴》；

道光九年奉到《御制北镇庙横披》一幅、碑文两张、《杏山碑文》一张；

道光十年奉到《御制巡幸盛京诗》一部、《书籍则例》（自嘉庆十九年至同治七年奉到）、《翻译大学衍义》《翻译孝经》《中枢政考》《满大清会典》《满会典则例》《汉大清会典》《汉会典则例》《满八旗则例》《汉八旗则例》《宗人府则例》《满吏部则例》《满兵部则例》《汉户部则例》《清文鉴》《四体清文鉴》《旧清语》。

卷二

庙　　寺

盛京肇造丕基，川岳炳灵，神祇效顺，扶景运而昭降百祥，觌繁厘而永绵万祀，禋祀之典礼宜特隆。凡载诸祀典者，志乘已详，兹不具录其名。区古刹有钦奉圣旨敕建、重修，或颁御书匾额、诗篇、宸翰，天章昭回，辉曜景仰，盛仪允宜恭载。凡庙十有二，寺二十有八。其中，如北镇一庙，乃有虞氏封医巫闾山以镇幽州，历代因之岁时祭享，等于五岳，实为钜典云。

谨案《周官》："小宗伯兆四望于四郊。"郑元注："四望为四镇、四渎。四渎者，江、河、淮、济也；四镇者，东曰'沂山'，西曰'吴山'，南曰'会稽'"，山北曰'医巫闾山'。"

兴　　京

显佑宫

国初，建在城东北二里。崇德十七年，置道士。顺治十五年，赐名"显佑宫"，立碑。康熙二十一年，赐供器。乾隆十二年，御书"碧落保珍"匾额。又"太微元范"匾额，又乾隆八年、十九年、四十三年、四十八年，俱有《御制谒显佑宫诗》，恭载《通志·天章门》。

地藏寺

国初，建在显佑宫东。天聪六年，敕八旗拨僧居之。康熙二十一年，圣驾巡幸，有碑记。乾隆十二年，有御书"妙证三摩"匾额，悬大佛殿，又"人天法炬"匾额，悬地藏殿。

承 德 县

景佑宫

旧建城内大清门东，后移建德胜门外。崇德六年，敕选道士住持。顺治九年，重修。康熙十年，驾幸庙中，赐银，二十一年，驾再幸，御书"昭格"二字匾额，恭悬正殿，赐名"景佑宫"。乾隆四十三年，御书"玉虚真宰"匾额，恭悬正殿。乾隆八年、四十三年、四十八年，均有御制诗，恭载《通志·天章门》。

实胜寺

在外攘门关外二里，俗呼"黄寺"。我朝破明兵于松山，敕建此寺，供奉迈达里佛并恭藏太祖、太宗甲胄、弓矢。乾隆八年，御书"海月常辉"匾额，恭悬殿内，又御制《实胜诗》《恭瞻太祖高皇帝所御甲胄诗》《恭瞻太宗文皇帝所御弧矢诗》，十九年，御制《实胜寺诗》，四十三年，御制《恭瞻太祖高皇帝甲胄作歌》《恭瞻太宗文皇帝所御弓矢诗》《实胜寺诗》。又寺内有玛哈噶喇楼。天聪九年，元裔察哈尔林丹汗之母以白驼载玛哈噶喇佛金像并金字喇嘛经传、国玺至此，驼卧不起，遂建此楼。雍正四年，奉旨重修。

长宁寺

在外攘门外西北五里，旧称"御花园"。顺治十三年，敕赐为寺。乾隆十九年，御书"一心为宗"匾额，恭悬正殿。又乾隆八年，御制《长宁寺诗》《恭瞻太宗文皇帝所贻冠服诗》，四十三年、四十八年，御制《长宁寺诗》，又长宁寺《恭瞻太宗文皇帝御冠服诗》，恭载《通志·天章门》。

万寿寺

在外攘门外路北，即慈慧寺，俗呼"谈家庵"。康熙五十年敕建，有圣祖御书"辽海慈云"匾额，恭悬藏经楼。

东塔永光寺

在抚近门外五里，乾隆八年，御书"慈育群灵"匾额，恭悬正殿。

西塔延寿寺

在怀远门外五里，乾隆八年，御书"金粟祥光"匾额，恭悬正殿。

南塔广慈寺

在德盛门外五里，乾隆八年，御书"心空彼岸"匾额，恭悬正殿。

北塔法轮寺

在地载门外三里，乾隆八年，御书"全镜周圆"匾额，恭悬正殿，四十三年，御制《题法轮寺诗》，四十八年，御制《法轮寺诗》，恭载《通志·天章门》。

太平寺

在地载门外，乾隆十九年，有御书"福田无量"匾额，恭悬殿内，又后阁有御书"甘露香林"匾额，恭悬阁中恭悬阁中①。

舍利寺

在城西十二里塔弯，一名"回龙寺"。崇德六年，敕工部重修，寺前有舍利塔。

护都丰农龙王庙

在抚近门内路北，雍正元年敕建。

———————————

① 原书此处重复出现"恭悬阁中"，似为排版之误。

关帝庙

在地载门外西北五里，崇德八年敕建，赐额曰"义高千古"，岁时官给香烛。顺治九年，敕封"忠义神武关圣大帝"。雍正三年，加封三代公爵，春秋官致祭。乾隆十九年，御书"灵护神京"匾额，恭悬殿内。

浑河神庙

在城东十里木厂浑河北岸，乾隆四十三年，奉敕建，御书"灵脉精禋"匾额，恭悬庙内，原奉谕旨恭载《通志·绘音门》。

辽河神庙

在城西一百二十里巨流西山，乾隆四十三年敕建，御书"惠泽钟祥"匾额，恭悬庙内，原奉谕旨恭载《通志·绘音门》。

柳河神庙（光绪二年，前署将军、刑部尚书崇实具奏）

奏：为河神功德及民据详请旨敕加封号以答灵贶而顺舆情，恭折仰祈圣鉴事。窃据署新民厅同知刘树勋，详据绅耆李如柏、佟永安等一百九十余人联名呈称，厅属之柳河素号"巨浸"，发源于蒙古敖汉旗，由彰武台门西入厅界，离厅二十余里，势渐汹涌，及至下游，更形弥漫，虽涨落无定、迁徙靡常，而乡村从无淹没之虞，行旅亦无阻滞之患，实有神灵默为呵护，前数年叠遇大股马贼出没厅境，水势陡涨，贼之西来，阻其东窜，东至者，厄其西奔，贼散之后，水仍消退如常，每逢亢旱，官民祈求雨泽，亦无不立沛甘霖，实属有裨民生，允宜仰邀封典等情，转详请奏前来。（奴才）等查地方川岳之神，实有功德及民者，例得庙祀。今柳河密迩陪都，久著灵迹，况又御患捍灾，群情感戴，既据该绅耆等联名吁请，核与崇功报德之义相符。合无仰恳天恩，饬部核议，酌加封号，编入祀典，以答灵贶而顺舆情，谨合词恭折具奏。

伏祈皇太后、皇上圣鉴，谨奏。

奉旨："礼部议奏。钦此。"

部议："查定例，'直省庙祀正神实能御灾捍患，有功德于民者，由各省督抚奏请敕封封号，交内阁撰拟'等语，今新民厅所属之柳河河神，既据该将军等声称保护地方，沛施雨泽，久著灵迹，群情感戴，核与御灾捍患之例相符。拟请如该将军等所请，敕赐封号、编入祀典，以答灵贶而顺舆情。如蒙俞允，（臣）部移文内阁撰拟封号字样，进呈钦定后，（臣）部行文该将军等遵照办理，谨奏。请旨于光绪二年五月三十日，具奏。"

本日奉旨："依议。钦此。"

光绪二年九月，准礼部移咨，称祠祭司案呈本部具奏，议覆盛京将军崇实等奏请敕加河神封号一折，于光绪二年五月三十日奏，本日奉旨："依议。钦此。""当经移会内阁典籍厅撰拟封号字样，去后，今准内阁交出盛京河神封号，奉朱笔圈出'显佑'，钦此。"钦遵到部，相应移咨该将军，钦遵可也，须至咨者。

辽　阳　州

广祐寺

在州西门外三里，有白塔，俗称"白塔寺"，前明建。本朝天聪九年，奉旨重修。康熙二十一年四月，驾幸寺中，赐袈裟。

栖云寺

在城东三十里，明时建。本朝崇德六年敕修。雍正四年，重修。

莲花寺

在城南三里，天聪四年敕建。顺治十五年修，乾隆二十一年、四十三年，又重修，立有碑记。

龙泉寺

在城南六十五里千山上，明时建。我朝崇德五年，拨僧人九，各给衣粮。康熙二十二年，重修，有碑记。

大安寺

在龙泉寺南八里，崇德元年，拨僧人十名，给衣粮。

慈航寺

在城东北十里太子河北，明时建。天聪十年，太宗文皇帝亲征高丽，驻跸于此。

铁 岭 县

火神庙

在城东三十里宿老屯。本朝崇德八年，敕赐银两。

圆通寺

在城内，明天顺年建，有碑记。本朝崇德八年，敕赐银两。寺有塔，高十三级。

慈清寺

在城东龙首山山前，有古塔。本朝崇德八年，敕赐银两，重修。

保安寺

在城东南花豹村屯。本朝崇德八年，敕赐寺僧银两。

龙泉寺

在城东宿老屯。本朝崇德八年，敕赐银两。

大安寺

在城东四十里崔公堡，一在城南三十里殷家屯。俱于本朝崇德八年，敕赐银两。

延寿寺

在城西王千总堡。本朝崇德八年，敕赐银两。

地藏寺

在城南范河城北，本朝崇德八年，敕赐银两。

涌泉寺

在城南六十里魏台村。本朝崇德八年，敕赐银两。

上帝庙

在城东南五十里抚安堡。本朝崇德八年，敕赐银两。

朝阳寺

在城东南五十里。本朝崇德八年，敕赐银两。

兴隆寺

在城东南六十里岔堡。本朝崇德八年，敕赐银两。

懿路城隍庙

在城西南六十里，懿路城古庙也。本朝崇德八年，敕赐银两。

永兴寺

在城西南懿路城北。本朝崇德八年，敕赐银两。

子孙圣母庙

在城西南懿路城。本朝崇德八年，敕赐银两。

慈寿寺

在城西北九十里赵家堡。本朝崇德八年，敕赐银两。

海 城 县

娘娘庙

在城外耀州南十里瞭高山，太宗文皇帝时修。康熙二年，敕工部重修，有碑记。

宁 远 州

姜女庙

在城西南一百八十里，中前所城西二十五里，秦时贞妇许氏孟姜祀也，内有宋文天祥联句，云："秦皇安在哉？万里长城筑，怨姜女未亡也，千秋片石铭贞。"其东有御轩三楹，并有垂花门、船舫、仪门、耳房、回廊、平台、朝房、执事房。乾隆八年，颁御书"芳流辽水"匾额，恭悬祠内，又八年、四十三年、四十八年，有御制《姜女祠诗》，又十九年，有御制《题望夫石诗》，序云："姜女祠前有石，名曰'望夫'，或云即姜女墓，事虽不经，而有关风化，故咏之。"俱恭载《通志·天章门》。

广　宁　县

北镇庙

在城西舜封医巫闾山以镇幽州，历代因之。唐开元中，封广宁公。辽金时，加王号。元大德二年，封贞德广宁王。明洪武初，诏改封号，止称"北镇医巫闾山之神"，建庙、设主，岁时祭享，朝廷有大典，恒遣官祭告。本朝悉仍旧制。康熙四十一年，颁御书"郁葱佳气"匾额，恭悬庙内。雍正元年，奉旨重修，至七年，告竣。乾隆十九年，御书"乾始神区"匾额，恭悬殿内，又十九年，御制《祭北镇医巫闾山诗》，御笔绘《北镇庙古松图》，并诗以纪，四十三年，御制《祭北镇医巫闾山诗》，四十八年，御制《祭北镇庙礼成述事诗》，俱恭载《通志·天章门》。

祀　祠

粤稽古昔盛时，隆崇德报功之典：凡宣劳定国者，祀之；兴廉察、暴御患捍灾，有德惠于民者，祀之；亮节、效忠，足以风世者，亦祀之。此非徒备庙食之仪文，具褒扬之典制祀也，将以为千百世之矜式，使亿兆人观感怀思，俾知为臣子者，固有夙夜靖共殚心、毕力就义成仁,如是者,其精神亦遂与星辰河岳同,其彪炳没齿而名益彰声施,无已时也。

盛京为留都,根本重地,四方观法于兹,旧建忠义、名宦、乡贤诸祠,备矣!其专祠之最著者三:其一曰"贤王祠",祀国初佐命诸王之祠也;其一曰"陈忠节公祠",祀乡贤陈公讳克让,任江安督粮道,殉咸丰元年金陵难者也;其一曰"三贤祠",三贤者,前署将军、刑部尚书崇文勤公讳实,原任将军都公讳兴阿,前大学士文忠公讳祥,三公勋业不同,而其体国经邦之略、求诚保赤之心,则无不同也,故邦人谋合祀之。光绪二年,绅庶乃公恳前署将军岐司农、今奉天府尹恩京兆、前学政杨京卿公疏奏请建祠,得旨俞允。于是,满汉官绅鸠集其事焉,谨各次其事状于后。

贤王祠 (在外攘门外街北)

雍正十二年建,怡贤亲王祠。乾隆十九年,奉旨以通达郡王、武功郡王、慧哲郡王、宣献郡王、礼烈亲王、饶余亲王、郑献亲王、颖毅亲王与怡贤亲王一并祠祀、立碑,谨镌恩旨于上。四十三年,又奉旨,睿忠亲王、豫宣亲王、克勤郡王俱祀祠中。

陈忠节公祠

公讳克让,先世闽之晋江县人,迁奉天,隶承德县籍。公幼慧,年十四通经,以文名,弱冠入邑庠食饩,举优行贡成均,道光壬午捷京兆。癸未,成进士,改吏部主事,升员外郎,充乙未乡试及丙申会试同考官,京察一等。升郎中,派充户部坐粮厅理漕,以廉介称,擢四川绥定府知府。时绥定方遭教匪蹂躏,甚凋敝,多离散。公莅任,劳徕安辑,多方教养,土民翕然从风。于是,徽官邪,锄顽梗,诛巨盗以靖闾阎,除妖妄以破愚惑,境内肃然大治。咸丰元年,大府以川省吏治第一保荐引见,蒙恩召见,回任后,调成都府,旋擢江安十府粮储道督运抵通事。浚回金陵时,粤逆犯楚皖,长江上下贼氛日炽,旋陷安庆府,直薄金陵城，官绅商庶谋守御，公散财募男助之。时有幕客某以"公非守土官，可去"之说讽公，公怒叱之。城陷，公督勇巷战，杀贼数十人，公亦肩肋受数创，乃大呼骂贼遇害，时咸丰三年二月也。阖署殉难者：公元配李氏、弟克诚、子松恩。事闻，奉旨着交部从优议恤。四年，又奉旨着赏给太常卿衔，六年，奉天绅士、前工部主事张鹏飞等议请于本籍建立专祠以昭忠烈而垂久远，联名呈请都察院代奏。奉上谕："都察院奏：'前据工部主事张鹏飞等，以原任江苏江安督粮道陈克让，于咸丰三年二月间，在金陵殉难最惨，并其妻、子、胞弟同时尽节，情愿在该故员原籍奉天地方公建专祠，遣抱呈周玉鼎赴该衙门投递。陈克让前在金陵与其弟陈克诚、子陈松恩同时殉难，业经两江总督怡良等查明，奏请将降旨交部从优议恤。'兹该主事等呈称，陈克让之妻李氏亦在署自尽，并因该故员全家殉难，大节凛然，愿在奉天本省公建专祠之处，著礼部察议具奏。钦此。"礼部核符，具题。奉旨："依议。钦此。"等因。绅士遵，即公同集资、卜地、庀材、建祠祀焉。同治十年，在京绅士联衔奏请予谥，奉旨赐谥"忠节"，宣付史馆，编入列传，并赐祭一坛。

三贤祠（在西关外）

光绪二年，署将军兼总督岐元府尹行巡抚事恩福、府丞兼学政杨书香奏：为已故诸臣功德在民，吁恳天恩，俯顺舆情，准予建立公祠，列入祀典，恭折仰祈圣鉴事。窃臣等接据奉省绅士翰林院编修董执、户部主事庆恩等三十余人联名呈称。奉天为国家发祥重地，二百余年涵濡圣泽、蹈德咏仁，迭蒙朝廷慎简贤员来莅，兹土治政得以蒸蒸日上。如已故署将军、刑部尚书崇实，原任将军都兴阿，大学士文祥，其功德在民，尤为阖省士庶所不能忘，绅等同深感戴，愿共爇一办之心香，合而请三贤之庙祀。查已故署理将军、刑部尚书崇实，上年下车伊始即统筹奉省全局。以内地西、南两路举行保甲，严禁游手，申明犯赌、窝赃各例，法立令行，盗风即可渐息。北路昌图厅属毗连蒙古，贼则出没无常，官实鞭长莫及，非添州县不足以资教养，非筹经费不能遽添州县，议立斗、秤各税以为设官增兵之费，如是，则北路亦可渐就安谧。惟东路边外游民私垦多年，匪徒乘机苛敛，内地马贼此拿彼窜，往往视为逋逃渊薮，若不先清边境，讵能永绝盗源，遂即调集各兵立将东沟贼巢歼除净尽，其中良莠不齐，复推广皇仁，宽其既往，筹办升科纳税各事，因而远近咸知观感。旋将庙儿沟、通沟贼垒一律荡乎，统办善后，除积年之巨患，作久远之良图，道路得以畅行，商民始无阻碍，其绥靖地方有如此者。奉省吏治之废弛，由于政令之纷歧，将军向不兼辖民事，以致旗民各分门户，事既牵掣难行，弊即由此而起，欲求整顿，势须变通。崇尚书议立总制以一事权，并分责成以杜推诿，刑名词讼归诸州县捕务，旗租责在尉协，接属则开诚布公，共求治理，驭众则推心置腹，力挽时艰。其大法小廉人知所畏者，尤在于痛绝苞苴，以身率属，所有漏卮无不全行禁绝，即下至向有之门包，亦并一清如水，故能破除情面，百废俱兴，其整纲饬纪有如此者。他如清理讼狱，无不随到随判，溯自莅奉以来，即立行辕发审局提结积案数百起，立决匪犯数百名，良民无牵累之苦，宵小有警戒之心，并本曾大学士之法，严定州县结案限程，以期阖省均无滞狱，其俯恤民隐有如此者。至于八旗草豆、各厅州县所纳米石多寡向属不齐，吏得为奸，民受其累，崇尚书奏定章程，使无畸重畸轻之弊，民间无不称便。军兴以来，商户各有日捐、岁捐相沿，资本之盈缩已殊，按户之输将如旧，甚有一卫、一镇荒闭大半，而现存之户转为代摊，崇尚书奏请停止，民力因得稍纾，其体察民情有如此者。凡此深谋远虑之思无非经国卫民之计，绅等尤不能忘者。当其筹画东边兵事及更定吏治新章竭虑殚精，时或达旦不寐，至于寻常案件，无论巨细，亦莫不事事躬亲，即至卧病垂危，犹复手判公牍，其积劳而殁，实为我民匪特目击情伤，即道路传闻亦无不同声太息。金称崇尚书之创立规模，使东土得享承平之福，实足昭垂不朽，而追念原任大学士文祥、原任将军都兴阿往日勋劳，实亦不无德洽恩孚之感。溯查同治四年，东北一带马贼肆行，劫狱戕官之案层见叠出，继则贼匪逼近省垣，大有疾风骤雨之势，兼以内地伏莽汹汹，几于无处无贼。仰蒙朝廷简命原任大学士文祥统领劲旅出关，行至途次，闻省垣有劫狱之案，遂不分昼夜兼程前进，人情因之大定。厥后简军出讨破贼于昌图之朝阳坡，一战而覆其众。随剿逸匪于牛庄、海城、岫岩、新民、广宁、义州等处，招复裹胁良懦悉数资遣回籍，全活甚众。兵行所至，尤能秋毫无犯，所有被扰处所，请旨分别蠲免正赋以纾民力，设忠义局于省垣，凡死事将弁及城乡殉难人等，延请表扬、建祠附祀。迨至全省肃清之后，遂即凯撤回京。时当大乱初平，逋寇未尽根株，伏莽不时蠢动，幸原任将军都兴阿来奉体察情形，详加区画，谕令各城乡长，侦有贼匪即行捆献，佐以分泛官兵伺便雕剿。又以奉天武备不修，创立捷胜营，马步、洋枪、刀矛、炮队，一技一器，悉皆躬亲讨论，手订章程，约束严明，井然不紊。每鸡鸣而起，亲至教场，与营泛等述及大江南北攻剿发捻情形，戒以艰苦耐劳为主，凡今之马步、阵法、营规，皆其遗教。绅等犹记其陛见西行之日，士民涕泣，扳辕不忍其去，道旁竟有哭至失声者。迨后再莅东都务，崇节俭，旋即因病出缺，其含殓之日，环堵萧然，嗣蒙恩赏千金，始得扶枢回里，军民无不感叹。即原任大学士文祥本年灵枢回籍，沿途老幼亦皆供奠香花、呼号扳恋，盖均功德在民、遗爱之入人者深也。绅等谨按文大学士入赞纶扉，崇尚书、都将军未经莅奉以前，功在他省，毋庸殚述。第念奉省休养生息，得有今日，实赖三贤之力。我朝翊赞中兴，如胡、骆、曾、袁诸臣，均经仰蒙谕旨，准立专神①。今三贤功德足媲前贤，而庙貌缺，如未伸祀享，何以留遗

_____
① 疑"祠"之误写。

爱？而遂瞻依绅等咸愿，于省城总建一祠以祀三贤，由地方官春秋致祭，藉申答报，所有工费即由绅商士庶自行捐办，额曰"三贤祠"，以褒忠荩等情，恳请具奏前来。臣等查已故署盛京将军、刑部尚书崇实上年奉旨来奉查办事件，旋拜署理将军之命，莅任以来，如筹办边务、变通吏治诸大端，皆能统筹全局，以为一劳永逸之计。而痛除积习令出，惟行力疾从，公案无留牍，尤能廉介坚忍，使梗顽知法，良善怀恩，一年之间，内外各城马贼不敢横行，赌匪亦均歇迹，闾阎安谧，商旅无惊。此次积劳病故，阖省绅民同声太息，以为宜立庙祀以遂崇报之思。并追念原任将军都兴阿训练精兵、捍灾御患。原任大学士文祥于同治四年贼氛猖獗之时，统领劲旅趋程雕剿，转危为安，均系遗爱在民，不忍令其湮没。该绅士等情愿捐资建祠口，并各呈请具奏。臣等未敢壅于上闻，合无仰恳天恩，准由奉省绅民自行捐资建立该故臣崇实、都兴阿、文祥公祠，列入祀典，春秋遣官致祭，以顺舆情而彰忠。盖谨合词据实奏陈。

伏乞皇太后、皇上圣鉴。谨奏。

军机大臣奉旨："着照所请，该部知道。钦此。"

卷三

将军管理宗室、觉罗教养事宜

盛京八旗旧居宗室八百九十余名，内食俸饷者，四百五十余名。觉罗一千二百三十余名，内食俸饷者，七百余名。（现在宗室有一千二百二十余名，内食俸饷宗室并孀妇等六百九十余名。觉罗有二千五百七十余名，内食俸饷觉罗并孀妇等一千一百三十余名。）

宗室年至十五岁，食俸银二两，娶媳聘女准给赏银一百两。年至十八岁，请戴四品顶戴。年至二十岁，食俸银三两，白事准给赏银一百二十两。（同治六年，宗人府奏准，宗室娶妻赏银二十两，娶继妻十五两，聘女三十两，白事赏实银五十两，继妻病故三十两。）

宗室孀妇无子者，食饷银二两，每年领米二十一石二斗。

宗室孤子不待年岁，食饷银三两。

宗室孤女食饷银一两五钱。

乾隆元年，由京移来奉恩将军六员连眷口，作为移驻，专为承祭三陵，按季由盛京礼部先期咨报，太常寺奏派正祀配祀一年，清明、中元，长至岁暮及忌辰等日分轮祭祀，每员各支俸银一百一十两，俸米五十四斛五斗（弟袭兄职者，永远食半俸，系道光二年例）。先后奉拨随缺办公地十八顷（自行取租）。

额设宗室总族长二员，宗室佐领二员分为左右翼，各管四旗，由奉恩将军内拣放，仍食原俸。如奉恩将军内不得人，准由宗学正、副管内奏请选放，仍食正、副管原俸。八旗宗室每二旗设族长一员、学长一员，按左右翼每翼上二旗族长由宗学正管兼理，每翼下二旗族长并两翼学长四员，均由闲散宗室挑放，仍食原饷，一年无过，准奖赏（族长银各二十两，学长银各十五两）。

八旗觉罗年至二十岁，食饷银二两，娶媳聘女红事给赏银二十两，白事给赏银三十两。觉罗孀妇无子者，食饷银二两，岁支米一石六斗。觉罗孤子不待年岁，亦食饷银二两。觉罗孤女食饷银一两。（同治六年，宗人府奏准，觉罗娶妻赏实银八两，娶继妻六两，聘女十两，白事赏实银十五两，继妻病故赏十二两五钱。）

额设觉罗族长二员，由现任觉罗笔帖式内选放，遇事呈报，宗室佐领、总族长管理转详。

宗室学（设在天佑门外）

宗室学生二十名在学读书，每名月支膏火银三两、粟米三斗。每届五年，奏请钦派大臣考试清、汉文，取中者，以该学正、副管升用。额设汉教习二员，月给公费银各二两，粟米一石。每年夏秋关，给纱料、棉衣服各一套，每二年关，领皮衣一次。此项教习由奉天民籍进士举贡内考取，教习三年期满，如成就人才，出具考语咨送宗人府，带领引见，有以知县用者，有以教职用者，出自钦定。

设弓箭教习一名，由前锋领催委官内选克，月给公费银一两。

宗室学额设正管二员，岁支俸银四十五两，副管二员，岁支俸银四十两，该正、副管月支公费银、米与学生同。

觉罗学（附近宗学）

额设学生四十名在学读书，每月各支膏火银二两、粟米三斗，遇考之年归并。宗室考试取中者，以笔帖式用，副管四员由觉罗库使笔帖式或闲散觉罗年长品端者选放，月支公费银、米与学生同。

额设汉教习二员、弓箭教习二名，公费银米、衣服与宗室学教习同。

（宗室、觉罗）学定例应（将军、礼部、学政）查管外，由五部侍郎内奏请钦派管学大臣一员。嘉庆十九年，建设宗室营房于东关边墙外，除衙署公所、庙宇外，净住房七十所（每所八间，外围砖墙，四角望楼正南设一门）。

原移居宗室内，除回京者，现剩四十七户（食饷者八十余名。现有一百七十余名，内食俸饷宗室并孀妇等三十余口）。

将军督管仍由五部侍郎内奏请钦派二员协同管理（光绪元年，经原任刑部尚书、署将军崇实奏请钦派一员协同管理）。移居宗室食饷，年岁红白事赏项与旧居宗室同，惟食三两饷者，岁支粟米二十二仓石、地租银二十一两六钱。其由发遣作为移居者，仓饷全分粟米，地租三分之一。发遣管束者，（宗室、觉罗）各给半分饷银。

额设主事二员，岁支双俸银各一百二十两，单俸米各五十九斛外，每员月支盐菜银四两二钱，人役工食银各三两。

额设正、副族长各一员，岁支俸银各四十两。一年无过，各准奖赏银二十两。

额设正、副学长各一员，食原饷，每年各奖赏银十五两。读书学生二十名、汉教习一员、弓箭教习一名（应领银、米、衣服与旧居宗学同）。

以上三处学房，每年冬应领木炭一万四千余斤，折银四十三两二钱。各学均有满教习，由各衙门笔帖式内选放，并无领项，自食原俸，惟俟三年期满，请给议叙候升。

道光元年，设立高墙空室于城里，宗室总族长衙门内遇有（宗室、觉罗）获罪者，收禁，派官兵看守（三月初一日起至八月底止，每名每日支饭食银二钱，九月初一日起至次年二月底止，每名每日支饭食银三钱）。看差、弹压官春夏二季日支饭食银一钱，秋冬二季日支饭食银一钱五分，值班兵日支饭食银一钱。此项费用，原奏借款生息银二万两，发交各城当商，按月生息一分，除花费外，余利归还，原本早已还清，剩银随时咨送盛京户部另款储库。

宗室、觉罗一切事务，户司承办。

宗室、觉罗官学事务，礼司承办。

奉恩将军承祭事务，礼司承办。

将军总管内务府事宜

盛京将军总管内务府大臣协同管理内务府大臣一员，由盛京五部侍郎内随时奏派。内务府厢黄、正黄、正白三旗额设佐领三员（京包衣缺）、骁骑校三员（本省包衣缺）、顶戴领催三名、二两领催十五名、甲兵六百七十八名、内管领一员、司库二员、食九品俸催长五员、食二两饷催长五名、库使十六名、掌仓达一名、仓达三名、顶戴馆达六名、无顶馆达二名、牧长三名、执事人六十名、捕牲兵三十名，以上俱食二两饷。牧丁十八名（食二两饷）、采蜜领催三名（食二两饷）、食五钱各匠役一百五十八名、管档案堂主事一员、委主事一员、笔帖式十五员、帖写兵十五员、听事人十二名。

广 储 司

按年额收各处房租及三旗丁银数目：

收管官房共一百二十二间，俱坐落在沈城内，招商生理居住，每年收房租银五百七十余两；旧有本领银二百两，原交厢黄、正黄二旗属下丁作为商人各项本银一百两，每年各交利银三十两，共收利银六十两，如商人缺出，由该旗拣选殷实人家顶补；厢黄旗每年催办星呢壮丁银二千三百五十一两零，新丁银四两八钱八分零，应交棉花折银二百八十三两六钱二分（每百斤折银五两八钱），应交靛折银七十三两九钱八分（每百斤折银九两五钱），应交盐折银十四两三钱八分（每百斤折银三钱三分），三旗一律；正黄旗每年催办伍户壮丁银四百九十五两三钱，新丁银十三两五钱，应交棉花折银二百五十五两一钱五分零，应交靛折银四十一两九钱一分零，应交盐折银十三两七钱八分零；正白旗每年催办京玺五尔占壮丁银六百三十七两，应交棉花折银二百六十七两三钱七分零，应交靛折银八十五两零，应交盐折银九两六钱；会计司庄头羊草官甸出产羊草每年折银一百余两；厢黄旗每年催收伍田租银一百四十七两；正黄旗每年催收伍田租银八百五十三两四钱；正白旗每年催收伍田租银七百一十四两二钱。以上共收银七千一百七十余两，三旗仍应交本色棉花一万二千斤、本色靛一千九百五十斤、本色盐二万一千斤、借项银八百八十三两五钱。乾隆七年，奏准由库储正项银动用三千两另箱存储，以备三旗骁骑校、库使、催长、领催、执事人、兵丁遇有红白事件，准借给五个月钱粮，遇有京差打围，准借给三个月钱粮，按季由应领钱粮坐扣，不加利息。每年各项京差领坐粮、车脚、采买布匹、皮张、染造布匹颜料、汲钱果品沙糖食辛者，库人折给口粮银，并万寿、元旦、上元备茶等项，共放银九千余两；每年采买叫鹿皮一百张，发价银三百两，交将军衙门打秋围佐领采买，一年由将军衙门咨领恩赏银二千余两，备放官兵红白事件赏项之需；每年采买汤皂皮十五张，发价银三十两，送交武备院，年例应领潮脑九十七斤十四两。

营造司应办事宜

每年应领潮脑一百四斤十二两八钱。

每年应成造鱼鸭箱匣二十五个，需用椴木，由盛京工部领取，如河口无抽存木植，改给银六两九钱三分。

每年应领野鸡尾掸十四把，鸡毛掸十六把。

宫殿内廷应糊窗户由盛京工部派员二年糊饰一次。

掌仪司应办事宜

每年应交围丁折色钱粮银一千零二十余两，派员送京。

每年应交香水梨二千个（白露节派员送京）。

每年应交接梨二千八百个（秋分节派执事人送京）。

每年应交野鸡一千只（年底派执事人送京）。

每年应交冻梨二千六百二十五个。

每年应交榛子八十八仓石余。

每年应交山梨皮二仓石四斗。

每年应交模樗块十六仓石二斗。

三旗园头十六名、无饷虚职催长一员、园丁二千九百二十三名，每名应交钱粮银三钱六分二厘，每年共应交银一千零五十八两五钱三分九厘，除出送京果子抵销银三百六十两零七分七厘外，余剩银六百九十八两四钱六分一厘，按年专差送京交内务府。

会计司应办事宜

头等庄头二十八名，每名应交仓粮三百八十二仓石。

二等庄头四名，每名应交仓粮三百五十二仓石。

三等庄头五名，每名应交仓粮三百零七仓石。

四等庄头三十一名，每名应交仓粮一百九十二仓石。

统计庄头六十八名，共领官地五十一万零九百九十八亩，各名原领官地有二三万亩至四五千亩不等，竟有地多粮少、地少粮多者，先年定数，至今照办，每年共交粮一千二百三十三仓石。

每年应交黑牛馆黑豆二千三百零四石（由谷粮内扣抵）。

每年应交草甸余租银四千余两（交盛京户部银库）。

每年应交乳牛馆粟米八九十石不等（由谷粮内扣抵）。

每年应交地亩银一千余两（交盛京户部银库）。

每年应交谷草银三百余两（交盛京户部银库）。

每年应交羊草银一百余两（交广储司）。

每年应交贡鸭八十只（头次二十只，二次三十只，三次三十只）。

将军年例应进：

贡鸭二十只、过夏糖六匣。

将军年例应进：

贡汤鹿十只、汤獐十只、鹿尾二十盘、野鸡八十只、鸭子六十只、白鱼十二尾、鳖花鱼十二尾、鳊花鱼八尾、鲤鱼八尾、过夏糖二十匣、奶子二仓石、葡萄二仓石、黏粉子二仓石、散粉子二仓石、卤虾四瓶。

三佐领每年轮替一员送京。

本内务府年例应进：

贡鸭六十只、卤虾二篓、过夏糖二十匣、黏粉子米二十仓石（交内管领处）、散粉子米十五仓石（交内管领处）、糖芽黄米八仓石六斗四升（交内管领处）、点灯油一千零九十四斤。

都虞司应办事宜

（厢、正）黄二旗共养蜂丁十八名，每名应交鲜蜜二瓶半，每瓶重二十斤，共计四十五瓶，交仓汲钱果品。

三旗采蜜丁三百四十一名，每名应交蜂蜜二瓶半，每瓶重二十斤，共蜜八百五十二瓶半。内交仓汲钱果品蜜一百七十八瓶半，下余蜜六百七十四瓶，每瓶折银五钱，共折银三百三十七两。

三旗菜丁六名，每名交蓄蒿菜一筐。

捕水獭丁十八名，每名应交水獭皮四张，共七十二张，内实送京九张，下余六十三张，每张折银一两，共折银六十三两。

正白旗鹳丁十名，每丁应交鹳翅十五副，共一百五十副，内送京鹳翅十二副、雕翎十八副，每副雕翎抵交鹳翅五副，共抵交九十三副、鹳筋二两，下余鹳翅四十八副，每副折银三钱，共折银十四两四钱。

三旗细鳞鱼丁共三十名，每名应交细鳞鱼五十尾，共一千五百尾，内送京一百尾，下余一千四百尾，每尾折银四分。道光二年，奉谕旨将细鳞鱼一百尾亦改照例折价，共折银六十两。

三旗捕杂鱼丁四十八名，每名应交鱼五百斤，共应交杂色鱼二万四千斤内，于道光二十三年奏奉谕旨，又减去九千斤，每斤折银三分。二十五年，复奏准全数折银，每年送京银七百二十两。

王多罗树围场三旗捕牲兵三十名，共应交鹿肉干二千七百束，于道光二年奉谕旨减去六百束，每三束照例折银一钱。嗣于道光九年，复奉谕旨将应交鹿肉干全数照前折银，又将全鹿一百二十只亦停交，每鹿一只照例折银三两，共折银三百六十两。以上肉干、全鹿共折银一千一百九十四两四钱，按年派员送京交内管领处。

木丁头目二名、木丁四十八名，每年出旺清边门砍办槽盆五十七件、椴木寸板十九块、桦木枪杆五十根、楸木橡子二百根、柳木橡子四百根、杨木箭杆五十根，按年送交武备院。

每年应交蘑菇一百七十五斤、木耳（一百二十三斤）、蜜饯果品五十三斤、黏粉子一仓石二斗、散粉子一仓石二斗、糖芽一百五十斤、常青菜五十三斤，按年送交果房、菜库。

每年（福、昭）陵做祭品辛者库人并本属食辛者库人口，男妇子女，大口月食谷三仓斗六升，小口减半，自九岁起，共应食口粮二万八千余仓石，均由大粮庄头交纳。皇仓内关领除庄头每年交粮一万四千余仓石外，其不敷粮一万三千余仓石，照例折价银四千一百余两。按年充当内庭打扫地面差使，现有食粮男妇子女六千七百余名口。

三旗应办事宜

厢黄旗牛录处百总十二名，所管差丁五千一百七十五名。按年春季由织造库领棉花纺线交库造办布匹，由广储司发给棉花三千三百五十五斤十两，放给纺纴线丁，该丁共五千一百七十五名，按丁领棉花九两八钱七分一厘，交经线八两九钱八分，共交经线二千九百零四斤六两。又放给纺葛线棉丁一百六十三名，按丁领棉花一斤，交线一斤，共交葛线一百六十三斤外，有冬季，每丁应交蘑菇（九钱七分四厘八毫三丝）、木耳（五钱六分零九毫二丝七忽）、常青菜（七钱六分一厘六毫八丝）、葡萄（一合二勺一抄一圭九粟）、奶子（五勺四抄七圭），三旗领催轮流送京。

按年此一旗伍田地三千六百七十五亩，除按亩征银四分，每年共交租银一百四十七两（交内库）。

雍正四年，星呢门下壮丁拨入厢黄旗交纳钱粮银。共差丁一千二百零六名，每丁每年交差银二两零九分九厘，每年共应交钱粮银二千五百三十一两（交内库）。

正黄旗牛录处百总十二名，所管差丁二千一百七十名。每年春季由织造库领棉花纺线交库造办布匹，年例由广储司发给棉花三千一百五十三斤四两五钱内，放给线丁二千一百七十名，每名领棉花一斤四两一钱二分，外加弹纺伤损棉花一两五钱，共放给棉花二千九百九十三斤九两，每名应交线一斤四两一钱二分，共交线二千七百三十七斤。又放给棉花庄头纺葛线棉花一百四十六斤，外加弹纺伤损棉花十三斤十一两，共放给棉花一百五十九斤十一两。共交葛线一百四十六斤外，每年冬间，每丁应交蘑菇

（二两四钱九分六厘一毫八丝）、木耳（一两四钱三分六厘三毫）、常青菜（一两九钱五分零五毫）、奶子（一合三勺八抄五撮二圭）、葡萄（三合一勺零三抄），三旗轮流派领催送京。

此一旗伍田地二万一千三百三十六亩四分，每亩征银四分，每年共交租银八百五十三两四钱五分六厘（交内库），应交浮多伍田租银七十一两八钱七分八厘（交盛京户部银库，又交伍田地边滋生课银二两，共交银七十三两八钱七分八厘）。

雍正四年，阿其那·赛思黑从俄勒士信苏奴门下五户壮丁拨入正黄旗交纳钱粮。共差丁二百五十六名，每名应交银一两九钱三分五厘，每年应交钱粮银四百九十五两五钱（交内库）。

正白旗牛录处百总十二名，所管差丁一千零八十六名。每年春季由织造库领棉花纺线交库造办布匹，由广储司发给棉花二千九百五十二斤零五钱，放给纺纭线丁一千零八十六名，每名领棉花二斤五两三钱三分三厘，外加弹纺损伤棉花一两五钱，共给棉二千七百七十一斤九两，每名交纭线二斤五两三钱三分三厘，共线二千五百三十四斤。又放给棉花庄头纺葛线棉花一百六十五斤，外加弹纺伤损棉花十五斤七两，共放给棉花一百八十斤七两。按年交葛线一百六十五斤外，冬季每名应交蘑菇（四两四钱九分三厘五毫五丝四忽）、木耳（二两五钱八分五厘六毫三丝五忽）、常青菜（三两五钱一分一厘三毫六丝三忽）、葡萄（四仓合九勺七撮二抄四圭）、奶子（一合八勺七撮八抄五圭），三旗轮流派领催送京。

此一旗伍田地一万七千八百五十六亩七分，每名征银四分，每年共交租银七百一十四两二钱六分八厘（交内库）。

雍正四年，京玺五尔占门下壮丁拨入正白旗交纳钱粮银，共丁四百二十八名，每名应交丁银一两四钱八分八厘，每年共交钱粮银六百三十七两（交内库）。

厢黄旗织造库

一年应织大布八百三十匹。

一年应织小布一千二百四十五匹。（内除）黑津关领小布一千零一十二匹；送京漂白小布一百匹；送京染青蓝小布一百匹；送京染红青小布三十三匹。

送京葛线一百六十三斤。

正黄旗织造库

一年应织大布七百八十二匹。

一年应织小布一千一百七十三匹。（内除）黑津关领小布九百四十四匹；送京漂白小布一百匹；送京青蓝小布一百匹；送京红小布三十三匹。

送京葛线一百三十六斤。

正白旗织造库

一年应织大布七百二十四匹。

一年应织小布一千零八十六匹。（内除）黑津关领小布八百五十三匹；送京漂白小布一百匹；送京青蓝布一百匹；送京红布三十三匹。

送京葛线一百六十五斤。

黑牛馆应办事宜

一年额养满口分牛六十头，每日各喂豆六仓升、谷草二束，半口分牛十头，每日各喂豆三仓升、谷草一束。额养羊三百五十只，每日各喂豆二仓升、谷草半束，领饮羊盐五钱。每年永陵黑牛馆拨喂黑牛五头至十头不等，每年拨喂羊三四十只至一百四只不等，每年盛京黑牛馆常存喂黑牛四十五头至六十头不等，常存喂羊一百四十五只至三百余只不等。

卷四

将军公署（在省城内钟楼南街路东）

署 内 分 司

印务处（总查事件）。

折本房（办缮题奏事件）。

司务厅（接收内外公文）。

户、礼、兵、刑、工五司（分左右，设关防二颗，派协领佩带印钥，掌办公务，分司钱粮、仪制、差操、刑名、工程各事务，派佐领、防御骁骑校等官随同办事）。

步营司（派协领一员，管理步兵巡查街道、缉捕贼匪娼赌，派佐领二员，各分管四门）。

督捕司（派协领一员管理，额设番役二十名，缉捕盗贼及紧要匪犯，派佐领一员帮同管理）。

恩赏库（管理官兵红白事，分赏银两，收放牛具，接济银两）。

围场处（管理行围捕牲、看管围场事件）。

牧群司（管理大凌河马群、苏鲁克牛羊群）。

马政处（经理收放马干钱项）。

捐输局（管理车、货等捐，咸丰六年设）。

官参局（在天佑门外，设司印一颗，派协领佩带印钥，专管按年验进参枝，今停）。

折本房应办事宜

将军、副都统庆贺元旦（正、副）表文，每于年前十二月会同府尹等拜发，并兴京、锦州、金州（吉林、黑龙江）各等处将军、副都统表文一同派官由驿赍送礼部。

庆贺元旦请安折用红里黄折，每于年前十二月初旬会同副都统、五部侍郎、府尹、府丞拜发，随贺表赍送。

将军、副都统庆贺（皇太后、皇后）万寿圣节（正、副）表文各于寿期前二十余日会同拜发，兴京、锦州、金州、吉林、黑龙江等处将军、副都统表文一同派员由驿赍送礼部。

庆贺皇帝万寿圣节请安折用红里黄折，每岁亦照寿期前二十余日会同副都统、五部侍郎、府尹、府丞拜发，随贺表文赍递。（庆贺皇太后万寿圣节请安贺折用红里黄折，各于寿期前二十余日会同副都统、五部侍郎、府尹、府丞拜发，随贺表赍递。此折于同治五年添设。）

庆贺长至（正、副）表文，于冬至前半个月会同拜发，派官赍递。

每年进鸭进野鸡请安折，岁于小雪节前拜发，交送差官赍递。

每年进鲜肉请安折，岁于进鸭进野鸡时，会副都统衔一同拜发，交送差官赍递。

每年进年贡请安折，岁于十二月初旬拜发，交送差官赍递。

凡遇皇帝谒陵、启銮、回銮，均随时酌量日期，会同副都统、五部侍郎、府尹、府丞先期呈递请安折。

凡遇应奏事件，请安折均咨行奏事处转递。

凡遇由驿驰奏事件，所有夹板随咨均交盛京兵部，交驿转递京兵部转奏。

凡遇应题事件，均随时按照送本班次咨交盛京各部，转给差官附递，如遇定限事，各部均无本章，即由本衙门派官赍送。

凡有具题事件，每年按四季将题过数目造具事由清册，咨送通政使司衙门。

一年内各司咨报军机事件均由折本房汇总装封，交便差带送，遇咨报部旗事件均装封咨送盛京兵部，由驿转发。

十月内户司咨报福建闽江人数，兵司咨报坐补官员数目，三陵补放章京品级数目，刑司咨报窃盗会题已获、未获逃逸各犯，工司咨报查验十八处城工及征收木税银两并回残铅子、火药各数目。

十一月内将一年奏事奉到朱批装匣，咨报军机处呈缴。

（将军所属内外各城主事、笔帖式等每届三年京察一次，分晰等第造册，由盛京兵部转咨吏部、吏科、京畿道、都察院。）

户司应办事宜

将军岁支俸银一百八十两、养廉银二千两、随甲银二百七十六两，随缺地四十六日，四亩府在城里，南街金银库西，坐北向南，随缺住房五十七间。

盛京将军原设每年额支养廉银二千两，向分春秋二季由金银库关支。嗣于光绪二年经原任钦差刑部尚书、署盛京将军崇实奏陈《变通吏治章程》案内，钦奉谕旨，饬部会议，覆准停止向支养廉银二千两之数，酌定每年添给养廉实银八千两。自光绪二年为始，分春秋两季，由山海关道在征收盈余及新增盈余两项下解送（随甲银二百七十六两，由盛京户部银库支领五成实银）。

副都统岁支俸银一百五十五两、养廉银五百二十两（养廉银五百二十两于光绪二年原任刑部尚书、署盛京将军崇实奏准八成实银，仍由盛京户部银库支领，随甲仍支五成实银）、随甲银一百八十两，随缺地十七日、二亩园地十三日，四亩府在附近门外东关街北胡同，坐北向南，随缺住房四十间。

（城守尉、佐领）岁支俸银一百三十两，每员随缺地五十日。

（防守尉、协领）岁支俸银一百零五两，每员随缺地四十日。防御岁支俸银八十两，每员随缺地四十日。骁骑校岁支俸银六十两，每员随缺地三十日。主事岁支俸银六十两、米六十斛，随缺地六十日。笔帖式岁支俸银、米随品级照例支领，随缺地三十日。外郎岁支饷银二十四两、饷米三十二斛。（以上各官俸银于同治二年经前任将军玉明奏，奉谕旨饬部议准以五成实银给发。）前锋、领催、兵丁随缺地各十日。官员随缺地各纳仓粮与红册地粮数同，兵丁随缺地例无仓粮。

内外城官员每年春秋领俸银三万九千余两。

内外城兵丁每年春秋领饷银四十四万七千余两。

在司行走官员应领公费银两：协领四员，每月支领银一两五钱；佐领十二员，每月支银一两一钱；主事一员，每月支银一两一钱；笔帖式十二员，每月支银五钱；骁骑校四员，每月支银七钱五分。一年共支银三百余两。

内外城凡有印信衙门处每年关领纸朱银二百零五两，余各照原定银数分给袄三百九十六件，按年轮流散给，三年一周，原系乾隆三十八年奏准裁汰马兵随缺地租征银项下支给。

每年征收旗人买卖房园税银一千两上下不等，原先送部存库。道光二十七年，经将军镇国公奕湘阅操兵丁技艺，因旧无正款赏项，即奏准将此房园税银作为春秋操演奖赏之用，所有向扣兵饷、平余银两充作操演奖赏之处，奏请停止。

盛京由四乡分八界，由协领派一员为总理八界协领，派佐领八员为界官，各管一界，催征地亩钱粮。盛京内仓额征红册草豆三十七万八千余日（每日征草一束，征豆一升二合七勺），共征豆六千六百九十余石、共征草三十七万八千余束，额征米地六十八万一千三百余日（每日征米二升六合五勺五抄，共征米一万八千余石。光绪元年，经原任刑部尚书、署盛京将军崇实奏准每日止折东钱一千一百二十文，所有正余各款一并在内）。将军会同户部由五部及将军衙门司员内拣派正副监督各一员、协领一员主管征收，一年更换。盛京八界升科地一万余亩，共征银三百余两，余租地三万零三百余亩，共收制钱一千八百余串，由八界界官主管催交恩赏银库，备放兵丁白赏。

盛京城市卖牛、马、猪、羊收税银五千余两（银钱兼半征收），由五部侍郎内钦派一员为监督，一年更换。

道光元年，在宗室总族长衙门设立高墙空房圈禁获罪宗室、觉罗，因无炉火、饭食之故，奏准由船规参余项下借银二万两，发交当商一分生息，每年息银二千四百两，遇闰加增。除圈禁宗室、觉罗及弹压官兵，一年支炉火饭食银一千余两，支给宗室学正管二员公费八十四两，支给各司笔墨纸张银三百余两，支给番役拜唐阿缉捕奖赏银四百两，余剩息银按年交银库另款存储。

内外城兵丁马厂开地作为伍田，共地三十四万六千八百余亩（每亩征银四分），每年额征银一万三千八百七十余两（随考成送交银库。咸丰八年，经前任将军庆祺委员勘明，有中地六万六千余亩，奏准每亩征银三分。现在考成净剩地十九万八千零六十余亩，每年合征银七千二百五十余两）。

养息牧开荒于嘉庆十七年奏准，招旗佃开垦地三十余万亩，除翻起砂石报销外，十四万六千余亩，每亩征银四分，每年额征银五千八百四十余两，派佐领一员为总管，派防御二员为界官，分东西两界，主管征收，每届三年更换。（广宁属盘蛇驿，马厂开荒由同治二年经锦州副都统恩合奏准开垦地五十七万四千余亩，除城荫抛荒销租外，十五万五千余亩每亩征银四分，每年额征银七千二百余两，广宁城守尉兼总管分为东西两界，由该总管派员催征。）

海口渔船长不过三丈二尺，宽不过八尺，如逾式五尺，加税银五分，每船征银一两至四两五钱不等，各在本界境捕鱼，不许越界。如愿运粮者，另起照票，商船减半之例，每船征银十两，以八两五钱解部交库，以一两五钱作为兵役、饭食、纸笔之费。

沈城浑河，辽阳太资河、巨流河每有私船偷运粮石之事，于道光二十三年经将军公禧奏准，查明三尺以上有铺板大牛船，每只征税银一两五钱，三尺以下无铺板小牛船，每只征税一两。如装一石扣收东钱二百文，如装杂货，按其斤重值仿照粮石核酌扣收船规，每收钱十千，作银一两，照商船如足二十两，亦以十七两解库，以三两留作兵役、饭食、纸笔之费，每年约收东钱十八九万千不等。（咸丰十年，经钦差、户部侍郎刘昆会同盛京户部侍郎倭仁等奏，奉谕饬部议准加倍征收，每石收东钱四百文，以咸丰八年报部归公三万七百余两作为正税，再加一倍作为盈余，以钱一串抵银一两搭放官兵俸饷，如有亏短者，落经征之员赔补，现在每年约收东钱四五十万千不等，大牛船每只征银三两，小牛船每只征银二两。）

锦、广、宁、义四州县征收大粮庄头退圈地亩米、豆，派员运送通州，分作两次，由天津县催船前来装载，初次运米一万五六千石，二次运豆一万八九千石不等，由府尹、衙门主稿会同办理。

外有自咸丰三年九月初二日，奉上谕将宗室、觉罗、官员、兵丁红赏一概停止，兵丁白赏每两折为一串制钱散放。（同治六年，准宗人府咨开宗室、觉罗红赏，奏准给予，已载在《宗室、觉罗事宜》。）

办理宗室、觉罗红白事件关赏并增故子女及获罪圈禁者，支给炉火、饭食银两。

办理争控户婚田土钱债。

催征各项税课应入仓库钱粮。

办理旗地水旱灾伤，照例赈恤、蠲缓钱粮。

办理旗人三年一次比丁册档及每年旗民编设保甲。

每年各城麦秋分数、大秋收成分数办理具题。

每年春起至五月底止，各城得雨情形办理具题。

查办各海口流寓闽江人有无增减，每年十月咨报军机处户部。

每年春融，派员往查科尔沁蒙古王旗有无私招流民垦地及昌图八社人民地亩有无增减，咨报理藩院户部。

每年春秋，各处低洼之区有无蝻子化生之处，地方官加意搜查结报，将军会同府尹具奏一次。

每年底，开原界内产金处所，有无匪徒淘挖金砂，地方官加结详报，将军会同府尹具奏一次。

直东省商船进口装运粮石，各地方官预请粮照，将军会同府尹钤印，以备发给征收船规。

每年本衙门夜捕手四名，关领口米稗石及糯面、油、筲帚、盐斤等物，咨行盛京户部关领。

旗人无子嗣，呈请过继昭穆相当之侄为嗣者，咨报户部核办。

旗人欲将效力年久仆人放出为民者，咨报户部核办。

各城市卖粮价及仓存米数，按月册报将军衙门核办。

各城每年征收山茧税、当商税、旗人买卖房园税，卖牛、马、猪、羊税，斗、秤、店、帖、牙、行一切税项银钱呈送交库，按季造册详报将军备查。

各海口有无航海私度无票民人及边门有无流民携眷出边，各地方官按月造册报将军查核。

管理金银库事务，奏派省城协领一员为监督，二年更换。

内外城官兵两季俸饷，各该管官造册送省核对，于六腊月十五日大档过部关支。

各驻防旗人买卖红册，地亩退领，余地照例咨部更名。

各处驻防兵丁遇青黄不接之时，借就近旗民仓米石，春借秋还，咨行奉天府尹、盛京户部核办。

礼司应办事宜

每月初五、二十五等日，大政殿朝集日期，将军以下官员衔名造册，咨送盛京礼部。

三陵大祭需用抬桌官员，由将军出派，咨送盛京礼部。

遇考试之年，凡应童子试者，由将军考验骑射、国语，造册咨送奉天学政衙门收考。

遇乡试之年，文武生员亦由将军考试验骑射、国语，造箭①册咨送学政衙门，录科仍将该生三代履历造册，令该生持赴都京各该旗转送礼部、兵部。

文武举人遇会试之年，一体考验转送。

应领时宪书官员衔名，每年秋季造册，咨送钦天监发给分散。

北塔寺院于乾隆四十三年立满洲达喇嘛正、副各一名，得水奇格思贵各二名，教习三名，遇有缺出，礼部会同将军拣选。其班的喇嘛二十名，遇有缺出，由八旗满洲、蒙古闲散在北塔习学经卷者拣补。

十月冬围应用大纛五杆，应用做纛纺丝银九两零，由库关领。其纛顶等项，遇有失损之处，由盛京工部更换、领用。

每年捕打冬围，由围拉运送省狍鹿，应用小车七十二辆，每辆车脚银五两，由库关领。

每年捕打冬围狍鹿送京，应用大车二十八辆，头二次车十二辆，每辆车脚银二十两零五钱，三、四次车十六辆，每辆车脚银十九两零五钱，由库关领。

初次鲜应进风干鹿肉，于每年八月内派炮手章京带领兵丁出英额边门捕打。

---

① "箭"似衍字。

应进鲜鹿肉、野鸡等物装载官车，派官驰驿送京。

随三次鹿差应进野鸡，行饬各外城派委官兵捕打送省。

十月围盛装鹿尾、鹿舌、野鸡等物，需用大小木箱、席、皮绳、麻、白蜡、筐箩、皮笺、木锨、木盘、水桶、筛箩、单布口袋等项，由盛京工部领取，其打洗盘肠应用白盐、水瓢、刷帚由盛京户部关领。

二年一次捕拿鹿羔六十只，于四月内演围官兵捕拿、送省喂养。十月内送京，应用车六十辆，每车需用一夫一马，每一夫一马折价银七两，共折银四百二十两，由库关领。（同治八年，奏捕拿鹿羔迨至解交时不及一半者，将该拿鹿之员随折附参，交部议处，并奏请缓至次年捕拿、送交，奉旨：“依议。钦此。”）

每年捕打冬围需用煺鹿包皮、大筐箩盛装鹿尾，木箱等物均由盛京工部关领。

每年捕鲜应进风干鹿肉等物，送京需用全车二辆、木箱、席片、绳子、毛毡等物，均由盛京工部关领。

每年送京二三次鲜鹿肉，鹿尾等物需用全车五辆，由盛京工部关领。

每年捕打冬围，查收鹿尾等物需用白蜡、席片、绳子等物，由盛京工部关领。

每年捕打冬围，打洗鹿、狍肠肚需用包皮、大筐箩、椵木方盘、白蜡、盐等物，由盛京户工二部关领。

每年送京盛装獐、狍背式骨并盛装野鸡需用木匣、荆条筐、绳子等物，由盛京工部关领。

汉军八旗额设义学生一百二十名在学读书，自备膏火，设教习四员，由各处笔帖式拣选充补，三年更换，每员月支公费银二两，由库关领。

盛京礼部额设官学生一百四十名（内），满洲每旗八名、蒙古每旗一名、汉军每旗一名、内务府六十名，设立助教官，一切应领公费均系礼部主办。

守节孀妇应请旌表，按年册报礼部，题准后，每口给建坊银三十两，由库关领。宗室、觉罗守节孀妇由宗人府题请旌表，宗室孀妇每口给建坊银三十五两、缎二匹，觉罗孀妇每口给建坊银三十两、缎一匹，由库关领。

遇外藩蒙古王公、贝勒及福晋等病故，由理藩院咨令派员致祭者，需用羊三四只，每只折银一两，酒三四瓶，每瓶折银六钱，均由库关领。

（鲜冬）围应进鹿只等数目自道光二十三年起，谨按朱笔改减之数呈进，著为例。初次鲜，盛京将军应进鲜鹿尾五盘（咸丰十年添进十盘，现进十五盘）、鲜鹿舌五个、鲜鹿肋条十块、鲜鹿发尔什二十块（历年小雪前后呈进风干鹿肉等物）、鹿大肠五根、鹿盘肠五根、鹿肚五个、汤鹿肉七块、晾鹿肉三十块、东鸭六十只（系内务府备办）。二次鲜，应（举行冬围之年，进二次鲜、三次鲜，初、二、三、四次鹿尾等项，停围不进）进鲜鹿尾十盘、鲜鹿舌十个、鲜鹿肋条八块、鲜鹿发尔什八块、鹿大肠二根、鹿盘肠二根、野鸡一百只。三次鲜，应进鲜鹿尾五盘、鲜鹿舌五个、汤鹿四只、鲜鹿肋条十块、鲜鹿发尔什十块、鹿大肠五根、鹿盘肠五根、鹿肝肺四分、鹿肚五个、折件狍四只、狍肠十二根。初次鹿差应进鹿尾八十盘（头等四十个、二等二十个、三等二十个）、鹿舌八十个、毛鹿四十只、鹿大肠六十根、鹿盘肠一百二十根、鹿肚三十二个、鹿肝肺十分、狍子三十只、狍肠十八根、獐子十只。二次鹿差应进鹿尾八十盘（分头、二、三等，数目照头次）、鹿舌八十个、毛鹿四十只、鹿大肠六十根、鹿盘肠一百二十根、鹿肚三十二个、鹿肝肺十分、狍子三十只、狍肠十八根、獐子十只。三次鹿差应进鹿尾八十盘（分头、二、三等，数目照头、二次）、鹿舌八十个、汤鹿二十只、毛鹿八十只、鹿大肠四十根、鹿盘肠八十根、鹿肚三十二个、鹿肝肺十分、狍子五十只、狍肠十八根、獐子二十只、湿鹿筋一百斤、树鸡四十只、野鸡四百只、鹿舒满一百根。四次鹿差应送礼部毛鹿二百二十只、狍子八十只。年贡应进鹿尾二十盘、鹿舌二十个、汤鹿十只、鹿大肠四根、鹿盘肠八根、鹿肚四个、鹿肝肺四分、狍十只、狍肠十二根、树鸡三十只、野鸡二百只、东鸭二十只（系内务府备办）、通睛鱼二十九尾（外加一尾）、哲鲁鱼二十三尾（外加一尾）、细鳞鱼二十一尾（外加一尾）、白鱼十五尾（外加一尾）、鳊花鱼八尾、敖花鱼八尾、去皮山里红八罐、带皮山里红八罐、香水梨八罐、截梨八罐、花红八罐、平顶香八罐、书喜八罐、白糖九匣、干菜九匣、卤虾九瓶、卤虾油九瓶、卤虾小菜九瓶、箭杆二百根、蚕茧一匣、火茸一匣、枪杆二十根。每年随三次鹿差应进虎皮三张（行围年进）、虎胫骨三副、虎威骨三副、獐子嘎什哈二百八十个、狍子噶什哈三百二十个。

兵司应办事宜

新任将军到任日期专折奏闻外，照缮本具题报兵部，恭缴旧领敕谕送兵科，请换新敕谕。

新任副都统到任日期报兵部。

盛京将军、副都统各按到任之日起扣满三年，奏请陛见，咨报部旗。

城守尉八员，各按到任之日起扣满三年，先期呈报将军，代为奏请陛见，咨报部旗。

三品协领六年期满，咨送兵部，带领引见。

协领及三陵翼长缺出，遇有记名人员，随时缮折奏补。

佐领、防御、骁骑校缺出，遇有记名之人，照例坐补，咨报部旗。

凡有因公降调旗员统候应升人员，用过二缺后第三次缺出，将该员降调情由声明，出具切实考语，咨送兵部，转咨本旗，带领引见补放。

世袭官员缺出，先将该员家谱核对明白，再行传唤应袭之人，照例拣选袭替。

世袭各袭替后，即将诰敕咨送吏部填注袭替人名。

世袭官员内如有年未及岁，袭替者年至十六岁，给咨送部补行引见，如该员身躯矮小，照例奏请展限二年，候年十八岁再行给咨赴部引见。

袭替佐领之人如若年未及岁，其佐领事务照例委员署理，随时咨报部旗。

四五品武职各官遇有年老、患病、告休者，照例随时缮本具题。六品武职官员遇有年老、患病、告休者，照例咨报兵部。

出征官员如因年老、残疾辞退者，将该员履历造册咨送兵部具题，分别年岁劳绩给予半俸、全俸，以养余年。

移扎塔尔巴哈台防御、骁骑校各缺派员署理，遇有更换，照例咨报户、兵二部。

世袭佐领升授别城协领者，其原管之佐领照例委员署理，咨报部旗。

内城佐领升授内城协领者，其原管之佐领仍着本身兼管之处，咨报部旗。

内城佐领有升授本旗本翼协领，其原管之佐领令其与别旗、别翼人员调换管理，咨报部旗。

三陵章京品级缺出，补放之人随时咨报部旗，俟十月内汇总咨报军机部旗。

武职各官军政准兵部来咨，五年一次，照例举行。

文职各官京察准吏部来咨，三年一次，照例举行。

佐领以下等官换缺，随时咨报兵部，俟十月内汇总咨报军机部旗。

本衙门新放文职官员由部领来执照，咨送吏部缴销。

考试满汉旗翻译、笔帖式人等照例会同五部验看骑射，造册咨送盛京兵部考试。

捐纳贡监先据该管官保送到日咨送户部，俟部覆到日，再行饬取该生等旗佐等年貌册结，咨送盛京兵部复核。

兴京、开原、辽阳、凤凰城、岫岩、牛庄、广宁七城委官缺出，由该处领催内拣选出具考语保送将军补放（现在兴京、开原、凤凰三城归兴京副都统补放）。金州、锦州所属委官缺出，由该副都统补放。

武职各官经制册档每年春秋二季咨送兵部。

内外各城官员遇有公出关防图记事务委员署理日期，按四季造册，咨送汇总送部。

年满仓官及笔帖式六年俸满愿就武职者，由盛京兵部转咨吏、兵二部查办，俟覆准，行取该员履历，验看骑射，咨送兵部带领引见，后遇有该旗骁骑校缺出，俟应升人员用过三缺后至第四缺出，将此项改补人员补用。

内外城笔帖式内有无力迁移眷属情愿调换就近当差者，本衙门照例咨请吏部。

三陵翼长缺出，由三陵防御并由内外城满洲公中佐领、防御内公同拣选补放。

盛京礼部读祝官赞礼郎十年俸满愿就武职者，由该部咨行盛京兵部，转咨吏、兵二部，俟部覆准到日，行取该员履历，验看骑射，咨送兵部带领引见，俟遇该旗防御缺出，俟骁骑校用过三缺后至第四次缺出，将此项改补人员补用。

道光十六年，奏将蒙古、巴尔虎佐领以下官缺照依拣选蒙古协领之例，将蒙古、巴尔虎两项人员合并拣放，经兵部议覆，如巴尔虎官员补放蒙古之缺、蒙古官员补放巴尔虎之缺，该将军随时奏明，等因。奉旨依议。

道光十七年，奏请由蒙古佐领内添设帮办协领一员，汉军佐领内添设帮办协领二员，赏给三品虚衔顶戴，仍食佐领原俸，令其帮同协领办事，分管旗务，与协领一体当差，毋庸另给经费，等因。奉旨依议。

准兵部咨盛京添设帮办协领人员系于佐领内拣选正陪引见补放，遇有应升协领缺出，应由该将军察看人材当差，即行奏补其所遗帮办协领员缺，即以保放帮办协领拟陪记名佐领奏补。

盛京兵部三年一次点验内外各城官兵器械，于道光九年正月内奏奉谕旨："凡嗣后盛京兵部点验军器之例，著照所请，停止饬令各该城守尉等每于年终将一切军器造册，呈报将军衙门，咨送兵部存查，并责成将军随时酌量密委妥员前往抽查以昭核实。钦此。"又于道光十九年十二月内准兵部咨开内阁抄出盛京将军宗室耆英等奏，奉谕旨："凡嗣后每届三年点验军器，将将军、五部侍郎、副都统衔名开单奏请简派分往各城点验。钦此。"又于道光二十二年，奏改将各城军器调至省城，公同点验。

每年年底将盛京所属各城所储炮位、鸟枪数目及兵额数目造册，咨报兵部。

将军三年一次考验旅顺口水师营战船，金州副都统每年于春季前往水师操演战船之处，本衙门缮本具题报兵部兵科。

凡各地方有丢失牛马案件，咨行盛京兵部注档。

每年春秋二季，官兵操演骑射、枪炮号令。

凡有出征兵丁年届五十以上因残疾辞退者，咨部给予半饷养赡。

道光十一年，奏准各外城应行来省差便官兵就近考验骑射。

东六边门以外安设卡伦二十一处，边内安设卡伦三处，每年四月初一日，出派官兵前往，坐放一年更换。（同治六年，变通边卡章程，经将军都兴阿奏准，裁撤十五卡，节省盐菜银留作练兵需用。嗣于光绪元年，因边外安民垦地，经前署将军、刑部尚书崇实奏准，裁撤七卡，仅留中江、头道沟二卡，照旧成守以备与朝鲜通信会哨。）计开边外总巡小黄沟卡伦（官二员、领催兵二十五名）、三道浪头卡伦（官二员、领催兵三十名）、中江卡伦（官一员、领催兵二十名）、大江口卡伦（官一员、领催兵二十名)、古河口卡伦(官一员,领催兵十五名)、大雅尔河卡伦(官一员,领催兵十名)、总巡头道江卡伦(官二员、领催兵三十五名)、六道河卡伦(官一员、领催兵二十名)、矿洞沟卡伦(官一员、领催兵十名)、红石砬子卡伦(官一员、兵十五名)、大罗圈沟卡伦、哈尔敏河卡伦、碗口卡伦、辉发霍吞卡伦、那尔浑毕拉昂阿卡伦,以上每卡伦(官二员、兵二十名);总巡帽儿山卡伦(官二员、领催兵三十名)、杨木林子卡伦、榆树林子卡伦、古城卡伦、小三道沟卡伦,以上每卡伦(官一员、兵二十名);拉子沟卡伦(官一员、领催兵十名)调赴金坑驻扎三道浪头堵御木排(官一员、兵二十名),每年(开河起,封河止)两季更换,边内佛小岛子卡伦、顶山拐卡伦、小石棚卡伦,以上每处(官一员、领催兵十名)。边内外共卡伦二十四处(二十四处卡伦,现留帽儿山即头道沟及中江台两处,余均撤),边外二十一处(官二十五员、领催兵四百二十名),边内三处(官三员、领催兵三十名)。(内除帽儿山官关领盐菜银一百两,其余边外每官一年关领盐菜银二十四两,每兵一年关领盐菜银十六两。边内每官一年关领盐菜银十五两,每兵一年关领盐菜银十两,堵御木排官兵盐菜银与坐卡同。)

每年四季由内外城城守尉、防守尉、协领内按季各派一员,带领官兵统巡边之内外卡伦境界,查拿偷砍木植、私挖人参、偷打鹿茸贼犯,该巡官每季关领盐菜银二百两。因道光二十六年,朝鲜国王咨报瑷阳江两岸有山贼结舍垦田之事具奏,奉上谕:"钦差大臣会同将军亲临查办,定拟章程。以匪民出边,春种秋收,正可焚舍毁田。将统巡官改为春秋两季各查四个月,与朝鲜国员会哨,差毕,结报具奏。该统巡官按季各关领盐菜银二百五十两。"行之未久,至道光二十八年,将军奕湘以贼犯砍木,冬砍夏运,无员稽查,又奏请将统巡官归复旧制,仍按四季出派往巡三个月,仍关领盐菜银二百两,将边之内外坐卡官兵改为半年更换,等因。于道光二十八年八月初二日奉上谕:"凡嗣后奉天东边内外新旧卡伦二十四处官兵着照议改为六个月更换一次,至派员巡查仍照旧章,按季出派一员作为统巡认真稽查。钦此。"

每届三年将盛京将军、副都统、五部侍郎衔名开单，奏请钦派一员出边巡查一季，关领盐菜银六百两。（同治七年，侍郎延煦出边查勘，奏准停派。）

每年春季出派省城协领一员，前往边外各卡界内，专查贼匪偷挖鹿窖，关领盐菜银二百两。（光绪元年，经前署将军、刑部尚书崇实奏准，停派青成演围协领稽查。）

每年送交武备院箭杆八千根，按照兵额分派备用。

每年出派内外各城捕打冬围官六十九员。

每年出派内外各城赴京恭送鲜肉等项差官十五员。

每年出派内外各城捕打冬围兵一千名，每名支给资装银十五两，共资装银一万五千两，由库关领。（咸丰三年，因库款支细，经将军奕兴奏准停止，嗣于同治八年复奉上谕举行，至同治十三年，因鹿只稀少，经将军都兴阿奏准隔年捕打。）

每年出派兴京、开原二城官各一员捕打进贡野鸡。

每逢（福、昭）陵大祭，出派官员恭送祝版。

每年出派协领一员协办内务府事务。

每月出派官员二员协同宗室营主事办理一切事务。

养息牧试垦地亩处派佐领一员作为总管，防御二员作为界官，三年更换，又派马兵二十四名帖写办事，步兵九十五名催征地亩租项银两。

八旗城门、堂子等处马甲堆拨共三十二处，每处官一员，兵五名、十名至二十名不等，每班十日更换。

八旗轮流预备马十匹，入圈喂养，以备专差赍送紧要公文、赴外城查探，紧要差使十日一轮。

嘉庆十年奏准，凡门仓收禁候审人犯，每日支给口米折钱二十五文，每年由官参余项下领银一百两以备支用。

查道光二十二年，将军禧恩《筹议海疆撤防善后事宜条款》内奏明：添设抬枪火器连环阵式兵丁二千名，内有长矛兵二百名。所需长矛一项，奏明：行令河南巡抚在于出产地方采办白蜡杆三百根，运交奉省，如数解到，教兵练习。所有演长矛兵二百名，派协领一员、佐领四员，专管教演，按年每兵放给制钱十串作为公费，共需二千串，在马干归款余息项下动用。迨至二十六年，将军奕湘奏准：八旗官兵二季操演并无正款赏项。奏准将户司征收房税银两留充赏款，如不敷用，再由长矛兵丁公费内每年抽拨一千串作为操演骑射奖赏之需。

道光十年三月十六日，奉上谕："念陪都地方断不容戏班聚集，日趋侈靡，著富俊即将盛京城内外所有各戏班杂剧概行驱逐，饬令地方官严行查察，嗣后再不准潜行入境。每届年终，著该将军会同五部侍郎、奉天府府尹将境内并无戏班之处联名具奏。如再有潜留之处，惟该将军等是问。钦此。"钦遵按年查禁，具奏在案，嗣后于咸丰九年，因亢旱得雨，商民呈请演戏酬神祝嘏，奏经允准。

义州城守尉缺分由内务府人员挑放原委。崇德四年，固伦公主下嫁察哈力有①里呢，原有陪送各户人丁内有萨兰，授为长史。康熙十四年，察哈力布里呢叛，萨兰之子新珠弃家赴京陈奏，引兵剿灭。奉谕旨："授新珠为义州城守尉，并予世袭二等轻车都尉，约束陪嫁各项人丁。"迨后新珠子孙乌征额袭替。乾隆十六年，乌征额升授锦州副都统。因伊曾孙额愣额袭城守尉不谙事务，恐负重任，据情咨请由义州十九佐领内拣放，至乾隆二十一年，奉谕旨："城守尉系一城之首领大员，不但非子孙可袭替之缺，且不合例。从此，义州城守尉缺出，由包衣佐领内拣放，但已经袭替数世，著赏云骑尉一缺，由新珠子孙内永远袭替。钦此。"

查新满洲人丁原在乌拉地方居住，于康熙十七年经议政王大臣议奏，奉谕旨："将新满洲副都统衔布克头扎努喀三十一佐领管下人丁连眷属共一万余口，俱著改住盛京，各随各牛录管理当

---

① "有"疑为"布"之误写。

差在案。"

查巴尔虎人丁于康熙三十一年，经王大臣议奏，因巴尔虎人等生计艰难，请改驻盛京等处，披甲吃粮。移来一千二百余人，每百名编一佐领，分驻于开原、辽阳、熊岳、复州、金州、岫岩、凤凰城七处，每城一佐领，省城三佐领，共十佐领，分管当差在案。

查西葜人丁原在伯都讷地方居住，于康熙三十八年，经固山额真巴尔哈泰奏准，移驻盛京二千余名，分驻八城安置，披甲当差在案。

查金州汉军人原系康熙十九年招安民壮当差，至康熙二十六年奏准编为厢黄、正黄、正白三旗，各设佐领一员、骁骑校一员。如佐领缺出，由骁骑校拣选厢黄、正黄二旗，额设三两领催各四名、二两领催各一名、二两兵各三名、一两五钱领催各二名、一两五钱兵厢黄旗兵六十名、一两五钱兵正黄旗兵五十九名；正白旗额设三两领催三名、二两领催各一名、一两五钱领催三名、一两五钱兵五十八名。以上三旗共官六员，领催兵二百零八名。

查旅顺口水师营原系康熙五十年奏设，由金州招安民壮内挑选四百七十名编为兵丁，又由投降海盗陈尚义、张可达等挑选熟谙水性掌舵者三十名作为教习，设副手、千把各官管束。由登州拨来战船十只操演巡哨。嗣奉上谕："将营官裁撤，改设汉军协领一员（由省城汉军佐领内拣选）、佐领二员、防御四员、骁骑校八员（自佐领、防御、骁骑校俱由本营应升人员拣选），又将投降之海盗三十名俱入旗，同壮丁等编为左右两营，将山东送船之水手留营作为民舵，与旗兵一体当差，关领银米。"至嘉庆四五年间，复由金州拨归水师营三两汉军领催六名、一两五钱兵九十四名，此内添设领催四名。

协领俸（银一百三十两、米一百三十斛），原给官房二十间。

佐领俸（银一百零五两、米一百零五斛），原给官房十五间。

防御俸（银八十两、米八十斛），原给官房十间。

骁骑校俸（银六十两、米六十斛），原给官房六间。

兵丁各原给官房六间。

食三两领催（二十六名，内十名月支粟米各六斗，正舵五十名，内五名月支粟米各六斗）、食一两五钱领催（三十四名，兵五百四十名）内二两四十名，月支粟米各三斗。

食二两二钱五分（旗正水手三十名、民正水手二十名）内二十五名，月支粟米各四斗五升。

食一两八钱七分五厘（旗副水手二十八名、民副水手一十二名）内二十名，月支粟米各三斗七升五合。

以上应支粟米俱由金州民仓就近关领。

盛京本城驻防世袭官员及外城袭缺官员列后。

盛京新满洲八旗佐领内每旗世袭佐领三员，惟厢白、正蓝二旗各少一员，共世袭佐领二十二员、世袭骑都尉五员、世袭云骑尉四员、新袭云骑尉二十二员、世袭恩骑尉四员、云骑尉降袭恩骑尉三员。

蒙古所管巴尔虎正白旗：世袭佐领一员、世袭云骑尉一员、云骑尉降袭恩骑尉一员。

汉军八旗佐领内正黄、正白、正红、厢红、正蓝、厢蓝六旗：世袭佐领六员、世袭三等轻车都尉一员、世袭骑都尉三员、世袭云骑尉三员、新袭云骑尉三十九员、世袭恩骑尉一员。

开原：满洲正黄旗世袭佐领一员、新袭云骑尉一员（满洲）。

巴尔虎厢黄旗：世袭佐领一员。

凤凰城：世袭云骑尉二员（满洲）、新袭云骑尉一员（满洲）。

广宁满洲正白旗：世袭佐领二员、新袭云骑尉三员（满洲一员、汉军二员）。

熊岳：世袭云骑尉三员（满洲、蒙古、巴尔虎各一员）、世袭恩骑尉三员（俱系满洲）。

复州：世袭恩骑尉二员（俱满洲）、新袭云骑尉一员（满洲）。

岫岩：世袭恩骑尉二员（俱满洲）、新袭云骑尉一员（满洲）。

盖州：世袭骑都尉一员（汉军）、世袭云骑尉一员（满洲）。

锦州：满洲厢黄旗世袭佐领一员、满洲正黄旗世袭佐领一员、新袭云骑尉七员（满洲）、世袭恩骑尉一员。

宁远：世袭恩骑尉一员。

义州：满洲厢黄旗世袭佐领三员、满洲正白旗世袭佐领四员、包衣厢黄旗世袭佐领一员、新袭云骑尉十二员（满洲二员，余系包衣）。

兴京：新袭满洲云骑尉一员。

辽阳：新袭蒙古云骑尉一员。

金州：新袭满洲云骑尉一员、蒙古云骑尉一员。

小黑山：新袭满洲云骑尉二员、汉军云骑尉一员。

巨流河：世袭汉军云骑尉一员。

中后所：新袭汉军云骑尉一员。

宁远：世袭满洲恩骑尉一员。

刑司应办事宜

本省所属各城报窃案件每年于十月内汇总造册，咨送军机处兵、刑二部。

各省脱逃改遣人犯已获、未获之处每年于十月内造册，咨送军机处刑部。

各省督抚、将军等随带家人常随有无收受门包之处，年终加结，咨报刑部。

由京置买家奴有无转卖图利之处，年终查明，咨报刑部。

盛京刑部治罪完结人犯名下应追赃银，转饬各旗催追。

每年出派会官一员赴盛京刑部，会同审办挖参、偷木等案。

查拿制造牌、骰并遣所脱逃等犯，咨送盛京刑部治罪外，将原拿旗员等题请议叙。

失察制造赌具之员，咨参交部议处。

失察私人围场偷打鸟枪等犯之坐卡伦官员边门章京界官，咨参交部议处。

未获盗犯及赃逾满贯窃犯并奸拐等犯之承缉、督缉官，咨参交部议处。

失察旗人行窃之该管官等，咨参交部议处。

边外各卡及边门章京等拿获偷砍木植人犯，咨送盛京刑部治罪，所获牲畜、器具等物，奖赏原拿兵等，其所有木植均就近札饬该卡伦造册报明看守，在山存放，外边有贼匪、木植数目，每于年终会奏一次。

办理边之内外木植自道光七年，经将军奕颢因在边外拿获私木招商认买，每有奸商藉端砍运。拟将所获私木毋庸招商认买，以杜奸商影射夹带之弊。奏奉谕旨："凡嗣后如有拿获私木，仍遵前旨，不准招商变价，任其在山存放。钦此。"钦遵在案。又于十五年承准军机大臣字寄奉上谕："凡边门以外拿获偷砍官山树木，前曾降旨'不准擅行变卖'，嗣因奸商影射图利，并未查拿净尽，且历年拿获私木在山存放，日久若何稽查？其私木作为如何办理？倘竟任其霉烂朽朽，则是货弃于地，岂不可惜？其影射夹带等弊应如何禁绝？著该将军妥议章程具奏。钦此。"当经奏明，将边内木植共变银一万八千余两，交商按一分生息，每年息银二千二百余两，作为在城八旗闲散学习鸟枪公费，等因。具奏。嗣于道光十六年承准军机大臣字寄奉上谕："凡边外木植，著仍照前存放，此内如有成材之料、可以通内河挽运者，如遇盛京工部岁修等项工程，即可随时拣选，以资工用。至边内木植，查有可以变价者，饬令招商估变银两生息，添给闲散学习鸟枪需用。钦此。"钦遵在案。

工司应办事宜

锦州、义州、复州、辽阳四城开采煤窑六十二座，每座每年应交税银十七两六分八厘，共应交银一千零九十一两六钱九分六厘，按年解交盛京户部收库。

计开：辽阳属界煤窑二十九座、复州属界煤窑十五座、锦州属界煤窑十八座。

锦州、辽阳、凤凰城本城所属各河口每年共征木税银一千九百九十五两零，均归浑河口木税监督协领治中分解，盛京户部收库。

计开：浑河口每年应征木税银八百零一两零、辽阳大资河每年应征木税银一千零六十四两零、凤凰城曹河口每年应征木税银七十三两零、锦州小凌河口每年应征木税银五十五两零。

内外各城处共兵一万六千五百九十二名，每兵一名摊交雕翎一披四分四厘零，每年共应交雕翎八千副，每副计三披，又应交箭杆八千根，均行取驿车，派员送交武备院查收。盛京雕翎应用木箱四个、毡子四条、绳子十六条、丈席八领，由盛京工部领用。

兴京边门每年砍办楮榆车轴二十根，行取驲车，派员解交内务府，所需砍工、运脚银二十二两三钱零，由盛京工部关领。

每年盛京工部会同将军派员配造本省并黑龙江操演火药四万九千九百四十三斤零、烘药三百三十九斤十五两零。（又同治四、五年等年，官绅捐制抬枪、鸟枪，奏明添造火药一万八千七百七十一斤、烘药三百五十三斤零。又同治八年，设立马队并客兵，奏添火药二万六千六百斤、烘药五百四十斤。每年共应烧磺一万四千四百五十七斤零，委员赴岫岩界煎烧柳炭一万八千余斤、荒硝十二万余斤。）

以上共需夫丁物料银九千二百七十余两，均由盛京户部按照折减章程关领，除每年运交黑龙江应用火药外，余皆库存应用。

内外城兵丁操演鸟枪所需铅丸内有不合枪口者，由各城旗自行重新灌造，计重五千四百八十六斤零，每百斤需用工价银八分，共用工价银四十三两八分零，由盛京工部关领。

每年金州派官二员带领领催、兵丁捕打上用虎班雕十副、皂雕二副、重尾二副、鹳雕七十二副、芝麻雕三百二十七副，解送武备院应用毡子八条、抬筐七个、绳子一百条，由盛京工部领取。

水师营设有战船十只，系闽浙二省造送各五只。自新造之年为始，每届三年小修一次，再届三年大修一次，又届三年如堪驾驶，折造改为大修一次。如遇小修一次，每船一只除南省物料外，应在本处采买物料，工价银一百三十两零。如遇大修一次，每船一只除南省物料外，应在本处采买物料，工价银二百两。折造改为大修一次，每船一只除南省物料外，应在本处采买物料，工价银三百八十五两零，均由库关领。小修、大修、改修三项应需南省物料均由浙江购办，委员解送，应需麻、筋、一切颜料均由盛京工部领取。

凡小修、大修折造剩存旧料储该营，以备下届搭配使用，如应改造新船，仍咨原造省分成造委员驾送。每逢大修、小修（现在均由将军衙门具题）。

每遇大修、小修、改修，每船一只用南省棕篷匠六七名不等，到营起至修竣止，做工五六十日不等，每日每名给口米一升，就近由金州民仓关领。

战船十只除题明守候修理之船外，其堪驾驶之船每年例应验修一次，每只应用工料银八两零六分，由库关领。

战船十只每年每只应领苫席三十领，由盛京工部领取。

道光二十三年，奏准战船不敷巡哨，该营雇觅商船，每年不定只数，如雇商船一只，每只每日价银一两，出口入泛计一百一十余日，给价银一百一十余两，由银库关领。

乾隆四十年，商人张君弼等捐修四路桥道，剩存本银四千六百九十九两四钱，交承德县（同治二年查明，前项银两，历任承德县动备无存，归清查案内奏恭办理），按月一分二厘生息，每年共收息银六百七十六两七钱零，该县收储以备粘修。

道光十八年，奏士民捐修柳河沟一带桥道，余剩银一千四百零五两，交承德县一分生息，以备粘修。

本衙门堂印、司印应用铺垫红毡及笔帖式等，每年应用笔一百一十只、墨二斤，并档房每年铺炕应用丈二席二十一领，掖捕手每年应用秫秸三百五十五束、法鞭四把，均由盛京工部领取。

道光二十三年四月，奉上谕："禧恩奏《酌拟〈巡洋会哨章程〉一折》，准其将水师营额设战船十只内，每年拨派六只，每船派兵丁、水手六十名，分为三路，派官三员带领巡洋：南至山东交界之城隍岛以北地方，赴山东登州镇衙门呈验照票；东至岫岩大孤山与朝鲜交界处所，由岫岩城守尉查照验票；西至锦州洋面与直隶交界之天桥厂，赴锦州副都统衙门查验照票，以杜弊混至。船只除应行修补外不敷拨派，暂雇商船出洋，并改期三月出哨归次，等因。钦此。"嗣经金州副都统饬据水师营协领遵照《奏定章程》，每年三月出派官兵，发给印照，注载官兵姓名、驶船出泛巡查海面、按处会哨在案。

卷五

恩赏库应办事宜

内外城官员、兵丁红白事件应得赏银，于乾隆元年奏准动用库银二十万两交官铺一分生息，以所得利核发散放。（于乾隆二十七年奏准，由此项息银内又赏给闲散红白事之用。咸丰三年奏准，兵丁等白事赏项每银一两，改放制钱一串。是年，奉部议奏，官员红白事、兵丁红事赏项暂行停放。）嗣于乾隆三十三年奉旨停止官铺，奏准由库储余地租银内动用银五六万两，陆续咨领散放，按年造册题销。

现任骁骑校、牧长、恩骑尉并原品休致食整俸骁骑校，红事各赏银十两，白事各赏银二十两。

原品休致食半俸骁骑校，红事赏银五两，白事赏银十两。

食三两领催、前锋、弓匠、达城门校、正舵工，红事各赏银八两，白事各赏银十六两。

食二两领催兵役等及食一两五钱步领催，红事各赏银六两，白事各赏银十二两。

食一两步甲、铁匠、箭匠并留养兵，红事各赏银四两，白事各赏银八两。

食五钱养育兵、鳏夫、孀妇、孤子，红事各赏银三两，白事各赏银六两。

原系兵役之子孙，红事各赏银二两，白事各赏银四两。

外城官员兵丁预领备赏银两，每年分作三次，派员来领，存储备放。

内、外城官员、兵丁红白事件核计银两数目由各旗处按月造具总册，呈报查核，仍按年将放出赏银数目加结呈报将军，照例缮本具题，仍造具核销总册，咨送户、兵二部审核。

官兵接济银两一项于乾隆三十四年经户部议奏，由库领银六万两，酌量各该地方官兵多寡，就近分存借给官兵远近差徭以资接济，分为四季，由饷银内坐扣存储以备续借，所借银两数目、人名按月册报，仍春秋二季各造具总册加结呈报查核，以备年终另造总册咨送户部查核。

兵丁牛具银两一项于乾隆五十四年奏准，由库领银六万两，酌量各该地方兵丁多寡，就近分存，实系有地无力兵丁，即行借给牛价银十二两，分为八季，由饷内坐扣存储以备续借，所借给银两数目、人名按季造册结报，按年分晰造具总册呈报，以备另造总册咨送户部查核。

内、外城原领接济牛具银数目：

盛京兵原领（接济银二万七千两、牛具银二万五千三百四十四两）、开原兵原领（接济银三千五百六十两、牛具银三千四百二十两）、铁岭兵原领（接济银一千一百五十两、牛具银八百一十六两）、法库门兵原领（接济银六十两、牛具银七十二两）、兴京兵原领（接济银一千一百八十两、牛具银一千四百七十六两）、抚顺兵原领（接济银三百二十两、牛具银五百一十六两）、辽阳兵原领（接济银一千一百二十两、牛具银一千二百两）、凤凰城兵原领（接济银一千五百两、牛具银一千七百四十两）、岫岩兵原领（接济银一千三百六十两、牛具银一千四百八十八两）、牛庄兵原领（接济银九百四十两、牛具银一千零二十两）、广宁兵原领（接济银八百五十两、牛具银一千零八十两）、巨流河兵原领（接济银一千一百五十两、牛具银八百一十六两）、白旗堡兵原领（接济银一千一百五十两、牛具银八百一十六两）、闾阳驿兵原领（接济银一千一百五十两、牛具银八百一十六两)、小黑山兵原领（接济银一千一百五十两、牛具银八百一十六两)、彰武台兵原领（接济银六十两、牛具银七十二两)、金州兵原领（接济银一千五百四十八两、牛具银一千九百六十八两)、盖州兵原领（接济银一千一百八十两、牛具银一千三百六十八两)、复州兵原领（接济银一千四百九十两、牛具银一千六百二十两)、熊岳兵原领（接济银一千五百三十两、牛具银二千二百五十六两)、水师营兵原领（接济银八百六十二两、牛具银一千四百七十六两)、锦州兵原领（接济银一千七百五十两、牛具银二千一百二十四两)、小凌河兵原领（接济银一千一百五十两、牛具银八百一十六两)、宁远兵原领（接济银一千一百五十两、牛具银八百一十六两)、中前所兵原领（接济银一千一百五十两、牛具银八百一十六两)、中后所兵原领（接济银一千一百五十两、牛具银八百一十六两)、松岭子门兵原领（接济银六十两、牛具银七十二两)、新台门兵原领（接济银六十两、牛具银七十二两)、白石嘴门兵原领（接济银六十两、牛具银七十二两)、梨树沟门兵原领（接济银五十两、牛具银四十八两)、明水塘门兵原领（接济银五十两、牛具银四十八两)、义州兵原领（接济银一千七百五十两、牛具银二千五百二十两)、清河门兵原领（接济银六十两、牛具银七十二两)、九关台门兵原领（接济银六十两、牛具银七十二两)、白土厂兵原领（接济银五十两、牛具银四十八两)、威远堡门兵原领（接济银六十两、牛具银八十四两)、英额门兵原领（接济银六十两、牛具银子八十四两)、城厂门兵原领（接济银六十两、牛具银八十四两)、嫒阳门兵原领（接济银六十两、牛具银八十四两)、兴京门兵原领（接济银六十两、牛具银八十四两)、凤凰门兵原领（接济银六十两、牛具银八十四两)、永陵兵原领（接济银二百两、牛具银二百八十八两)、福陵兵原领（接济银三百二十两、牛具银三百两)、昭陵兵原领（接济银二百六十两、牛具银三百两)。

内、外城共领接济银六万两、牛具银六万两。

督捕、步营二司应办事宜

督捕司额设月食一两饷银番役二十名，每名护身票一张，如有出城、出境巡缉各差，随时给票。

嘉庆十年，奏准由参余项下每年支给银二百四十两，酌量番役差徭远近支赏。

道光十九年，奏准由生息项下支给银二百两，照前备赏。

各处报逃案件咨行盛京刑部，记档饬役缉拿。

拿获逃盗贼、窃贼、赌博、偷挖私参、造卖赌具等案，移送刑司办理。

步营协领一员、佐领二员、八旗拜唐阿章京十员内，嘉庆二十一年拨往养息牧管界章京二员，现有八员各管本旗街道，每五日轮派一员在司值宿巡查城里。准拨通共步领催一百三十二名、步兵一千零五十六名，内拨往养息牧当差步兵六十六名。现有步领催兵一千一百二十二名，内拣选步领催八名、步兵四十名为大班拜唐阿，总查城之内、外一切赌博、娼优、盗窃、逃犯、酗酒、斗殴不法等事。

每旗各挑选步领催四名、步兵八名为小班拜唐阿，稽查本旗赌博、娼优、盗窃、逃犯、酗酒、斗殴不法等事。

八旗大、小班拜唐阿拿获赌博人犯毋论旗民，或自理完结，或应送部治罪，随时请堂示遵办。

城内步兵堆房十二座，城外堆房二十八座，每堆房按二十日轮派值班领催二名，兵三四名不等。八旗边门步兵堆房八座，每堆房按二十日轮派值班领催一名、兵四名，各在本旗内日间看管街道，夜晚击柝送筹，查拿一切匪犯。官参局八旗公中堆房一所，二十日轮派值班领催一员、兵四名，在该处巡守。

道光十九年，奏准由生息项下每年支银二百两作为拜唐阿缉捕奖赏之费。

督捕、步营二司官员督率每年拿获窃盗案件按年汇总，咨部一次论功论过。

道光元年，奏准发商生息本银一万两发给城内当商五十家，每月按一分生息，会同承德县按月造册呈报，每月息银一百两交户司，以备散放圈禁犯罪宗室、觉罗饭食炉火。

道光十五年，奏准发商生息制钱六万六千串，发给城内当商五十五家，每月按一分生息，会同承德县按三、九月交马政处，以备散放马干。

道光十七年，奏准发商生息木植变价银七千四百五十八两五钱发给城内钱铺三家，按月一分生息，会同承德县按二、八月交马政处，以备散放各旗闲散学习鸟枪公费。

道光元年，因盛京砖城内外大街两旁地沟，百余年来城内地沟虽系商民自行挑挖，通入城中七十二池消渗，近年池身与地沟间有阻塞，每遇雨水连绵，几至水无归宿，殊于宫殿、仓库、城垣大有关碍，城外大街两旁地沟亦系商民自行挑挖，归入护城壕内。于是，奏明砖城内外地沟、城壕并七十二池，俱改官为修挖、疏浚，俾得一律畅通，庶与水利沟渠均有裨益，此项动用银两亦即在木植闲款内支给，嗣后砖城内外地沟、城壕并七十二池，饬令管理步营司协领暨各界官经管、稽查，随时相度情形，酌量疏泄，勿致再有淤塞。

乾隆四十四年，奏准附近省城居住之宗室、觉罗如有滋事者，责成步营司协领稽查管束，每遇改派步营司协领时，由礼司咨呈宗人府备查。

拿获制造、贩卖赌具人犯，随案送部审实，由将军衙门将原拿之员题请议叙。

每年九月内，准各处送到窃盗案册，本司另造细册咨送军机处、兵刑二部。

每年督捕、步营二司及各城送到窃盗案起数，本司另造细册，十一月内咨送军机处、兵刑二部。该部统计一年内报窃之案，承缉官能获犯过半者，免其记过，未及半者，每八案记过一次，如获犯过半者，每五案记功一次，以四次记功改为纪录一次，兼统辖各员例无议处议叙。

八旗拜唐阿等拿获窃案起数按年于九月造册，移送刑司咨部。承缉官注写步营司协领职名数至百案者，承缉官记功十次；至一百二十案者，记功十二次。记功十次者，核得纪录二次；记功十二次者，核得纪录三次。

拿获造作、贩卖赌具、牌骰人犯，承缉官查写步营协领职名，协缉官分翼分旗注写步营佐领及各该旗章京职名题请议叙。

盛京省城界址，凡边城以内，砖城内外街道地面分隶八旗防御管理，统归步营司总辖，巷口以内地面分隶八旗六十三界佐领管理，统归兵司总辖，边城以外分隶八旗查界佐领管理地面。

砖城内外：东面左为内治门，属正红旗防御佐领等管界；右为抚近门，属镶红旗防御佐领等管界；南面左为德盛门，属镶黄旗防御佐领等管界；右为天祐门，属镶蓝旗防御佐领等管界；西面左为怀远门，属镶白旗防御佐领等管界；右为外攘门，属正黄旗防御佐领等管界；北面左为地载门，属正白旗防御佐领等管界；右为福胜门，属正蓝旗防御佐领管界。

（八旗步领催兵等每岁应关老羊皮袄三百九十六件，每件价银一两六钱，造册具领，咨送盛京户部扎库关领。）

（光绪二年，经前任将军崇实以捷胜营公费制钱内每年拨市钱二千千，由马政处支领，备办司中心红奖赏。）

马政处应办事宜

道光十五年，前任将军奕经奏准借支各城旗民库储制钱三十万串，分交内外城殷实当商，按月一分生息，一年计得息钱三万六千串，发给内城六十六佐领，每佐领下添设操演马十匹，月支马干制钱三串，先尽前半年六个月马干作为马价，后半年六个月即散放作为马干。除按月支领外，每年钱一万二千二百四十串暂缓归款仍作本发商续行生息，计可添马四十匹以备分拨外城兵丁操演。嗣因各城拉运拨解制钱车脚银七千八百二十八两二钱二分六厘，无项开销，咨请户部议覆，准由余息钱内分为四年归补。其余息钱一万零二百八十二串九百四十一个，于道光十一年经前任将军宝兴查明，每年余息发商续行生息实有窒碍，奏请停止生息，俟归还原款后再行奏明补添各外城兵丁操马等情，奏准各在案。

计开原领制钱三十万串，发给各城当商钱数：

（步营司承德县）原领制钱六万六千串、（八旗承德县）原领制钱三万四千串、开原（旗民）原领制钱三万串、兴京（旗民）原领制钱八千串、辽阳（旗民）原领制钱四万串、凤凰城（旗民）原领制钱五千串、岫岩（旗民）原领制钱四千串、复州（旗民）原领制钱五百串、金州（旗民）原领制钱一千五百串、义州（旗民）原领制钱一万串、熊岳（旗民）原领制钱一千串、锦州（旗民）原领制钱三万串、牛庄（旗民）原领制钱三万串、广宁（旗民）原领制钱三万串、盖州（旗民）原领制钱一万串，自道光十五年十二月初一日起息。

新设各佐领下官马每年春秋两季派协领二员分翼查点，按年造具马匹、毛片册报兵部。

各旗马匹若有倒毙者，自倒毙之日起扣留六个月马干作为马价发给该旗买补。

各城当铺承领生息制钱，责成该地方官取具联名互结加结呈报。

各处当铺如有关闭，务须三个月以前呈报，将原领制钱责成该地方官另行发给当商，总期月不停息。

每年所得息钱三万六千串，除一年马干钱二万三千七百六十串外，其余剩制钱一万二千二百四十串，尽数就近分收各库，归还原款（后又由余息项下奏拨捷胜营兵丁公费钱一千串、操兵奖赏一千串、内外城缉捕马干银一万零二百二十四串）。

道光十八年，奏准木植变价银一万八千四百五十八两五钱分交殷实铺商，按月一分生息，作为六十六佐领下闲散学习鸟枪公费，每年所得生息银二千二百一十五两，除放六十六佐领下闲散各五名每月公费银二两五钱，一年共放给公费银一千八百九十两外，其余银二百三十五两以备按年春秋两季考验枪箭奖励之需。

计开：牛庄原领发商生息银一万一千两、步营司原领发商生息银七千四百（五十八两五钱），此项银两自道光十九年正月二十日起息。

牧群司应办事宜

大凌河牧群额设岁食六十两翼领二员，岁食四十五两牧长三十四员，月食三两副牧长三十四员、牧副三十四名，月食二两副牧副三十四名、牧丁五百二十六名。

大凌河牧群翼领、牧长等缺出，该总管拣选人员呈送本衙门，给咨赴上驷院带领引见补放。（同治十三年，奏准大凌河副牧长、牧副等缺出，该总管照依比较拣选人员，呈送本衙门验放，毋庸送京，仍将补放缺分咨报上驷院。）

大凌河牧群额设骟马十群、骒马二十四群，每群四百匹。

大凌河牧群额设驼三十只。

大凌河牧群每年小均群一次，每三年大均群一次，各将旧管新收、开除、实在马驼数目造册，径送上驷院外，仍送将军衙门查核。

大凌河骟马每年每百匹例准倒毙十匹，逾数倒毙者论过。

大凌河骒马三年均群一次，此三年内除孳生补抵倒毙外，每马五匹例取孳生马二匹。

大凌河马匹每年于立冬日起交管庄衙门所属各庄头入圈喂养，立夏日止，出圈放牧。入圈后，将军衙门派员查验各庄头应备之棚圈、槽、铡有无齐整并马匹膘分。

大凌河牧群内有老口残伤马匹每年于五月小均群，时由该处变价每匹价银一两至二两不等，分晰造册呈报将军衙门，备查其变价银两统局。三年大均群之期，将银两由该牧群处汇总委员径解内务府广储司查收。

上驷院每年咨取添圈骟马二三百匹不等，该处拣选径行送院。

盛京内务府每年咨取大凌河驽马二十余匹不等，该处照数拣选解送将军衙门转送。

大凌河牧群每年倒毙马皮拣选张页宽大者，按四季径送盛京工部，以备采蜜做口袋应用，其破烂不堪者，俟年终径送武备院。

大凌河牧长等每年赴上驷院领取治马药材、纸、笔、墨费等项。

陈苏鲁克牧群额设月食二两银翼长二员、食一两银副翼长四名、牧长十四名。

陈苏鲁克额设红牛二千条，定例六年均群一次，此六年孳生抵补倒毙外，每五条牛例取孳生牛二条。

陈苏鲁克额设羊一万只，三年均群一次，此三年内除孳生抵补倒毙外，每羊三只例孳生羊一只。

陵寝祭祀，由盛京内务府咨取挤奶乳牛一百条至四十条不等，饬令陈苏鲁克牧长等拣选呈送入馆喂养。

陈苏鲁克牧群每年备羊毛四百斤，咨送盛京工部应用。

陵寝祭祀每年羊只预期准照盛京内务府，咨取之数由将军派员会同该馆达赴营拣选送馆喂养。

每逢陵寝祭祀，应用奶油、奶饼等物，饬令陈苏鲁克牧群备送盛京礼部。

由陈苏鲁克选送盛京礼部拉运陵寝祭祀应用祭物并耕种官地之犍牛（十四条）内倘有倒毙，札饬陈苏鲁克如数补送将军衙门转送。

每年准盛京礼部咨取朝鲜国高丽由京还国应用筵宴羊只，饬由陈苏鲁克照数拣选。

新设苏鲁克牧群额设月食二两牧长一员、月食一两副牧长一名、领催二名、牧牛人十五名。

新设苏鲁克额管红牛二千条，定例六年均群一次，此六年内除孳生抵补倒毙外，每五条牛例取孳生牛二条。

新设苏鲁克每年应备奶油三百七十斤零二两、奶酒一百六十斤、奶饼一百六十斤零八两、小奶饼六斤，随二次鹿差照数咨送总管内务府。

新设苏鲁克牛群牧长、领催、牧人等，如有红白事件，呈报将军衙门转移恩赏库关领赏银。

于嘉庆十九年，奏准二年一次捕拿鹿羔，由新苏鲁克群内拣选乳牛八十条，并挤奶牧丁等喂养鹿羔，应需口米、草豆咨行盛京户部关领。

黑牛群额设月食二两翼长一员、月食一两副翼长一名、牧长三名。

黑牛群额设黑牛一千条（黑牛群定例六年均群一次，此六年内除孳生抵补倒毙外，每牛五条例取孳生牛二条）。

黑牛群于平群之年除额设一千条之外，由孳生拣选角尾端方大黑犍牛三百五十条，以备陵寝祭祀陆续取用。

新陈苏鲁克黑牛群牧厂每年十月内禁止荒火，行文各该处，不时严查。

新陈苏鲁克黑牛群翼长、牧长、领催、牧牛人等缺出，由该群牧役人等拣选呈堂补放。

查陈苏鲁克原系盛京礼部管理，于乾隆三十年奉旨交将军管理，并无拟给红白事赏项。

查新苏鲁克系康熙三十二年设立，交将军管理，拟有红白事赏项。

围场处应办事宜

围场原设一百零五围，按年轮转捕猎。

设围场协领一员、（增设）坐办围场事务协领一员、翼长佐领二员、（增设）办事（佐领二员、骁骑校二员）、梅伦（骁骑校八员，后改四员；委官八名，后增四名），奏增六品顶戴五名、八旗专达兵二百名。

清明节前委官二名带兵赴围场撩火一次。

立夏节前派翼长二员、梅伦二员带兵八十名出边演围。

立夏节前派围长带领梅伦二员、专达兵六名周查围场。

立秋节前派梅伦、骁骑校二员、委官二名带领专达兵六十名更换演围官兵。（每年按两个月派官一员审查一次那丹伯、大沙河二处卡伦，按月与吉林卡官会哨一次。）

白露节前派梅伦一员、专达二名带领卡兵十五名在柳河身驻扎，稽查捕鲜官兵不准越界捕打牲畜。

寒露节前委官二名、专达四名带领卡兵看守围段草木。

冬围派委官一名、专达二名带领内务府兵二十名前往围场修理桥道，以备冬围车马行走。

小雪节前围长、翼长带领梅伦、委官、专达兵八十名领纛打围。

二年一次捕拿鹿羔六十，围长带领委官、专达兵三十二名、坐卡兵二百四十名于芒种节前赴围捕拿鹿羔。

围场原设卡伦十二处，每处官一员、官兵二十名，系由外城出派官二十四员、兵四百八十名看守围场，分为三班，每官四个月，关领盐菜银六两，每兵关领盐菜银四两，一年共领盐菜银三千零九十六两。

计开：围场卡伦十二处。

南六台系西半拉河督查。

台毕拉应管七围：扎克丹、伯尔豁、台浑轮、勒夫都什西、勒夫朱卜启、勒天得恩、妞合。

蒙古伙落应管三围：哈束力憨色钦、哈束力憨、哈束力憨伯野。

西半拉河应管九围：更刻、拉呼达、登噶拉、登噶拉达、山彦哈达、古碰子、山城子、十八道背、乌里。

大荒沟应管十一围：扎克丹哈达、野鸡背、嵌石岭、那力浑、登噶拉巴克钦、哈克山（鸾远）、付力哈色钦、占色钦、付力哈哈达（鸾远）、闹林子（鸾远）、束鲁（鸾远）。

土口子应管十四围：倭合台（御围）、年木州（御围）、巴彦（御围）、巴杨河（鸾远）、山城子（鲜围）、柳河身伯野（鲜围）、柳河身卜敦（鲜围）、吉林卜敦（御围）、吉林哈达（鲜围）、果尔敏朱敦（御围）、那力浑（鲜围）、牙启（御围）、乌束（鸾远）、妞妞（鲜围）。

梅河额夫勒应管十六围：大付力哈、都林巴付力哈、小付力哈、付力哈年木善、舍力（御围）、查力巴（御围）、黑嘴子、阿布达拉洪阔、古瓦什鲜额夫勒、山彦倭合（御围）、归勒哈达布憨（御围）、八旦岗子（鲜围）、阿木巴勒克（鲜围）、阿几个勒克（鲜围）、朱鲁莽卡（鲜围）、三通辉憨（鲜围）。

北六台系赫尔苏督查。

双榆树应管五围：哈京力憨达、艾辛伯野、艾辛年木善、达启达、达启。

赫尔苏应管十围：乌尔尖哈达（王多罗束）、山彦哈达（王多罗束）、朱朱胡、查库兰达、查库兰、依马呼、乌鲁里、依马呼哈达（王多罗束）、鲜达布憨、乌鲁里布敦。

归勒合应管九围：归勒合哈达（王多罗束）、依兰木哈达、扎拉芬、大巴彦、小巴彦、韦军木鲁、小韦军、依巴卡巴、夫克锦。

孤山河应管五围：卡尔非音（王多罗束）、古城（王多罗束）、乌什哈、大韦军、额音木鲁。

那丹伯应管六围：阿几个色合勒（王多罗束）、阿木巴色合勒（王多罗束）、额林加们（御围）、卜尔善（鲜围）、扎尔启兰（鲜围）、辉发（鲜围）。

大沙河应管十围：阿兰达、额音、阿兰伯野、阿兰阿拉本、阿兰巴克钦、阿兰朱卜启、齐勒克（王多罗束）、阿兰年木善、阿木巴勒克（王多罗束）、依拉气勒克（王多罗束）。

以上共围一百零五，围内御围备巡幸，王多罗束围系内务府捕牲丁应差，鲜围系捕晒干鹿肉。历年十月轮捕六十三围。

捐输局应办事宜

内外城铺户日捐、厘捐因军兴饷匮，于咸丰六年经前任将军庆祺奏准，内外城铺户日捐，逐日捐东钱十文至一千余文不等，粮货厘捐货物价值东钱每百千抽捐东钱一千，粮石每十石抽捐东钱一千。嗣于光绪二年经原任刑部尚书、署盛京将军崇实因日捐流弊滋生，奏准裁撤，仅剩粮货、厘捐，每年约收银一千一二百两，东钱一百零五六万千不等，咨部备充兵饷。

法库、威远堡、马千、总台等边门车捐，于咸丰三年经前任将军宗室奕兴奏准，每年由立冬起，至次年清明止，由省派员分往各处会同各该边门章京捐收出入拉运粮货车辆钱文。进门货车捐东钱六千，出门货车捐东钱二千，进门粮车捐东钱一千。嗣于光绪二年经原任刑部尚书、署盛京将军崇实因彰武台边门有奸商车运粮、货绕越，奏准仿照法库等边门捐输章程，一律派员往收车捐，一年统共约收东钱三十四五万千不等，按年咨部，备充兵饷。

盛京原设官参局应办事宜

乾隆三十二年奏定，每年应放参票一千七百五十二张，每张收参五钱，每六两内抽一两，折银五两，作为公用。道光十二年，奏改折银十两，每年共应抽公用参一百四十六两，折银一千四百六十两，由船规项下领取动用，按年造册报销，其参仍归并官参，送交内务府。

刨夫所得参内，除交官参外，余剩若干，填注部颁回山照票准其原刨夫领出自卖。俟交官参完毕后，验称装箱，派官押送进关，任其自行贸易。

买卖余参，每斤收税银四两，内交山海关税务饭银九钱五分二厘二毫，下剩银三两零四分七厘八毫作为参局公用。

每年派官二员、兵二十名于立夏前赴旺清边门押票、监烙马印，刨夫出边后，押票官亦出边，在哈吗河地方安营，秋后刨夫回山，各按所得参包连皮称验封贴印花，按台押送进局，挂号储库。

嘉庆五年，奏准盛京各海口商船载粮出口，每船征银二十两，内以十七两津贴参票，以三两给海口兵役作为纸、笔、饭食之费，所征银两除津贴参票及各项差徭外，其余解交金银库收储。

嘉庆五年，奏准盛京奉省造卖黄酒之商民踩造淮曲每五千块散给票一张。

嘉庆十年，奏定每票一人、炊爨（四人），各给腰牌一面，概令出旺清边门入山刨采仍交参五分。

嘉庆十二年六月，奉旨每年动用船规银四万四千三百七十二两零一分抵办参票，每张发给银七十五两。

办理参局事务协领一员，定为三年更换；佐领二员，定为二年更换。俾错综更代均可以次熟悉谙练。

每年钦派侍郎拣派本处司官随带入局与将军、府尹所派之员一同画稿办事。

官参内如有秧参情弊，将军、副都统暨所派之协领、佐领系专办之员，府尹有地方之责，应行议处著赔，侍郎系会办之员，应一并议处，酌减摊赔，司官、通判职分较小，只系失于辨认，除应得处分外，免其分赔。

官参到京后，如有挑出秧参，不计多寡，查系何界所种，即将该地方官、稽查官及局员等均革职提问，将军、副都统、府尹钦派侍郎降三级调用。

挑出秧参，按照斤两于揽头名下，追交解京，如无存参，遵钦定之价，令揽头交出解京，揽头如不能交纳，令承办之员代赔。

承放票员如果实力经理放票足额，给与纪录二次，如能连年足额者，按年给与加一级。

嘉庆十六年，奉上谕："嗣后盛京、吉林、宁古塔等处应解官参，着以人参七成、泡丁三成为准，照数收解，该将军核实督办。钦此。"

嘉庆十七年，总管内务府咨定，每年交官参务须择其上好者解京，余参著该处听候，俟官参选验后，听其自便。如官参成数不足调取，商参验看倘比官参较优，即将该处承办局员严参惩办。

道光十六年，因广宁所属烧锅关闭过半，该城参票办理竭蹙，奏奉部议将参票按照各城烧锅座数增减均匀，饬拨分领本处，酌定烧锅于七月初一日以前报开者，纳本年票，十月初一日以后概不准报关，如有谎报者，将该商治罪，饬取地方官职名送部查议，报部备案。

每年参折银作办公经费，需款列后：

每年赴部咨领下年参票并回缴本年剩票官一员，给包裹银二十五两，送回残参票包裹银十两；

每年出派押票官随带兵丁给纸笔银五两；

每年赍送官参，给车价银二十二两，给官兵路费银三十三两二钱；

每年护送商参，给车价银二十二两；

每年给户部经书饭银八十两；

每年应缴刷票公用银十九两三钱；

每年制造腰牌工料银一百五十七两六钱八分；

每年参局办事宜贴写人等每年自开印日起，至票放完竣日止，又寒露节后票包到局日起，至封印止，每员、每名日给饭食银五分，步兵拜唐阿、县役等每名日给饭食银三分；

每年搭放东边卡伦官兵盐菜银七千三百二十一两，围场卡伦官兵盐菜银三千零九十六两，围场年六次密查官兵盐菜银一百四十四两，周查围场官兵盐菜银一百两，稽查鹿窖官兵盐菜银二百两，统巡官兵盐菜银八十两，津贴番役路费银二百四十两，仓禁人犯口米银一百两。（东边外原设卡伦二十四处，每年发放官兵盐菜银七千六百四十一两。于同治六年经前任将军都兴阿奏准，裁撤十五台，节省盐菜银四千零九十七两，奏归捷胜营练兵口分之需，于光绪元年经前任刑部尚书、署盛京将军崇实奏准，裁撤七台，其中江头、道沟二台照旧坐放，每年发放官兵盐菜银八百四十八两，帽儿山总巡官兵盐菜银一百两，围场卡伦官兵每年发放盐菜银三千零九十六两。于光绪二年添设那丹伯、大沙河会哨官兵盐菜银二百四十两，围场每年六次密查官兵发放盐菜银一百四十四两，周查官兵每年发放盐菜银一百两，稽查鹿窖官兵盐菜银二百两。于光绪元年经前任刑部尚书、署盛京将军崇实奏准，裁撤每年四季统巡官兵盐菜银八百两，津贴番役路费银二百四十两，仓禁人犯口米银一百两。一年共需银九千七百六十五两。）统其约收船规银六、七、八万两不等，内额用津贴参票银四万四千三百七十二两零一分，盐菜等银一万二千零二两二，共应需银五万六千三百余两，下剩银两统归部库作为闲款。

嘉庆五年三月三十日，奉上谕："傅森等所奏查海口漏规一折，此事岂可形诸奏牍，令朕知之？各省漏规一经查出，即应禁革，并将私受官员查明办理，岂有知系漏规，复令得受之理？今既据傅森等陈明，朕不将从前收受漏规之员分别惩办，已属格外恩施，仍着交令妥为查办，自应一律严禁，不准私受为是。倘因商船到口查验给票，该处吏役不无需索之处，亦只应自行酌留，以充办公之用，如有多索私肥囊橐者，即当严办示惩。钦此。"当经会商定立章程，嗣遇有商船装载出口者，即每船一只遵照奏准之例征收银二十两。

嘉庆十二年六月，奉旨："户部奏议覆盛京办理参务章程一折，盛京办理参票原应责成旗民、地方官招募刨夫，实力散放，按成交官。乃近年来办理不善，既派烧锅领办复将海口船规银两抵办参票，因循迁就已非一日，历任将军并未奏明请旨，即富俊到任后，亦未查明据实奏闻，辄行通融办理，均有应得之咎，着交部一并议处。现在船规银两业已归公部，（臣）自己不能议准将此项抵办参票，但据富俊奏称，近年刨采路远，工价较贵，除殷实局商保领各票外，其未领之票全仗船规帮贴，方无亏额，若责令商民追缴，恐不免藉口苦累，且已行之七年，骤难更换等语，所奏亦系实在情形，即此时驳令，另行调剂，仍不过晓晓渎请，别无善策。姑念相沿陋例，着加恩准其将船规银两抵办参票以示体恤商民至意，惟海口船规究系归公之款，此时以之抵办参票，亦当酌定限制以杜冒混。着即将本年支用帮贴银数作为定额，实用实销报部稽核，此后若在托言亏缺奏请增添，即着户部严参，必当重治其罪，余依议。钦此。"

嘉庆十六年准户部咨开历年盛京参票放不足额以海口船规银两抵办，前奉谕旨："着以十二年帮贴银数作为定额，实用实销不得再请加增。"嗣因十二年所用银数较多，节次行查。兹据咨覆，津贴银两全以烧锅准曲之多寡为率，是年比十一年虽多用银二千余两，较之六、七、八等年并不见多，十三年所用银数亦与十二年相同，以后虽有实用实销，遇烧锅丰盛之年即可节省帮贴银两，如遇递少之年，亦不准定额之外又议津贴等语，自系核实办理。但未便据咨核准，仍令该将军自行奏明办理。再向来烧锅所领票张及船规津贴银两皆系该揽头等一手经理，该将军节次所奏："烧锅领票自觅刨夫，其余剩票张责成旗民、地方官招募散放之处，与现在办理情形不符，且前次所送册内，刨夫一名有领票自五六张至八九张之多，与一票一人携带炊爨人四名之案亦属不符，应令一并奏明办理，等因。行知前来，（奴才）等覆查。"

盛京行放参票从前原系责成旗民、地方官招募刨夫，实力散放，后因山场日远，需费繁多，刨夫无利可图，遂至领票乏人，行放不能足额，殊与参课有碍，不得不责令殷实烧锅铺商作保承领，以期设法散放票张。该烧锅等均因座铺生理，不能各处招募刨夫，遂将承领参票交与包门人等代觅刨夫。每年包门人等每家承领烧锅参票数张至数十张不等，揽头得参票，即各带刨夫出边采挖，是以每人名下有领票五六张至八九张不等，动用船规银两至有领银五六百两之多。核办票张，除将现在烧锅准曲应领外，所余剩票若干再行核给帮贴银数，总以一票一人缴销一切用项，其所带炊爨人数仍按一票四名发给腰牌，以为边卡查验之据。再每年动用船规银两，总视烧锅准曲之多寡。嘉庆六年至八年，用银自五万余两至五万二千三百余两不等，减票之后，九年至十一年，用银自四万余两至四万二千余两不等，每年帮贴银两总以剩票之多寡为率。前奉谕旨："以十二年支用银数作为定额。"（奴才）等检查底册，实系按是年实剩票张其需用津贴银四万四千三百七十二两零一分，委无虚捏情弊，应请即以此数为每年津贴定额，等因。具奏。奉到朱批："户部议奏。钦此。"嗣后经户部议覆："（臣）等查该处每年行放参票一千七百五十二张，既据该将军等奏明，先尽烧锅等承领之外，余剩票若干，每张津贴银七十五两，每年动用船规银总以剩票之多寡为率，自系该处实在情形。应如该将军所奏，即以嘉庆十二年分津贴银两四万四千三百七十二两一分之数作为定额，仍令该将军按照前咨。嗣后遇烧锅淮曲丰盛之年，应将帮贴银两节省，如遇递少之年，亦不准于定额之外再议津贴。该将军即将十二年起至十六年止每年烧锅等应领参票若干、余剩票张若干、动用船规银两若干汇造清册，送部核销，并令嗣后将每年各海口征收船规银两并各城开设烧锅座数及淮曲数目先行造册，送部以凭稽核。至奏称'烧锅领票不能自觅刨夫，将承领票张交与各揽头觅夫采挖，每名下领票自五六张至八九张不等，其帮贴银数实仍一人一票'，核销之处核与《参务章程》亦属相符，勿庸另议等因，遵办在案。"

道光二十七年，大学士管理户部事务，（臣）潘（世恩）等遵旨："会议具奏内开。"道光二十六年十一月十八日由内阁批出："盛京将军奕湘等奏变通参课章程一折，奉朱批：'该部会同内务府议奏。钦此。'钦遵。"（臣）等伏查该将军原奏内开：

盛京地方每年共放参票一千七百五十二张，每票收参五分，共收参八百七十六两，今拟减半，撤票八百七十六张，内除船规津贴票五百九十一张外，尚有应减之票二百八十五张毋庸烧锅领办，应否令其按票补缴税课，查明具奏办理。溯查奉省烧锅向无缴纳税课例案，从前其有烧锅四百余座，除船规津贴票张外，每座烧锅保领参票二张有零，尚觉易于从事。迄今十数年来，烧锅减至一百五十余座，其津贴票张原系另觅刨夫采办，因烧锅领票苦累，将津贴之票统归烧锅承办，其津贴银两亦归烧锅均匀分领。藉抒商力，今将津贴票张全行减去，是各烧锅遽无津贴银两，无项接济办理，已形竭蹶，若再将减去之票二百八十五张责令烧锅补纳税课，势必力难支持。请将现拟覆减一半之票，内除船规津贴之票五百九十一张，下余额票二百八十五张免其缴纳税课，以示体恤，等因。内务府查户部则例，内载："盛京每年应放参票，除烧锅人等保领之票毋庸津贴外，其余放不足额之票另觅刨夫采办，每票一张，帮贴银七十五两。"盛京等处由烧锅人等保领之票向无帮贴银两。（臣）等前议覆减参斤，拟请将少放之票毋庸烧锅人等领办，应否令其按票补纳税课之处交将军等查明，具奏办理。今经该将军等查明，核减参票二百八十五张，既难责令烧锅人等补纳税课，自应另行筹办。（臣）等公同酌议，所有盛京每年额放参票一千七百五十二张，内除津贴票五百九十一张毋庸采办外，其余额票一千一百六十一张，仍请饬下该将军等照旧采办参斤以归核实。又查该将军原奏内称，每年共放参票一千七百五十二张，应交贡参九十六两、官参七百八十两。今拟减半放票八百七十六张，按票核计应交贡参四十八两、官参三百九十两，应否照旧按票核计分晰征解之处，应请由内务府核议，咨复遵办，等因。内务府查（臣）等前请拟减参斤原因，近年解到官参枝身瘦弱、成色不足，发之各省不能得价，是以核减参斤留待培养，且盛京每年额交参八百七十六两，以参七成、泡丁三成为准，内应交贡参九十六两、官参五百十七两二分、渣泡二百六十二两二分。今将津贴票五百九十一张全行裁减，下余参票一千一百九十一张，仅止交参五百八十两五钱。因思产参之山不能因核减而少产参枝，且刨夫入山更可拣好参，而如数采取，若仍以人参七成、泡丁三成为准，诚恐该刨夫等隐优交劣。（臣）等悉心商榷，拟请嗣后盛京应交参五百八十两五钱内，改以人参八成、泡丁二成为准，其人参八成内仍令拣选贡参九十六两、官参三百六十八两四钱，二成渣泡一百六十两一钱。如此酌改成数，庶免刨夫人等隐匿情弊，并请饬下该将军等务当严饬刨夫采取肥壮充足上等山参，勿以秧参、籽参充数，其瘦弱小参泡暂免刨挖，俟数年后，自必肥壮充足，更觉易于办理。倘解到官参不及成数，（臣）等查照向例，将承办人员议处，并将拣出不及成数之参仍令原解官赍回，按照例价勒限如数追缴户部。查《参务章程》，前于嘉庆十二年奏准不足额之参票五百九十一张，另觅刨夫采办，每张帮贴银七十五两，共用银四万四千三百七十二两，于船规项下动支。今既将前项票张停止，自毋庸再行津贴，所有船规银两应令于每年请领俸饷案内悉数列抵，以裕饷需。至该处参局办公经费向系动用参折银两，官参六两抽公用参一两，折银十两。惟现在参票既议减放，则官参比前较少，应照交参五百八十两五钱核算，此后，抽公用参九十六两零，计得折价银九百六十余两。参局用项更应力加撙节，方不致有不敷，应由该将军详查各款，逐一厘剔。除刷票工价、制牌工料、送参车脚等项均应按票酌减开销外，其余有可节省之款即行核定银数，报部存案。所有参局积欠银六千余两仍准循照旧章将余参税银缴盛京户部银库，归完原款，并将每年收税若干，报部查核。再所称"该商等影射关闭，希图规避参票，查出照影射税课例加倍折罚"一节，查该处烧锅本未定有税则，所请加倍折罚之处从何加算？且烧锅人等承领参票系只保雇刨夫入山采办，究竟因何负累致有影射关闭情事？原奏并未明晰声叙，应仍由该将军将该处实在情形详加查察，据实声复，再行复议。至现议裁减票五百九十一张，计每年各城应仍放票一千一百六十一张，并令该将军等查明，各参山处所按照现定票数均匀分派，造册报部，以凭填注地方山名、按年给发，等因。

议奏奉旨："依议。钦此。"咨行遵办。咸丰二年奉文停止采办。

咸丰十年，钦差、户部侍郎刘昆会同盛京户部侍郎倭仁奏准，奉天海口商船每只原征银十七两，改征银三十四两；未逾式船每只原征银八两五钱，改征银十七两，并照依咸丰八年各海口共征收船规银九万零九百一十六两，作为定额。此外，再加一倍作为盈余。如有亏短，著落经征地方官赔补。仍将各海口征收船规银两数目总册咨送都京户部，每年约征银十五万两。

光绪二年，太子少保、署盛京将军、吏部大堂崇严饬各海口地方官，遵将各该海口小船装载粮石，计粮凑挂每五百石凑报大挂船一只，征收船规银三十四两，所征银两归并商船一体报解。

官参局每年办理一切事件应需办公银八百六十二两，向由牛庄、岫岩等处海口征收船规银内提解动用，年终造册，报部核销。

每年内外各城共应放额票一千一百六十一张，于咸丰三年奉旨："参斤停采。"奏奉部议准每票一张改征银九十两，一年征收银十万零四千四百九十两，解部抵充兵饷，俟军务告竣再行随时奏请开采。

参斤停采，按票改征银两定限，本年内征解全完者，照依《放票章程》给与议叙，若迟至次年三月初一日以前完交者，免其议叙议处，其逾限不能完解者，即按经征银数作为十分核计，分别议处。

卷六

户部公署（在德盛门内街东）

额设侍郎一员、郎中三员（驻防满洲一缺）、员外郎六员（驻防满洲一缺）、主事六员（驻防满洲一缺）、管银库（正关防郎中一员、副关防员外郎一员）、司库二员、库使八员（驻防满洲缺）、管庄六品官二员（驻防满洲缺）、管喇嘛丁银委六品官一员（驻防满洲缺）、笔帖式二十三员（内汉军二缺，其余满洲缺）、外郎九员（驻防汉军六缺，本部旗人三缺）。

官庄治事厅（在户部公署街西）

内仓、通济仓、太平仓、新仓（俱在街西）

金银库（在城中南正街）、草场（在东北隅边门内）

将军同户部侍郎管理金银库收放银钱事宜开列于后。

每年应收银两数目：

杂税银一万五千余两；

房税银二千六百余两；

煤税银一千一百余两；

当税银二千六百余两；

伍田升科试垦地租银三万余两；

牛马税银二千四百余两；

木税银二千余两；

余地租银九千余两；

入官地租银七百余两；

庄头等粮折价并地亩折银三千余两；

官参局余剩参票公用银一千余两；

山海关应交宁古塔通判等养廉银三百六十余两；

各州、县、厅余地租银三万余两；

各州、县、厅地丁银二万余两；

杂税大制钱四千余串；

余地租大制钱一千余串。

以上各款统共收银十万零九千七百六十余两、大制钱五千余串，又船规市平银二万七千余两。

每年应放银两数目：

内外城官兵并三陵、五部、内务府官役等春秋二季俸饷银五十四万余两；

宗室、觉罗官员等俸饷银二万五千余两；

宗室、觉罗并内外城官兵等红白事赏银七万余两；

兵部各驿喂马草豆并车价银二万余两；

四塔喇嘛养赡粮石布折并实胜寺等七寺香灯、果品等五千余两；

三陵祭祀采买果品等物银一千余两；

内务府送西勒图达喇嘛银并礼部拉运贡包车价等银二千余两;

各部公费、工食、养廉、心红、纸张、米稗折银二万余两;

各围资装并配造火药等银一万余两;

办理秋审公用并煤炭、赭衣,并恤赏银五千余两;

各部牛只并八旗步兵皮袄价,并装狍、鹿车价等银四千余两。

以上各款统共放银七十万零二千余两。官庄每年征收庄头粮石、绵①花银两、盐斤,年例由京户部奏请钦派大臣监收。派将军监收次数较多,将应收数目列后。

户部管庄额设庄头一百二十六名:

头等庄头十二名,每名报粮三百八十二石;

二等庄头二十名,每名报粮三百五十二石;

三等庄头三十七名,每名报粮三百零七石;

四等庄头四十九名,每名报粮一百九十二石。

共报粮庄头一百十七名,共报粮三万二千三百九十一石。(内)除官地冲压缺额免交粮三千三百九十九石,除折交运通豆四千八百八十五石二斗,除应交人夫杂项折银粮一万零一百三十七石八斗,每石折银二钱二分,共折银二千二百三十两零。除应交仓盈余稗四千石(每仓石折银二钱二分),共折银八百八十两,共应入库银三千一百一十一两零。

除开除粮石外,尚应交仓粮九千九百六十九石,此内存留官庄处粮一千七百石,以备折给供应三陵祭祀需用鸡、鹅、鸭蛋,苘麻、紫花子、瓢、笤帚、刷帚以及青草、羊草之用;存留内仓以备发给苏麦、油斤、烧酒、豆石各项匠役口粮等项之用粮三千三百石内,有东路庄头兑交。

兴京仓秋米二百四十石,奏准免交秋米一百六十石,折粮三

---

① "绵"为"棉"之误写,下同。

百一十石，黑豆折粮六百在①，共应折销粮九百二十石毋庸存留外，应实存留内仓备用粮二千三百八十石。

以上共应实存备用粮四千零八十石，尚应交仓粮五千八百八十九石。

头等报绵花庄头五名，每名报绵花七百斤，每年应入库绵花三千五百斤。

头等报盐庄头三名，每名报盐一万六千斤，共应报盐四万八千斤。又盐丁五百名，奏准每丁交盐四十斤，应交共盐二万斤。以上共盐六万八千斤，此内每年动用盐一千七百七十一斤，以备熬白盐供应三陵、长白山、松花江祭祀之用。

所有庄头领种官地二十八万九千余亩，内开除水冲沙压不堪耕种地二万四千八百余亩销出外，实剩额征草豆、米石官地二十六万五千一百余亩，每年折征银四百二十五两零。

礼部公署（在户部南）

额设侍郎一员、郎中二员（驻防满洲一缺）、员外郎四员（驻防满洲二缺）、主事一员（驻防满洲缺）、读祝官八员（驻防满洲缺）、赞礼郎十六员（驻防满洲缺）、管人丁六品官一员（本部旗人拣选）、管人丁七品官一员（本部旗人拣选）、管学助教四员（驻防满、蒙、汉考取）、笔帖式十员（驻防满洲缺）、外郎二员（本部旗人缺）、库使八员（驻防满洲缺）。

果房、梨房、水窖（俱在署内）

---

① "在"为"石"之误写。

朝鲜使馆（在德盛门内街东）

僧录司（在白衣巷，今在永宁寺）

道录司（在城隍庙内）

北塔法轮寺

（设正、副达喇嘛各一员，各支养赡银一百六十六两六钱零。设得木奇二名、格思贵二名、教习三名、班第二十名。）

南塔广慈寺

东塔永光寺

西塔延寿寺

（以上三寺各设达喇嘛一员，各支养赡银一百一十六两零。各设得木奇一名、格思贵一名、班第十七名。）

实　胜　寺

（设掌印达喇嘛一员，支养赡银与法轮寺同。设得木奇二名、格思贵一名、班第六十一名。)

长 宁 寺

（设达喇嘛一员，支养赡银与法轮寺同。设得木奇二名、格思贵一名、班第二十五名。）

吗哈噶拉庙

（设达喇嘛二员，各支养赡银八十一两零。设得木奇一名、格思贵一名、班第五名。）

以上各寺凡达喇嘛每员支领黄云缎三匹、线绸三十三度。凡得木奇每名支领养赡银十两四钱八分。凡格思贵教习每名支领养赡银八两七钱八分。凡班第每名支领养赡银七两七钱四分。除银两外，每名支领河南布一丈五尺，加扣布五匹半。

兵部公署（在天佑门内街西）

额设侍郎一员、郎中二员（驻防满洲一缺）、员外郎四员（驻防满洲二缺）、主事四员（驻防满洲缺）、笔帖式十二员（驻防满洲缺）、外郎四员（驻防汉军二缺、本旗驿丁二缺）。

驿站监督公署（在德盛门外街西）

（正、副）监督各一员，由各部司员圈派，三年更换。
驿丞二十九员，所管驿站地名、里数列后。
奉天西至山海关站道：
第一站由省城六十里至老边站；
四十里至巨流河站；

七十里至白旗堡站；

五十里至二道井站；

五十里至小黑山站；

七十里至广宁站；

八十里至十三山站；

五十四里至小凌河站；

五十四里至高桥站；

六十二里至宁远站；

六十二里至东关站；

六十三里至凉水河站；

七十五里至山海关站。

奉天东至兴京站道：

七十里至噶布拉村站；

七十里至萨尔浒站；

八十里至穆奇站；

四十里至兴京。

奉天南至朝鲜站道：

六十里至十里河站；

七十里至东京驿站；

七十里至浪子山站；

五十里至甜水站站；

四十里至连山关站；

五十里至通远堡站；

六十里至雪里站站；

四十里至凤凰城站。

过此为朝鲜界。

奉天东北至吉林站道：

七十里至懿路站；

七十里至高丽屯站；

七十五里至开原站。

奉天北至法库边门站道，自巨流河分界：

七十里至严千户屯站；

六十里至法库站。

过此即蒙古界。

《驿站新章》

光绪二年，奏定各厅、州、县所属境内驿丞、驿丁仍由兵部遴派正、副监督管理，并归地方官兼辖。遇有过往马递限行文报，饬令各驿设立号簿，将收发时刻、日行程限分晰登记，验无稽延折损等弊，即行出具印收，交原驿丁带回备查。按十日一次分报该管厅、州、县暨监督衙门，再由各厅、州、县按季汇报驿巡道查核，并由各厅、州、县设立铺司接递日行铺递公文。

刑部公署（在兵部北）

额设侍郎一员、郎中四员（驻防满洲一缺）、员外郎六员（驻防满洲一缺）、主事六员（驻防满缺一、汉缺一、京缺四）、蒙古主事二员、司库一员、库使二员（驻防满洲缺）、司狱二员（驻防满洲一缺，佐杂汉官一缺）、笔帖式三十一员（驻防满洲二十四缺、汉军五缺、蒙古二缺）、外郎二员（驻防汉军缺）。

刑部狱（在天佑门内西南隅）

工部公署（在礼部南）

　　额设侍郎一员、郎中二员（驻防满洲一缺）、员外郎四员（驻防满洲一缺）、主事四员（驻防满洲一缺）、管千丁四品官一员（世袭）、大政殿六品官一员（驻防满洲、汉军公缺）、黄瓦厂五品官一员（世袭）、司匠役六品官一员（本部旗人拣选）、司库二员、库使八员（驻防满洲缺）、笔帖式十七员（驻防汉军一缺）、外郎九员（驻防汉军四缺、本部旗人五缺）。

颜料、麻、铁库（在署内）

火药局（在城东南隔水栅南）

黄瓦厂（在海城县东析木城）

卷七

额设驻扎镇守

　　盛京将军一员、副都统一员、额设协领满洲八旗各一员、额设蒙古八旗一员，后设帮办协领一员，分左右翼，额设汉军八旗二员，后设帮办协领二员，分左右翼（各管二旗），额设满洲佐领三十一员（惟正蓝旗短一缺）、八旗蒙古佐领八员、三旗巴尔虎佐领三员（后奏准归并蒙古一体拣选）、八旗汉军佐领二十四员，满洲、蒙古巴尔虎、汉军每佐领下各设骁骑校一员、三两领催六名、二两领催二名、马兵七十二名、步领催二名、步兵十六名、满洲八旗防御十员，其内正黄、正白二旗多一专管步兵，堆拨四十八处查管街道、缉捕贼匪。

　　盛京省城驻防额设共领催五百二十八名，其内委官五十七缺，前锋二百四十名，其内蓝翎长十六缺，共马兵四千一百五十二名、鸟枪三千杆、铁甲三千副、抬枪一百八十杆、绵甲一千四百八十一副、库储炮一百位、长矛二百杆，共步领催一百三十二名、步兵一千一百八十八名、额设铁匠六十六名、箭匠六十一名、夜捕手二十八名、养育鳏寡孤独男妇三百六十二缺、满洲城门校八名、库军校二十名、额设管堂主事一员、笔帖式十一员、外郎六员。（将军、副都统）每年春秋阅看官兵操演骑射及寻常拣放缺分，在砖城外边墙里西北隅教军场。春秋阅看官兵操演连环阵式抬枪、长矛，在城东二十里木厂教军场。历次圣驾巡幸如有阅阵之旨，在城东南浑河南大甸子地方预备。

将军属各城额设备旗驻防兴京、开原、铁岭、抚顺、辽阳、凤凰、岫岩、盖州、广宁、锦州、宁远州、义州、牛庄、海城、熊岳、金州、复州、旅顺（水师）。

兴京城在省城东，距省二百五十里，本朝发祥根本之地，其城周围五里，群山拱护、河水环萦，土筑城壕，南、北、东三门。城东北建显佑宫、地藏寺，设僧道住持，岁给衣布，列圣巡幸必至拈香。城西北十三里永陵西夏园，地方建立行宫以备巡幸驻跸。将军统领（光绪二年，经署将军、刑部尚书崇实会奏，添设副都统一员，兴、开、凤三城属焉），额设城守尉一员，改为满洲协领、满洲防御四员（添设满洲防御一员、蒙古防御一员、汉军防御二员）、骁骑校四员（添设满洲骁骑校二员、蒙古骁骑校一员、汉军骁骑校一员）、领催六十四名（内委官五缺）、马兵四百名、铁甲一百八十八副、鸟枪一百杆、棉甲一百五十五副、铁匠八名（添设领催马兵五百三十名，内拨归抚顺七十名）、养育鳏寡孤独四名。旗仓米地九千五百四十日，每年额征米二百五十三石零，草豆地六万七千三百七十余日，每年额征豆一千一百九十石，额征草每日地一束，由盛京户部派员主管征收，以备永陵牺牲食用。旗界升科地五千三百二十亩，每年额征银一百六十两零，余租地六千余亩，每年额征银二百八十七两零。（兴京并抚顺旗界现有升科地二万三千九百三十余亩，额征租银七百一十余两。余租地六千四百七十余亩，额征租银三百余两。于咸丰三年，经前任将军奕兴奏奉谕旨，饬部议准升科余地租银，每两改征制钱二串，现在升科征收制钱一千四百八十余串，余租地征收制钱六百一十余串。）市卖牲畜杂税银每年征银四十七两零（额设满洲笔帖式一员，添设汉军笔帖式一员），均归副都统衙门。奉天府尹属兴京厅，驻新兵堡。

开原城在省城北，距省一百八十里，明季辽海卫旧城修筑砖砌，周围十三里二十步，门四。将军属，额设城守尉一员（宗室缺，由京放。除城守尉之外，余官俱由驻防选，各城一律）、佐领二员、防御七员、骁骑校九员、领催六十八名（内委官七缺）、鸟枪三百杆、铁匠十名、铁甲三百三十八副、养育鳏寡孤独四名、棉甲二百五十副、马兵七百八十二名。旗仓米地九万三千三百日，每年额征米三千四百七十七石零，由驻防（笔帖式、外郎）内设仓官一员，四年更换。仓外郎一员，五年更换，同城守尉主管征收。凡有旗仓处，皆一律。开原并铁岭征租余地十万零四千八百余亩，每年额征制钱五千二百四十一串。（开原并铁岭征租余地现有十一万零五百二十余亩，除额征制钱外，有征租银地二千四百六十余亩、升科地十二万九千四百五十余亩，额征租银三千八百八十余两。）额征银地二千四百六十余亩，每年征银一百二十三两零。升科地八万二千六百余亩，每年额征银二千四百八十两零。（咸丰三年，经前任将军奕兴奏，奉谕旨，饬部议准升科余地租银每两改征制钱二串，现征制钱五千五百七十余串，升科征收制钱七千七百六十余串。）额设笔帖式一员，随城守尉主管征收（市卖牲畜杂税银每年征收一百八十四两）。奉天府尹属开原县，与旗驻防同城。

铁岭城在省北，距省一百三十里，明季铁岭卫，即古银州城，周围四里二百六十步，门四。将军属，额设满洲防御一员、汉军防御三员、领催十六名（内委官五缺）、马兵一百八十四名、铁甲五十五副、鸟枪三十杆、棉甲三十五副。奉天府尹属铁岭县，与旗驻防同城。

抚顺城在省城东，距省一百八十里，城周围二里，城门三。将军属，额设满洲防御一员、汉军防御三员、领催十六名（内委官二缺）、马兵一百一十四名、铁甲三十七副、鸟枪三十杆、棉甲三十三副、铁匠二名（添设马兵七十名，由兴京新添数内抽拨）、养育鳏寡孤独二名。

辽阳城在省南，距省一百二十里，明季辽东都司城，今修筑墙高三丈三尺，周围二十四里二百八十五步，门六。将军属，额设城守尉一员（宗室缺）、巴尔虎佐领一员、满洲防御七员、骁骑校八员、领催五十四名（内委官二缺）、马兵三百八十六名、铁甲一百七十八副、鸟枪一百杆、棉甲一百零八副、铁匠九名、养育鳏寡孤独四名。旗仓米地九万五千零二十余日，每年额征米二千五百二十二石零。额设（仓官一员、仓外郎一员），同城守尉主管征收。升科地五万四千五百余亩，每年额征银一千六百三十五两零。（升科地现有六万零四百二十余亩，额征租银每两改征制钱二串，现征制钱三千六百二十余串，征租余地现有十万零八百六十余亩，征收制钱六千四百八十余串。）征租余地十万零七千余亩，每年额征制钱六千三百六十九串零。市卖牲畜杂税每年征收银二百五十九两零、制钱八十九串零。额设笔帖式一员，随同城守尉主管征收。奉天府尹属辽阳州，与旗驻防同城。

凤凰城在省东，距省五百一十里，城周围三里八十步，门二。将军属，额设城守尉一员（宗室缺）、巴尔虎佐领一员、满洲防御七员、骁骑校九员、领催六十二名（内委官五缺）、马兵五百六十八名、铁甲二百五十一副、鸟枪一百杆、棉甲一百七十副、铁匠九名、养育鳏寡孤独四名。旗仓米地四万五千五百六十余日，每年额征米一千二百九石零。设仓外郎一员，同城守尉主管征收。升科地六万七千三十亩零，每年额征银二千零十五两。（升科地现有七万四千六百二十余亩，额征租银每两改征制钱二串，现征制钱四千四百七十余串。征租余地现有八万五千一百一十余亩，征收制钱四千六百二十余串。）征租余地九万二千二百余亩，每年额征制钱四千六百十四串零。市卖牲畜杂税每年征收银十三两零、制钱十三串。设笔帖式一员，同城守尉主管征收。奉天府尹属（新设）凤凰直隶厅，与旗驻防同城。

岫岩城在省城南，距省四百二十里，城周围四百五十余丈，门二。将军属，额设城守尉一员（宗室缺）、巴尔虎佐领一员、满洲防御八员、骁骑校九员、领催五十四名（内委官二缺）、铁匠九名、马兵四百八十六名、养育鳏寡孤独四名、大小炮位九尊、铁甲二百一十六副、鸟枪二百杆、棉甲一百四十五副。旗仓米地六万二千八百日零，每年额征米一千六百六十七石零。设仓外郎一员，随同城守尉主管征收。升科地二万四千四百五十余亩，每年额征银七百三十三两零。（升科地现有二万七千二百余亩，额征租银每两改征制钱二串，现征制钱一千六百三十余串。征租余地七万零三百五十余亩，征收制钱三千五百一十余串。）征租余地七万一千三百八十余亩，每年额征制钱三千五百六十七串零。山茧税每年额征小数钱二千四百八十余串。市卖牲畜杂税每年征收银二百二十八两、制钱十一串。设笔帖式一员，随同城守尉主管征收。奉天府尹属岫岩厅，与旗驻防同城。

广宁城在省城西，距省三百五十里，明季广宁路因旧址修筑，周围十里二百八十步，门五。城西有医巫闾山，舜封镇幽州，建北镇庙，岁时祀享，历代因之。本朝仍旧制，朝廷有大典，遣官祭告，近庙设行宫一所，以备巡幸驻跸。将军属，额设四品防守尉一员，改为城守尉（宗室缺），满洲佐领三员、满洲防御一员、蒙古防御一员、汉军防御一员、满洲骁骑校六员、领催四十八名（内委官二缺）、马兵三百五十二名、铁甲一百五十八副、鸟枪一百杆、棉甲一百四十六副、铁匠五名、养育鳏寡孤独四名。旗仓米地十七万余日零，每年额征米四千四百三十五石零。额设（仓官一员、仓外郎一员），同城守尉主管征收。升科地八万一千六百余亩，每年额征银二千四百五十两零。（升科地现有八万六千三百余亩，额征租银每两改征制钱二串，现征制钱五千一百七十余串。征租余地现有二十五万零四百一十余亩，征收制钱一万五千余串。）征租余地二十四万九千二百余亩，每年额征制钱一万四千九百九十三串零。市卖牲畜杂税每年征收银二百九十两零、钱八十一串零。河口设渔船，每年收税银七十五两。设笔帖式一员，随同城守尉主管征收。西锦州府属广宁县，与旗驻防同城。

盛京至山海关八百余里，旗驻防额设八路官兵驻扎。广宁城守尉主管为东四路：

第一路巨流河（崇德元年建城，周围二里，门三）；

第二路白旗堡（建营房）；

第三路小黑山（建营房）；

第四路间阳驿（建营房）。

每路各额设满洲佐领一员、汉军佐领一员、汉军骁骑校二员。

每路各设领催十六名（内委官五缺）、马甲一百四十八名、每路鸟枪三十杆、铁匠二名、铁甲五十五副、养育鳏寡孤独四名、棉甲三十五副。

锦州城在省城西，距省四百九十里，明季旧城修筑，周围五百一十二步，门四，东曰"宁远"，西曰"广顺"，南曰"永安"，北曰"镇北"。将军统领，额设副都统一员（辖锦、义二城，八边四路，设印务笔帖式二员）、满洲协领一员（驻防缺）、佐领十二员、骁骑校十二员、领催一百零四名（内委官五缺）、马兵六百七十六名、鸟枪五百杆、铁甲三百一十副、抬枪二十杆、棉甲二百二十七副、大小炮位二十一尊、神机神枢炮十二尊、步兵一百七十四名、铁匠十三名、养育鳏寡孤独四名。旗仓米地十六万六千一百余日，每年额征米四千四百十石零。设仓官一员、仓外郎一员，同协领主管征收。升科地一万二千三百余亩，每年额征银三百六十九两零。（升科地现有一万四千二百四十余亩，额征租银每一两改征制钱二串，现征制钱八百五十余串。征租余地现有九万二千八百五十余亩，征收制钱六千四百七十余串。试垦地现有十三万九千四百四十余亩，征租银五千五百七十余两。）征租余地八万六千一百七十余亩，每年征收制钱六千零十八串。试垦地六万四千五百三十余亩，每年额征银二千八百两零。市卖牲畜杂税银每年征收银一千九百六十七两、制钱三百四十七串零。海口渔船每年征税银二百七十六两，协领主管征收。奉天府尹属锦州府，与旗驻防同城。

间阳驿路以西四路，锦州副都统属协领所管：

第一路小凌河（建营房）；

第二路宁远城（与知州同城，临海口设炮六位）；

第三路中后所（建城，周围三里一百七十步，门四）；

第四路中前所（建城，周围三里八步，门三）。

每路各设满洲佐领一员、汉军佐领一员、汉军骁骑校二员。

每路各设领催十六名（内委官各五缺）、马兵一百八十四名、每路鸟枪三十杆、铁匠二名、铁甲五十五副、养育鳏寡孤独四名、棉甲四十四副。

宁远州城，明季宁远卫修筑，周围五里一百九十步，门四。锦州协领属宁远路。旗仓米地七万九千三百日零，每年额征米二千一百石零。设仓官一员、仓外郎一员，同路记佐领主管征收。设税务笔帖式一员，同路记佐领征收。市卖牲畜杂税银归锦州协领交库。锦州府属宁远州，与旗驻防同城。

义州城在广宁西北九十里，国初，地属外藩，康熙十四年，以其地内属，因明季义州卫旧城修筑，周围九里十步，门四。将军统领锦州副都统属，额设城守尉一员（内务府缺）、满洲佐领八员、内务府佐领七员、满洲骁骑校七员、内务府骁骑校八员、领催一百一十七名（内委官二缺）、马兵七百四十三名、铁甲三百八十三副、鸟枪一百八十二杆、棉甲二百九十七副、步兵二百一十四名、铁匠十八名、养育鳏寡孤独四名。旗仓米地十一万二千七十日零，每年征米三千石零。设仓官一员、仓外郎一员，同城守尉主管征收。升科地四千三百六十亩，每年额征银一百三十余两（额征租银每两改征制钱两串，现征制钱二百六十余串）。征租余地十三万零九百余亩，每年征制钱九千一百六十余串。市卖牲畜杂税银每年征收银八百九十二两零，制钱六百零四串零。设笔帖式一员，随同城守尉主管征收。锦州府属义州，与旗驻防同城。

牛庄城在省城南，距省城二百四十里，天命八年建城，周围二里九十三步，门三。将军属，额设满洲防守尉一员（驻防缺）、满洲防御三员、汉军防御一员、满洲骁骑校四员、领催四十名（内委官四缺）、马兵三百三十名、鸟枪一百杆、铁甲被焚、炮六位、棉甲九十九副、铁匠二名、养育鳏寡孤独四名。旗仓米地十万零八百八十余日，每年额征米二千六百七十八石零。设仓官一员、仓外郎一员，同防守尉主管征收。又由辽阳、牛庄、盖州、熊岳拨地九万四千九百三十余日，先征豆，后改征米二千五百二十石零。盛京户部派员征收，存储牛庄仓，按年押运通州交卸。升科地五万七千五百余亩，每年额征银一千七百二十六两零（升科地现有六万四千六百五十余亩，额征租银每两改征制钱二串，现征制钱三千八百七十余串）。（牛庄、海城）征租余地十五万三千四百亩，每年额征制钱九千二百余串。额征山茧税小数钱五千七百余串。市卖牲畜杂税每年征收银三百八十九两零，制钱六十九串零。海口渔船网亮每年额征收银九十一两零。设笔帖式一员，随同守尉主管征收。

海城县在牛庄东四十里，与旗驻防不同城。明季海州卫城，天命八年修筑，周围五里一百五十二步，门四。

盖州城在省城西南，距省三百六十里，明季盖州卫城修筑，周围七里零三步，门三。将军统领金州副都统属，额设城守尉一员（宗室缺）、满洲防御六员、满洲骁骑校五员、汉军骁骑校一员、领催五十二名（内委官二缺）、马兵四百四十八名、铁甲一百五十二副、鸟枪一百杆、棉甲九十六副、大小炮九位、神机神枢炮十一位、铁匠二名、养育鳏寡孤独四名。旗仓米地七万四千九百余日，每年额征米一千九百九十九石零。设仓官一员，同城守尉主管征收。升科地六千七百亩，每年额征银二百两零（升科地现有九千八百四十余亩，额征租银每两改征制钱二串，现征制钱五百九十串。征租余地现有二万八千七百五十余亩，征收制钱二千零三十余串）。征租余地二万二千八百亩，每年额征制钱一千一百串。海口渔船网亮每年额征银二百七十两。山茧税小数钱一万六千一百余串。市卖牲畜杂税每年征收银二百七十七两零，制钱一百五十五串零。设笔帖式一员，同城守尉主管征收。奉天府尹属盖平县与旗驻防同城。

熊岳城在盖州城南六十里，辽季庐州，后改置熊岳县，因旧址修筑，周围三里九十九步，南北二门，本朝设副都统驻扎，道光二十三年，将副都统改驻金州。此城改设防守尉一员（驻防满洲缺）、巴尔虎佐领一员、满洲防御四员、满洲骁骑校五员、巴尔虎骁骑校一员、领催五十一名（内委官三缺）、马兵六百四十一名、鸟枪三百杆、铁甲五十五副、大小炮六位、棉甲二百四十二副、养育鳏寡孤独四名、铁匠九名。旗仓米地五万七千三百二十余日，每年额征米一千五百二十余石。设仓官一员，同防守尉主管征收。升科地一千四百余亩，每年额征银四十二两零（额征租银每两改征制钱二串，现征制钱八十余串。征租余地五万二千六百九十余亩，征收制钱三千六百八十余串）。征租余地五万六千七百五十二亩，每年额征制钱三千九百七十三串零。海口渔船税每年额征银一百四十三两。山茧税每年额征小数钱一万二千八百余千。市卖牲畜杂税每年征收（银二百零七两，制钱二十四串零）。设笔帖式一员，同防守尉主管征收。

金州城在省城西南，距省七百二十里，明季金州卫土城，因旧址修筑，周围五里二百一十六步，门四。先设城守尉，并设宁海县。道光二十三年，将熊岳副都统改驻金州，将宁海县改作金州厅。额设副都统一员（辖水师营，复州、盖平、熊岳设印务笔帖式一员）、满洲协领一员、巴尔虎佐领一员、汉军佐领三员、满洲防御七员、满洲骁骑校八员、蒙古骁骑校一员、汉军骁骑校三员、领催九十七名（内委官二缺）、马兵九百零三名、铁甲二百四十七副、鸟枪四百杆、棉甲一百七十八副、抬枪四十杆、大小炮三十七位、神机神枢炮二十四位、铁匠九名、养育鳏寡孤独四名。旗仓米地七万零九百二十余日，每年额征米一千八百八十二石零。设仓官一员，同协领主管征收。升科地三千零八十余亩，每年额征银九十二两零（升科地现有五千二百四十余亩，额征租银每两改征制钱二串，现征制钱三百一十余串）。征租余地七万三千五百余亩，每年额征制钱五千一百四十七串零。海口渔船额税银一百七十六两零。市卖牲畜杂税（银一百九十七两零，制钱三十五串零）。山茧税每年额征小数钱一千五百四十八千零。设笔帖式一员，同协领主管征收。奉天府尹属金州厅，与旗驻防同城。

旅顺水师营在金州西南一百二十里，将军统领金州副都统统属，额设汉军协领一员、随关防印务办事笔帖式一员、佐领二员、防御四员、骁骑校八员、领催六十名（内委官一缺）、马兵五百四十名、水手一百名、养育鳏寡孤独四名，额设战船十只、代攻炮四十九位、虎尾炮二十位、子母炮六十位、提心炮三百位、火箭八百一十只、喷筒九十个、火罐四百个、战被四十九床、（金、鼓）各九面、藤牌六十面、牌刀六十把、钩镰枪六十杆、竹杆枪六十杆、鸟枪六百杆、抬枪二十杆。

复州城在省城南，距省五百四十里，明季怀德卫，因旧城修筑，周围四里一百八十步，门三。将军统领金州副都统属，额设城守尉一员（宗室缺）、巴尔虎佐领一员、满洲防御七员、满洲骁骑校七员、蒙古骁骑校一员、领催六十二名（内委官二缺）、马兵五百一十八名、铁甲二百三十七副、鸟枪二百杆、棉甲一百六十五副、抬枪二十杆、大小炮三十位、神机神枢炮十一位、铁匠九名、养育鳏寡孤独四名。旗仓米地三万五千六百七十余日，每年额征米九百四十七石零。设仓官一员、仓外郎一员，同城守尉主管征收。升科地二千五百三十余亩，每年额征银七十六两零（升科地现有五千九百一十余亩，额征租银每两改征制钱二串，现收制钱三百五十余串）。征租余地五万二千八百余亩，每年额征制钱三千六百九十八串零。海口渔船每年额征税银四十两零。山茧税每年额征小数钱一千四百四十余串。市卖牲畜杂税每年额征银六十八两零、制钱六十八串零。设笔帖式一员，同城守尉主管征收。奉天府尹属复州，与旗驻防同城。

将军兼管东六边，五部侍郎内派一员为管边大臣（专铸印信）。

威远堡、英额、旺清、城厂、叆阳、凤凰边，以上六边门俱拴椿挖壕，每边门：文职一员，由五部员外郎、主事、赞礼郎内签掣奏派管理，二年更换；武职章京五员，由驻防防御、骁骑校内圈派，三年更换。惟凤凰边门无武职。

每边门领催五名、兵四十五名，每边门铁甲二十副。

将军统辖西十边门，每边门设防御一员（满洲八缺、汉军二缺）。

开原属法库门，领催四名、兵三十四名、台领催二名、铁甲十六副。

广宁属彰武台边，领催四名、兵三十六名、台领催三名、铁甲五十五副。

义州属三边：白土厂边，领催三名、兵二十七名、台领催一名、铁甲十二副；清河边，领催四名、兵三十六名、台领催一名、铁甲十六副；九关台边，领催四名、兵三十六名、台领催二名、铁甲十六副。

锦州属五边：松岭子边，领催四名、兵三十六名、台领催二名、铁甲十六副；白石嘴边，领催四名、兵三十六名、台领催一名、铁甲十六副；新台边，领催四名、兵三十六名、台领催二名、铁甲十六副；梨树沟边，领催三名、兵二十七员、台领催一名、铁甲十二副；明水塘边，领催三名、兵二十七名、台领催一名、铁甲十二副。

盛京奉天府职官

盛京将军（总督旗民地方军务粮饷）兼管奉天府尹事务（谨案顺治元年，以内大臣一员与副都统二员及八旗驻防章京留守沈阳，三年改驻防。大臣为昂邦章京，给镇守总管印。康熙元年，改昂邦章京为镇守辽东等处将军，四年，改为镇守奉天等处将军。光绪元年，加管理兵、刑两部，兼管奉天府府尹事务，兼兵部尚书、都察院右都御史，总督奉天旗民地方军务兼理粮饷）。

奉天府府尹行巡抚事（顺治十四年，以沈阳为奉天府，置府尹，十八年，兼理学政。光绪元年，加二品衔，以右副都御史行巡抚事）。

府丞提督学政（康熙三年，置府丞，督理学政）。

驿巡道（康熙三年，设治中一员。光绪元年，经尚书崇实奏请，加治中奉天驿巡道衔，兼行首道事务，奉旨"交军机大臣、六部、九卿会议"，裁治中一缺，专设驿巡道，兼司其事，其考试事宜归军粮同知管理）。

军粮同知（康熙三年，设理事通判。光绪二年，改为同知，兼管考试）。

教授（顺治十年，设辽阳府学教授，十四年，改为奉天府学教授）。

经历（顺治十三年，设辽阳府经历，十四年，改为奉天府经历）。

司狱（康熙七年设）。

分巡奉、锦、山海兵备道（同治五年设）。

（营口）海防同知（同治五年设）。

新民厅抚民同知（嘉庆十三年设）。

巡检兼司狱事（嘉庆十三年设）。

承德县同知管知县事（附郭）（康熙三年设）。

典史（康熙三年设）。

辽阳州同知管知州事（顺治十年，设辽阳府，十四年，设奉天府，裁辽阳府置县。康熙三年，改为州）。

学正（康熙三年设）。

吏目（康熙三年设）。

海城县通判管知县事（旧为海州，顺治十年，改设县）。

训导（康熙二十三年设）。

典史（顺治十三年设）。

牛庄巡检（康熙二十三年设）。

盖平县通判管知县事（旧为盖州，康熙三年设）。

训导（康熙二十一年设）。

典史（康熙三年设）。

复州同知管知州事（雍正五年，设通判，十二年，改为知州）。

学正（雍正十二年设）。

吏目（雍正十二年设）。

金州厅海防同知（雍正十二年，设宁海县，道光二十三年，改为金州同知）。

训导（雍正十二年设）。

巡检（雍正十二年，设典史，道光二十三年，改为巡检）。

开原县理事通判管知县事（康熙三年设）。

训导（康熙二十三年设）。

典史（康熙三年设）。

铁岭县理事通判管知县事（康熙三年设）。

训导（康熙二十三年设）。

典史（康熙三年设）。

锦州府知府（康熙三年，设于广宁，四年，改锦州）。

教授（康熙三年，设于广宁，四年，改锦州）。

经历（康熙三年，设于广宁，四年，改锦州）。

锦县理事通判管知县事（附郭）（旧为锦州，康熙元年，改设县，隶广宁府，四年，于县增设锦州府，乃改属焉）。

天桥厂巡检（雍正元年设）。

典史（康熙元年设）。

宁远州理事同知管知州事（康熙三年设）。

学正（康熙二十二年设）。

中后所巡检（康熙三年，设宁远、广宁、中后所三处，各设巡检一员，四年，改并，留中后所）。

吏目（康熙三年设）。

广宁县理事通判管知县事（康熙三年，设广宁府并设县，四年，裁府，以县属锦州府）。

训导（康熙三年设）。

典史（康熙三年设）。

义州理事同知管知州事（雍正十二年设）。

学正（雍正十二年设）。

吏目（雍正十二年设）。

昌图府知府（法库边门外界连蒙古，嘉庆年间始设通判一员，后改同知。因所辖地方辽阔，光绪三年，奏改同知为知府，统辖二县）。

教授（光绪三年设）。

司狱（光绪三年设）。

经历（康家屯分防，光绪三年设）。

照磨（八面城分防，光绪三年设）。

奉化县理事通判管知县事（光绪三年设）。

训导（光绪三年设）。

典史（光绪三年设）。

怀德县理事通判管知县事（光绪三年设）。

训导（光绪三年设）。

典史（光绪三年设）。

分巡东边兵备道（驻扎凤凰城，统辖二厅、一州、四县，光绪三年设）。

丰盛库大使（光绪三年设）。

兴京抚民同知（乾隆二十八年，裁锦州通判，设兴京通判。光绪三年，奏改为同知，领县二）。

教谕（光绪三年设，兼通化、怀仁两县学）。

经历管司狱事（光绪三年设）。

通化县理事通判管知县事（光绪三年设）。

巡检管典史事（光绪三年设）。

柳树河分防县丞（光绪三年设）。

帽儿山分防巡检（光绪三年设）。

怀仁县理事通判管知县事（光绪三年设）。

巡检管典史事（光绪三年设）。

四平街分防巡检（光绪三年设）。

通沟口分防巡检（光绪三年设）。

凤凰直隶厅同知（凤凰边门控制东路，旧设城守尉一员管理旗务，设巡检一员，归岫岩厅兼辖。光绪二年，奏改巡检一缺为孤山口分防巡检，凤凰城增设直隶同知一员，分岫岩厅属洋河以东凤凰城守尉所管地面，悉归统辖，领州一、县二）。

教谕（光绪三年设，兼安东、宽甸两县学）。

经历管司狱事（光绪三年设）。

赛马集分防巡检（光绪三年设）。

岫岩州理事同知管知州事（雍正十三年，设熊岳通判。乾隆二十八年，移熊岳通判为岫岩通判。光绪二年，改知州，隶凤凰厅）。

训导（光绪二年设）。

吏目（光绪二年设）。

大孤山分防巡检（光绪二年，由凤凰城移设）。

安东县理事通判管知县事（光绪三年设）。

巡检管典史事（光绪三年设）。

宽甸县理事通判管知县事（光绪三年设）。

巡检管典史事（光绪三年设）。

长甸河口分防县丞（光绪三年设）。

二龙渡分防巡检（光绪三年设）。

奉天练军弁兵数目

捷胜营马队八百名，统带二员、委营总八员、扎兰十六员、马夫四十名、伙夫九十六名。

捷胜营洋枪步队五百名，统带一员、委营总五名、扎兰十员、长夫三十二名、伙夫四十五名。

捷胜营炮队一百名，营总一员、扎兰二员、马夫四名、伙夫十二名。

捷胜营洋枪马队五十名，哨官一员、哨长一员、马夫三名、伙夫六名。

长胜营抬枪、刀矛步队二百名，统带一员、委营总二员、扎兰四员、长夫八员、伙夫十八名。

督标亲军马队二百名，统带一员、哨官四员、哨长四员、马夫十二名、伙夫二十四名。

亲军步队二百名，哨官二员、哨长二员、长夫六名、伙夫十八名。

督标洋枪步队四百名，兼统二员、哨官四员、哨长四员、长夫十二名、伙夫三十六名。

督标德胜营洋枪马队五十名，哨官一员、哨长一员、马夫三名、伙夫六名。

督标德胜营洋炮队五十名，哨官一员、哨长一员、马夫三名、伙夫六名。

督标直字中营马队二百名，统带一员、管带官四员、文案委员一员、字识六名、长夫八名。

督标直字前后两营马队五百名，统带一员、管带官二员、帮带官四员、哨官十员、文案委员二员、字识十二名、长夫二十名。

兴京副都统洋枪步队二百名，营总二员、扎兰四员、马队四十名、营总一员。

凤凰城马队四十名，扎兰一员。

锦州副都统洋枪步队二百名，统带一员、营总一员、扎兰四员。

西四路马队八十名，营总一员、扎兰三员。

东四路马队四十名，营总一员、扎兰二员。

金州副都统洋枪步队二百名，翼长一员、营总二员、扎兰四员。马队八十名，营总一员、扎兰二员。

山海关道全营翼长督练洋枪炮队五百名，总理营务处营总一员、委营总二员、分带官十员。

东边道全营翼长靖边营道标马队二百名，管带官一员、帮带官二员、哨官三员、哨长四员、字识一名、马夫十九名、伙夫二十五名。

靖边营道标步队五百名，管带官一员、分带官一员、哨官四员、哨长五员、长夫二十四名、伙夫四十六名。

客军弁兵数目

黑龙江马队二百四十八名，统带一员、委营总四员、委参领八员、委防御九员、委骁骑校九员、委笔帖式八员、委官六员。

吉林马队二百六十七名，统带一员、委营总三员、委参领九员、佐领一员、委防御十员、委骁骑校八员、委笔帖式七员、委官八员。

蒙古马队一百八十名，统带一员、梅伦一员、扎兰四员、章京六员、昆都四员、笔其克奇四员、官医生二员、协理台吉一员。

东土默特旗马兵十一名，扎兰一员。

天津练军后营步队官兵五百名，营官一员、哨官四员、哨长五员、长夫二十四名、伙夫四十六名。

天津练军左营步队官兵五百员名，营官一员、哨官四员、哨长五员、长夫二十四名、伙夫四十六名。

古北口练军马队二百五十名，营官一员、帮带官二员、哨官四员、哨长五员、马夫二十二名、伙夫三十二名。

古北口练军步队官兵五百员名，营官一员、哨官四员、哨长五员、长夫二十四名、伙夫四十六名。

各城捕盗弁兵数目

承德县（捕盗把总一员，马兵三十名）。

新民厅（捕盗把总一员，外委二员，马兵三十二名）。

辽阳州（捕盗把总一员，外委一员，马兵二十二名）。

复州（捕盗外委一员，马兵十名）。

海城县（捕盗把总一员，外委一员，马兵四十名）。

铁岭县（捕盗外委一员，马兵二十五名）。

开原县（捕盗外委一员，马兵二十六名）。

盖平县（捕盗外委一员，马兵六名）。

昌图府（捕盗千总一员，外委一员，马兵八十名。光绪三年，增外委二员、马兵一百名，四年，增外委二员、马兵一百名）。

兴京厅（捕盗外委一员，马兵十名）。

岫岩州（捕盗外委一员，马兵八名）。

锦县（捕盗把总一员，外委一员，马兵二十名）。

宁远州（捕盗把总一员，外委一员，马兵二十七名）。

义州（捕盗把总一员，外委一员，马兵三十名）。

广宁县（捕盗把总一员，马兵三十名）。

审 理 词 讼

乾隆四十四年，刑部奏定，旗民词讼悉归州县审理。道光元年，复经军机大臣会同刑部议奏，无论单旗、单民及旗民交涉与会旗查勘之案，均令州县自行审理，钦奉上谕："所有奉天州县旗民事件，悉归审理，旗员不得干预，等因。钦此。"光绪元年，奏准各厅州县无论满汉，一体补用，均加理事同知通判衔，所有旗民案件悉归审断，毋庸再与旗员会办。二年，奏定协佐等官，无地方之责者，除各旗过继子嗣例应加结详咨控，分家产须凭旗存户口册档及各项旗产买卖退领等事，无论旗民佃户，仍令该管界官督征比催外，其赌博、奸盗等事，比照各有汛防之例，应由各界一体严拿，一经拿获，即送地方官讯问，不准该界官等讯供禁押，亦毋庸会同审讯，其余人命斗殴及钱债、户婚、田土一切旗民词讼，无论有关罪名与否，悉归各厅州县审断，不准该界官擅受呈词，丝毫干预，倘该界官所属旗人不服传唤及有抗拒容隐等事，准该地方移提审讯，不得藉词推诿藉延，如有包庇牵掣、强行干预，准各厅州县禀报严参。

旗界官回避本城

道光十一年，奏准本城旗人不准作本城武职。光绪元年，奏请申明旧例，二年，奏定。现虽地方词讼不准旗员干预，而催科缉捕乃其专责所属，旗人口角小事，界官岂能不闻不问？应仍回避本城，始可引嫌。嗣后再有界官缺出，均应隔城挑选，其本城之人令于挑缺牌内声明，扣除所有从前呈请就产，当差等事一概革除。

缉 捕 章 程

光绪元年，奏请地方缉捕处分，自城守尉至路记佐领，必与州县等官一体，轻重不得以属弁塞责。二年奏定，缉捕不力处分，界官每以卡差公出，委过于骁骑校、领催等微末各员。嗣后，围场台差十二处应改为骁骑校专项差使，免派佐领、防御充当，倘本界捕务疏虞，即将该管城守尉、佐领、防御等官，照地方官缉捕不力之例一体分别议处。

盐 捐 章 程

奉省盐捐于同治六年，经前将军都兴阿等奏准，在沿海地方试办，每盐一石捐东钱一吊，以八成归公，二成作为店商及委员兵役费用，历年捐收归公东钱十七万至二十七万余吊不等，由各该地方官易银解省，交捷胜营搭放练兵口分。嗣于光绪三年，又经兵部左侍郎、署盛京将军兼奉天总督崇厚会同盛京户部侍郎岐元、奉天府尹行巡抚事恩福奏准，每盐一石，抽东钱两吊四百文，以八成归公，二成作为局员薪水、司事局丁、巡役工食，并准滩户每石加价钱六百文，省城设立总局，各州县沿海地方设立分局，委员驻扎各局，照章捐办征收，钱文易银解省专充练兵军饷之用。

昌图职官学额兵数

光绪三年，奏准昌图厅改为府治，升设知府，并将巡检升为府司狱，训导升为府教授，增定文学额八名、武学额六名，添设奉化县知县，驻扎梨树城，将梨树城照磨移设八面城，添设怀德县知县，驻扎八家镇，将八家镇经历移设康家屯，并增奉化县典史一员、怀德县典史一员管理监狱。该两县各设训导一员振兴学校，每学文武学额各四名，复增设捕盗营马兵二百名，交昌图厅分拨调遣，所有廉俸工食及饷干等款，均由该处斗税项下支销。

东边外开垦升科设官事宜

省东凤凰、暖阳、城厂、旺清四边门外，南北千有余里闲荒之地，游民开垦多年，渐成村落，人民繁庶良莠不齐。道光年间即有展边之议，迨至同治六年，民人何名庆等呈请升科，盛京户部侍郎额勒和布等据以入告，经王大臣会议，与其守例而谕禁两穷，何如就势而抚绥较便，钦派侍郎延煦等出边查勘。复经钦派通晓堪舆礼部主事张元益恭抵永陵，由启运山上溯龙脉老岗西，自金厂岭东至邯郸坡之高岭，约长一百数十里，南北宽二三十里至十余里不等，俱系有关风水之处，设立封堆九处，永远查禁。旋由原任将军都（兴阿）派员履勘边外各地亩，于近边一带准升科熟地五十余万亩。迤南之东沟各处，旧有匪徒盘踞，私立镢钱、锄税各名目任意苛征，且负隅抗拒，内地马贼视为逋逃渊薮。光绪元年，钦差、原署将军、尚书崇实调集天津及古北口马步队会同本省捷胜营练兵合力兜剿，将积年巨慝宋三好等匪歼除净尽，并平定迤北之庙儿沟、通沟各股匪，边外一律肃清，流民均经向化，奏请边地普律升科。钦奉谕旨："但凡认地耕种者，无论旗民，一体编入户口册籍，等因。钦此。"钦遵。遴派道员陈（本植）、知府恒（泰）、记名提督左（宝贵）等率领各委员逐段行绳，除上则之地按亩升科外，其余中则以两亩为一亩，下则以三亩为一亩，通共折算并将军都所办升科五十余万亩之地，统计熟地一百八十万三千余亩有奇，每亩征正课耗羡银三分。所有朝鲜贡道两旁宽留十丈，以便往来并筹办木税、苇租、山货、烧锅、斗租各项杂税，以为设官增兵之费。旋于三年奏准，设立道标靖边营马队二百名、步队五百名，其营制饷干悉照《直隶练军章程》办理，并添设东边道以下等官。

卷八

奏拟请变通吏治折
（光绪元年七月二十八日，署将军、刑部尚书崇实具奏）

奏：为熟筹奉省全局，遵旨变通吏治，谨议紧要章程，恭折驰奏，仰祈圣鉴事。窃（奴才）自署任以来，屡奉谕旨，谆谆以奉省积弊太深，急宜变通，以期整顿，复于七月初四日接到军机大臣字，寄奉上谕："该省事权不一从前，将军、府尹往往各存意见，以致政令歧出，遇事牴牾。该处公事究竟因何不能彼此相联络，势成掣肘？著崇实将实在情形并酌定章程妥议，具奏，等因。钦此。"（奴才）膺兹，艰巨兢惕难名，诚恐稍有疏虞，无补万一。故于初到奉省时，虽查办事件，头绪纷烦，而地方情形业经随时入告，不敢略避嫌怨，致涉欺蒙。凡所敷陈，久邀圣鉴，现又督饬司员会同本城满汉首领各官互相讨论，复于其间博采众议，不厌精详。在深明大义者，急愿更张，而瞻顾私情者，未免疑阻。（奴才）统筹全局，体验再三，与其筑室道谋，不如临几立断、实事求是，渐有端倪。窃以兴利不难，难于除弊，弊之习于下者易除，而弊之倡于上者难除。故整饬官常，必由大吏而始。伏查奉省将军之设，迄于地方各员，国初至今，屡有增易。在朝廷因时制宜，原无历久不变之法，惟是陪都重地，根本所关，若使建置规模下同各省，殊不足以重维系而示尊崇。目下习染所趋，未便再拘成格。（奴才）辗转思维，惟有仍存五部之名，以隆体制，兼仿督抚之例，以一事权救弊补偏。大纲已立，然后筹经费以资办公，则贿赂之风可息，专责任以防推诿，则盗贼之源可清。谨将现议章程条分缕析，敬为皇太后、皇上详陈之。

将军事权宜变通也。奉天积弊，由于旗民不和，而推其本原，实缘大吏之先存意见，将军于地方各官向不兼辖，遇有会办公件，呼应往往不灵。溯其建置之初，原与五部隐相兼摄，故至今公牍多半会衔，厥后将军威望渐轻，而五部权力遂重。其中，兼尹归于户部，与将军更易抗衡，旗民两途，各不相下，虽有会稿，等于虚文。近年舆论且谓"奉省大员既非京，而非外，将军名位虽有权而无权"，因此，风气所开，僚属亦各立门户，有为者，转多顾忌，无能者，不免瞻狗，而公事遂不堪设想矣。夫将军镇守地方，何如郑重？即朝廷饬议所在，无不首专责成，今则畛域各分，何以统饬全局？且既督办军务，于兵刑、粮饷皆当并筹，而将军向仿京员，印信亦存公署，每办一事，经手多人往复监钤，断难机密。（奴才）近发紧要文移，因奉使出京带有刑部预印空白，得以亲加封递，方免窥探之私，若拘定章，必多误事。拟请旨，将盛京将军一缺改为管理兵、刑两部，兼管奉天府府尹事务，即仿各省总督体制，加兵部尚书衔，另颁"总督奉天旗民地方军务"关防一颗，并加"兼理粮饷"字样，以便管带金银库印、钥，且可稽核户部出入。其余公事，悉仍其旧，如此则旗民文武全归统辖。机密重件，亦易防闲，即粮饷、兵刑悉有总理之责。而三陵、内务府原系本职所司，惟永陵离省较远，今既添设副都统，则责有攸归，其余各部事务，皆令与将军和衷商办，此维持通省之苦衷，实挈领提纲之先务也。

府尹事权宜变通也。察吏安民，府尹最重，本与兼尹相助为理，惟兼尹向属户部，而旗民交涉之狱又须由刑部会办定案。近年，民多于旗蓼辖最甚。府尹虽设有谳局审断，每不得自专，往往一事，而上制于户部之兼尹，旁牵于刑部之会讯，稽留往复，清理良难。各州县申详此等案情亦，遂纷而无主，甚至包苴争纳，径窦互开，多一兼管衙门即多一需索地步，此弊之在上者也。健讼成风，意存拖累，原告控于府尹，被告又控刑部，而部中司员复不遵定章，任意收呈，随处提案，问官亦有偏袒，胥吏因而作奸，审结无期，互传不到，其中命盗重案，竟使待质囹圄多至一二十年，微论瘐死，纷纷无从呼诉，而挟仇勒贿被害尤深，至于会验尸伤，每以索费久稽，动辄数月。此弊之在民者，也拟请旨，将奉天府府尹一缺加二品衔，以右副都御史行巡抚事，旗民各务悉归专理，便与将军相承一气，不致两歧。以此安民，先免株累，以此察吏，方有禀承通省纪纲，斯为枢纽。

五部事权宜变通也。奉天及吉、黑两省饷需汇于户部，其任匪轻，不宜再兼府尹，反增枝节。而三陵典礼、大内工程，礼、工两部各有专司，皆于民间无涉。至将军虽管理兵刑，而该部堂官责无旁贷，五部侍郎应仍其旧，无须移动，俾免纷更。夫刑部之弊，前已略陈，相应请旨申明定例，亦如京中刑部体制。嗣后惟旗民交涉，罪在犯徒以上者，方准该部按律定拟，其余一概不得干预，该司官等，如再有违例收呈提案及相验逾限等事，径由将军指名严参，以杜侵官而纾民困。至兵部仅管驿丁事，原简易，惟文书任意私拆漏泄太多，一言未上而通国皆知，一令未颁而浮议先起，甚且机密钉封往往破损，此外，寻常公牍积压遗失不可胜言。窃思陈奏机宜，军、尹两处多于各部，今以将军管理，即可一手整齐，更拟请旨将地方通同州县各员兼理驿务，所有向设驿丁，准其会同兵部所派之驿站监督，随时察核沿途逐站，皆得其人交报攸关亟宜并议。

奉天府治中一缺宜变通也。奉省大吏太多，而下僚太少，未免足轻首重，是以政令不齐。查兼尹、府尹，以次少一承上启下之员为之关捩，仅有承德县知县联属之际太觉不伦，治中究系京员、外官势不相洽，而通省清查亏空、督办案情须有专司，方资表率。拟于奉省中添设首道一缺，名曰"奉天驿巡道"，阖省驿站及新设捕盗营之同通州县悉隶其下，俾得稽巡。惟增修衙署、招募胥役繁费殊多，猝无所出。拟即将治中一缺加一道衔，兼行首道事务，另颁"奉天驿巡道"关防一颗，余仍其旧。如蒙议准，则廉俸亦须随后另筹。事权既不参差，体制较为完备。查治中本系汉缺，向归捐选，嗣后应将正途出身人员改为请旨简放，以昭慎重。

旗民地方各官宜变通也。旗民交涉之案，各州县必与城守尉等官会同办理。查其列衔之处，禀将军则尉、县并书，禀府尹则有县无尉，同一公牍任意纷歧，遂至守尉目中，几无府尹营私挟诈，何所不为？且于地方，尤有数弊：旗界同居，非亲即友，官中公事但论私情，其弊一也；会办各异，未能和衷，彼此留难，案久悬搁，其弊二也；命盗重件遇有旗人，则借强宗为护身之符，托本管为说情之地，方拒容隐，不服查拿，其弊三也；捕盗不力，州县官处分綦严，而城守尉、佐领等官尤有专责，乃尽委罪于骁骑校及领催微末诸员，指名搪塞，劫掠横行致无忌惮，其弊四也。上分其肥，下受其毒，曲直无从申理，州县亦遂因循，是以（奴才）前次请照热河定例，将地方通同以下全加理事等衔，并奏在案，今更拟请旨，嗣后奉省地方一切案件，无论旗民，专归同通州县等官管理，其旗界大小各员只准经理旗租、缉捕盗贼，此外不得丝毫干预，其缉捕处分自城守尉至路记佐领，必与州县等官一律轻重，不得以属弁随时塞责，而本城旗人尤须再申定例，不许作本界武职，如此划清限制，自无包庇牵掣之虞。至各处城守尉，本系宗室专缺，官阶同于府道，责任亦遂不轻，嗣后请旨简放时，拟择宗室中谙练政事之员，方能称职，如其才力不胜，应由将军随时甄别，方不至贻误。地方其余民界各官升途太隘，虽有京察、计典，奉省均属具文，是以吏治毫无振作，拟并请将奉省道府同通州县由吏部推广升途，力加鼓励，庶几有所激劝，百废可兴，是亦为根本储才之急务也。

各大吏养廉宜变通也。奉省贿赂公行，已非一日。原情而论，出于贪黩者，犹少迫于穷困者。实多查将军养廉，虽名八成，而官票每两折银只以二钱五分入算，此外一成停止，一成实折，计廉银额二千两。实数仅五百余金，推之府尹、府丞，又当四成递折，实数不过二百余金矣！藉此从公，万难敷衍，不得已设为名目，取给下僚，有节寿之贺仪，有月费之摊款。自兼尹刑部，迄于府尹、府丞，凡涉词讼之官，地方无不馈送，变本加厉，习为故常，甚至民间讹传"委缺必酬，到任必谢"，而营求嘱托又无论矣。即有清洁自好之员，迫于时势，亦姑择受一二，不敢矫异鸣高。夫上官既资于下僚，下僚必敛于百姓，追呼掊克，激成事端，是以官习为不廉而极之于纵役分赃，民亦习为不廉而极之于杀人放火，典章罔顾，教化不兴，此陋规相沿，实奉省第一大弊也。窃思兴廉不难，道在善养，若以竭蹶办公之力，复有衣食内顾之忧，不惟坑塞人材，亦觉有伤政体。国家原情立法，本不苦以所难。拟请旨，嗣后奉省各大吏养廉，与其递折但立虚名，不如另减归于实济。将军既照总督例，即以至少省份计之，养廉当一万八千金。府尹既照巡抚例，养廉至少一万二千金，然值此时艰，必须力求节省，因核各处用度，将军养廉至少非实银八千两不可，府尹养廉至少非实银六千两不可。而府尹内有幕修、外有役食，六千之数仍属难敷。查各地方官向有摊派之款，（奴才）细加分别，凡涉私规，悉行汰去，尚留公用三四千金，拟即令其汇解府尹衙门，以补公用之不足。府丞既兼学政，亦系外官，今既裁撤陋规，其养廉非实银二千亦难有济。以上各款可否，即由海关道征收盈余及新增盈余两项下按年支解作正开销，并恳天恩，格外俯恤所有奉省督抚、学政养廉均给实银外，余如副都统、五部廉俸原额本少，皆准八成实放，不必叠为折扣，而将军兼辖事烦，支用尤巨，虽议养廉八千，仍恐不敷所用，（奴才）另有津贴公费之筹，具详此下条款。亦知国用未充，可减则减，岂容别生枝节，徒事虚糜？惟关外情形迥殊各省，既欲力除积弊，便当筹及通盘，况乎宅镐留丰？自古不嫌优异，力培根本，理所当然，外省养廉岂容并论？在帑项所支无几，而大局所全已多，苟可补苴，何敢迁就？自经此次议定章程后，凡奉省向来各大吏一切全分、半分陋规概行禁革，若蹈前辙，立予严惩；在小民，可稍免苛求，而墨吏亦无所藉口，清源正本，莫切于斯。

仓差规费宜变通也。奉省各旗草豆由折色以至实征，最不画一数，则任意增减，田则任人归并。宗室未完之款或取偿于平民，富绅应纳之粮反强派之贫户浮收、包揽，百弊丛生。而正供之外尚有盈余，谓之仓差规费。每年收租，例由将军专派督催协领一员，由部分派正副监督司官二员，其奉派之员每纳规费于本管上官，始而每人不过三四千金，继则五六千金，近来增至八九千金。本属私供遂无定数，往往承办各员借贷垫赔，致招物议甚，或藉此讹索，其患仍受于民。（奴才）洞悉其弊，现将旗租草豆章程改为一律无论宗室，平民上、中、下户，酌一适中之数按亩交收，以此贫民同声感戴。所不便者，惟包粮之土棍及不法之豪强耳。如此力加核减，仍有盈余，在一万五六千金。窃思此项虽非正供，尚于地方无碍，欲必概行裁撤，未免竭泽而渔，与其任作私规茫无限制，不如改充公费，免再诛求。惟五部向系轮派司员，计必递推三年始受规费一次，任有久暂事亦不均。（奴才）拟于盈余中先提一万金作为五部侍郎公费，每岁各分二千以资贴补，而派员督办仍循旧章，余数千金即充军署公费，所取有定，较觉光明。查前任将军都兴阿最称狷介，始则力却此款，后亦藉以资生，及其身后仍复萧条，仰蒙恩赏千金，始得扶枢归里，亦可慨廉吏之难为矣！（奴才）此次与岐元出差，幸荷恩施准给口分，从公半载方可支持，故于地方毫不沾染。一俟养廉增定，即请停支。是知规费润余各员万非得已，若再多方隐饰，终有玷于官箴。惟以臣子苦衷上求谅于君父，冒渎至此，悚仄难安，然既化私而为官，即非损下以益上，或亦因利乘便之一端也。

以上章程均系奉省紧要关键，（奴才）审时度势，倍极焦劳，既不敢稍涉弥缝，又未便过于操切，盖欲兴一利必预计其能行，欲剔一弊必先去其太甚。总期上维国体，下顺民情，诸臣具有天良，敢不力图补救，其余文武各属上行下效，势易劝惩，但须举劾得宜，便可随时观感。已往之愆，姑请免究，后来之咎，必予严参。至其职所当为，皆有成宪可守，无庸纷扰。上渎宸聪，大局挽回略具于此。伏思古有治人，原无治法，况奉天重地，屡经列圣贻谋，犹不惜增改再三，经权互济。如（奴才）学愚识昧，何敢谓变通之计？即可裕久远之图，惟是事以穷而始通法，必求其可继，此则目前之整饬固难，而日后之防闲尤宜慎者也。夫国家勤求上理，专为民生，政不出于多门，乃实受抚循之惠，贿不行于上，下始无伤衣食之原，用恩于立威之中，施教于既富之后，庶几盗风可绝，元气渐培。今则建议之初，最宜详审，而根本所系，久仅圣怀。（奴才）一得之愚，未敢自信，惟有仰恳皇太后、皇上俯念事体重大，饬下军机、王大臣、六部、九卿迅速会议，以便请旨遵行，实于奉省地方大有裨益，所有钦遵变通吏治意程缘由，理合，恭折驰奏。

伏祈皇太后、皇上圣鉴，训示。谨奏。

奉旨："军机大臣、六部、九卿会议具奏。钦此。"嗣经会议照准，惟治中一缺裁撤，改设驿巡道一员。

奏请将旗租草豆按亩一律稽征折

（光绪元年七月，前署将军、刑部尚书崇实具奏）

奏：为整顿旗租草豆以裕民生而培国本，恭折仰祈圣鉴事。窃查奉省各界旗租内有草豆一款，系专为豢养祭祀牛羊，实关紧要，向来以六亩为一日，每日折价一千三百四十文，计本色地六万日，共折东钱八万零四百千文，余地三十一万八千二百九十二日，因路有远近，其相距辽阔者，每日则折征七百六十文，共折东钱二十四万一千九百三十文。历年经理均有定章，后因各界办公，不免糜费，而催科之役食、兵车之差徭以及宗室、觉罗、刁绅、劣监或把持渔利，或倚势抗征，复有无着各地均须另筹包垫，遂于例纳草豆各户名下，每地一日增派七百余文以补各项之不足。由此毫无限制，即同一日核计，多且纳至二三千文，少则纳至七八百文，苦乐既属不均，杂差又未截止，而各界承催之员贤愚不等，藉词讹索，受累无穷，种种弊端日甚一日。（奴才）出关之始即有风闻，近则纳租各户纷纷控诉，其中飞粮包揽、浮冒规避，旗民缪辖不可胜言。窃思仓额正供所关甚重，似此高下其手，假公济私，凡属经手吏胥无不利归中饱，而强宗大户拖欠累累，反须责之贫民易于挟制，以为絜长补短之计。宜乎地方凋敝，劫掠横行，念恤民依何以堪此？（奴才）亟思整顿以清间阎衣食之源，惟现值多事之秋，若必于额征外概行裁撤，则公费更无所出，又将枝节横生。（奴才）再四通筹，无论上、中、下贵贱富贫，但有一日六亩之粮，每日止折东钱一千一百二十文，合之制钱仅一百八十余文，一律均平、至轻至简，所有正余各款一并在内，此外不得复立，各目稍涉参差。在辛勤之租户，无不欢呼，而贪滑之豪强不免怨谤。（奴才）惟有严于执法，惩及将来，从此花户有所遵循，事归一致，公私仍可兼济，胥役亦遂无权，自此次变通之后，凡应纳地亩不准拖延，此外丝毫亦不许藉资民力，其有另典、另租辗转更易，总以粮从地出，只按佃户催征。如此彻底清办，积弊方除，似于国计、民生两有裨益。（奴才）愚昧之见是否有当，所有整顿旗租草豆缘由，理合，恭折具陈。

伏祈皇太后、皇上圣鉴，训示。遵行。谨奏。

奉旨："知道了。钦此。"

奏拟将昌图厅升为府治，试办河税、斗租以为增官添兵经费折片

（光绪元年十二月，署将军、刑部尚书崇实具奏）

再，奉省盗贼充斥，原因边外一带各处久为匪徒窃据，内地亡命恃为逋逃之薮，所有逸犯一经出边，即难缉获。现在边外肃清、流民向化，东路一带已无抢案，即西、南两路节经（奴才）等饬令旗民、地方官严行踩缉并编保甲，各会协力兜拿。半年以来，内外各城捕获盗案解省审办及批令就地正法者，不下三四百名之多，盗风亦渐息。惟北路尚难遽靖，缘昌图厅本在法库门外蒙古地界，嘉庆年间始设通判一员，后复改为同知，该厅所辖南北二百余里，东西五百余里，蒙民杂处，案牍繁多，以一同知独任其事，顾此失彼，不问可知，嗣虽增设经历、照磨两员分司巡缉，而势薄权轻，难期得力，因而盗风出没无常，不时滋扰。（奴才）崇实抵任后统筹全局，早已计虑及此，适昌图厅同知赵受璧因公晋省，当即面加商榷。该同知亦以厅属地而辽阔，防范难周，且近日流民愈多，耕种殆偏，械斗之案层见叠出，请即增官设兵以资治理。经（奴才）崇实诘以该厅系蒙古地面，所有地租向由蒙古自管，并不归官经理，当此库款支绌之时建置无资，似难筹办。据其禀称，该厅如开河禁并设官斗，每岁可入税银二万两上下，尽可以供经费。当由（奴才）崇实饬其回厅，再行体察

民情，详细筹议，叠据禀覆。开河、设斗两事证之绅董、商民人等无不乐从，增官设兵，民情亦甚翕服。拟请将昌图同知改为知府以资表率，再于黎树城增设通判一员，八家镇增设知县一员，并厅属之西南康家屯地方增设知州一员，分设佐杂各官相助为理，遇有命盗各案，庶免鞭长莫及之虞。且昌图与热河壤地相接，厅属并无旗兵，即请仿照热河之例，添置绿营，派兵分防以资镇慑。似此星罗棋布，庶足以清词讼而靖盗风等语，并请即核办前来。（奴才）等复经遴派妥员采访舆论并履勘河道，各据禀覆与该同知所禀大略相同。窃思河道系地方自然之利，该厅由南同江直达营口顺流而下，一水可通载运货物较之陆路自必省便，前此屡议开河，论者以蒙古地方未便，令其富庶所见甚小。至斗税一宗，前数年曾经开办，嗣以经纪把持中止，近因私斗未能画一，辄起争端，亟宜举办以清市廛。且斗税一项于经费不无小补。总之，以奉省全局而论，现惟北路盗风最炽，昌图地广民顽，若不增官设兵，不足以清盗源，而经费无资，势不能不取给予河、斗两税。惟能否征有成数，未经开办，尚难预料。（奴才）等现拟饬令该同知，先将河税、斗税暂行试办，如果著有成效，当再增设官弁，以垂经久而免弊端。（奴才）等为通筹全局、因地制宜起见，是否有当，请旨遵行，谨附片具陈。

伏乞圣鉴，训示。谨奏。

奉旨："另有旨。钦此。"

奏请协、佐之缺应以保举、应升一体挑补折
（光绪二年正月，前署将军、刑部尚书崇实具奏）

再，查盛京额设满、蒙、汉八旗协领、佐领等官，或为一旗表率，或有应办旗务，各缺均为紧要，非勤能谙练之员不足胜任。近来保案频仍，凡有带队勤劳、缉捕勇往者，无不荐牍同

登，仰邀恩奖，一遇缺出，补用纷纷。其中留心公事、奋发有为者固尚有人，而不通文义、粗鄙无能者，亦在所不免。协、佐之不能称职，实由于此。前经（奴才）逐加察看，于其不堪造就者分别奏参革职休致，以示惩警。所遗各缺若仍以保举人员循例挨补，惟恐故辙重循，不足以资振作。嗣后无论协、佐，遇有缺出，拟请将保举、应升两班人员一体入队考验弓马，并试以公事，由（奴才）酌量请补，庶可慎选得人，于地方旗务均有裨益。（奴才）为整顿旗营起见，是否有当、理合，附片具陈。

伏乞圣鉴，训示。谨奏。

奉旨："著照所请，兵部知道。钦此。"

奏请将将军印信移存督署片
（光绪二年三月，署将军、尚书崇实具奏）

再，查盛京将军衙门系属办公之所，屋宇无多，因仿京员之例，将军另住私宅，民间谓之"府第"，现既兼为总督，自应稍立规模。拟即因陋就简，添盖大堂及各书吏科房专办，地方要件、庶一切旗民公务得以划清界限，不致仍前混淆。业由（奴才）捐资于私宅之前置买民房空地一所，以便改建。惟从前兼尹未改总督体制，向无印信，所办地方公事不过会同府尹画稿，而将军印信又存在衙门，所有文件无论巨细均须进署盖用印信，是以历来将军一令未出，通国皆知，流弊甚多，不可枚举，此皆关防不密之故也。（奴才）自上年奉命出关以来，因带有刑部预用空白，所办各事始能严密。目下刑部空白已经用完，总督关防尚未颁到，遇有机密要件，办理颇觉费手。缘将军衙门一文，一印必须周转多人，往往遇事泄漏，百弊丛生，现又钦奉谕旨查办吉林事件案，关邻封大吏更宜加意缜密。（奴才）现拟先行将将军印信移存督署，免致泄漏，藉昭慎重，并请旨饬下吏、礼二部，即将总督关防赶紧铸造，颁发来奉，以便办公而资整顿。（奴才）为缜密公事起见，理合奏明，谨附片具陈。

伏乞圣鉴。谨奏。

奉旨："该部知道。钦此。"

奏定驿巡道养廉并将军粮通判改为同知折
（光绪二年四月，前署将军、刑部尚书崇实、奉天府府尹庆裕具奏）

奏：为筹议改设道员应办事宜，并拟将理事通判改为军粮同知以符体制，先行恭折具奏，仰祈圣鉴事。窃（奴才）崇实上年遵旨变通吏治，当因奉省少一承上启下之员，拟将治中请加道衔，兼行首道事务，并管阖省驿站，嗣经廷臣会议奏请裁撤治中，改为驿巡道，奉旨允准，钦遵在案。（奴才）等伏查改设驿巡道专员，既可藉资表率，亦更有所责成，一切事宜较为妥协。惟治中本系五品京职，奉省向章例充学政、提调官，所有奉天府属与考文武各童均由治中录送学政考试，其公所中建有考棚，驻扎城外。今改设驿巡道，既系监司大员，自未便令其仍办学政、提调等事。（奴才）等再三商酌，奉天理事通判一员原为管理旗民交涉案件而设，现在各厅、州、县既经加有理事同通衔，此缺即可裁撤，改为军粮同知，拣由正途出身人员补用，以便专办考试，其通判所管各务即归该同知管理。庶于变通之中仍可各符体制，惟于通判衙署另盖考棚，未免又须糜费，拟即彼此互换，以治中公所作为同知衙署，即将通判旧署量为展拓修茸以为首道衙署，似此一转移间，实属两相合宜，所有用费当由（奴才）等再行筹款、奏明核实办理。至该道养廉一节，查热河道养廉每年只二千两，山东要缺各道则有多至四千两者，此次改设道员，事同创始，既无别项入款足资养赡，而兼管通省驿站、审转奉天府属刑名，并治中向管各务，除考试一层应归新设同知办理，其余诸事仍由该道专办，政务殷繁，计非实银三千两不足以敷办公，虽较之热河不无加增，而比之山东尚为减少，酌中定议与例，亦属相符。现在员缺既蒙简调，有人不日即可到省。合无仰恳天恩，俯念奉天根本重地，该道职任繁难，饬部照准，庶实事求是，稍免竭蹶之虞。并请谕令吏、礼两部，即将该道关防暨拟改之，军粮同知关防赶紧铸造，颁发来奉，以资办公而免旷误。至新设道员同知各衙门应募书役及人夫工食等项，（奴才）等拟仿照热河章程，随时酌量办理。所有筹议改设道员应办事宜并拟将理事通判改为同知，各缘由谨先行合词，恭折奏闻。其余变通各条，（奴才）等当再详加酌核，随时奏明，请旨遵办，是否有当，伏乞皇太后、皇上圣鉴，训示。遵行。谨奏。

奉旨："著照所请，该部知道。钦此。"

奏请驿巡道养廉应由山海关常税盈余项下动支折片
（光绪二年，署将军兼总督、刑部尚书崇实具奏）

再，奉省苦于经费不足，遇有地方应办之事，无款可筹，诸形竭蹶。前经（奴才）等奏请，将山海关常税盈余项下除提拨督抚、学政养廉外，每年所胜之数千两并招商船税一款统行提归奉省，以备各项杂支之用，原因变通章程在，在需款起见。现虽未奉部覆，第改设之驿巡道一缺，业经奏请每年支给养廉实银三千两，已蒙恩准在案，自应遵照办理。惟查地方官养廉向在地丁、耗羡项下动支，而奉省地丁归地方官征收者无多，耗羡数亦甚微，是以从前治中、粮厅等员所领养廉均在中江税羡项下动支，然为数亦属有限，势难筹拨该道养廉。现在员缺，业蒙简调，有人不日当可到省，即应支给养廉。（奴才）等再三商酌，惟有仰恳天恩，准予新设驿巡道养廉，即在所请留备杂支之内动拨。至改设之军粮同知，自应比照奉省各同知之例，年给养廉，仍归中江税羡项下，遵照向章折扣支放。至该道、该同知应支俸工等银，仍由承德县地丁项下按成支给，以符定制。理合，附片具陈。

伏乞圣鉴，训示。遵行。谨奏。

奉旨："著照所请，该部知道。钦此。"

奏请详定吏治章程折

（光绪二年闰五月，署将军、刑部尚书
崇实、奉天府府尹庆裕会奏）

奏：为遵旨妥议变通吏治未尽事宜，谨将拟定详细章程，先行恭折覆奏，仰祈圣鉴事。窃（奴才）崇实仰蒙圣训，谆谆以奉省积弊太深，亟宜变通整顿，当经条议，具陈奏经廷臣集议，于光绪元年十二月二十二日奉上谕："前因崇实等奏请变通奉省吏治章程暨州县各官仍请变通办理各一折，当经先后谕令军机大臣、六部、九卿会议具奏，兹据奏称，'该署将军等所陈系属实在情形，均请照准'等语。奉天为陪京重地，从前狃于故习，积弊已深，经此次变通章程，崇实等务当实力奉行，认真整顿，其余未尽事宜，仍着随时酌度情形，奏明办理，余依议。钦此。"等因。（奴才）等敬谨跪读之下，钦感莫名。伏思法贵因时，庶足补偏，而救弊事宜慎始，尤须虑远而思深。除前奏已经详尽各节毋庸再议外，其余应行条分缕析者尚多，若不斟酌尽善再为申明，窃恐日久弊生，仍循故辙。（奴才）等复经督饬旗民各员逐一参稽、悉心酌核。现在总督关防既经颁到地方，公事亟应及时奏定，俾有遵循。谨将现拟详细章程先行胪列条款，恭呈御览。

督抚会办各事应详定章程也。查奉省从前将军、府尹分管旗民，以致各存意见，流弊滋生。现既改督抚，以一事权合旗民而归总制则责无旁贷。政不纷歧，既有提纲挈领之人，自免牵掣诿卸之弊。惟向例督抚同城，虽一切政务悉归统辖，而亦各有专司以重职守。现在府尹既加二品衔，行巡抚事，则督抚会办诸事自应分定、限制，以免紊淆。嗣后，营制、军政、饷需、边务以及地方紧要盗案均由总督主稿，而巡抚会衔。其文职正佐各员升迁、调补、举劾、计典暨所属刑名、钱谷、雨水、粮价一切事件应归巡抚主稿，总督会衔。至将军管理兵、刑两部，兼管户部金银库并礼、工两部，向来与将军会办各事，从前系由何衙门主稿者，请悉仍其旧，不过将军皆总其成，即可统持全局。庶分之以各专责成者，仍合之以共维体制，彼此相承一气，自免涣散如前。

州县各官兼管驿务应详定章程也。查奉省驿站所有监督、驿丞、驿丁以及喂养马匹、支销马干银两向由兵部主政，奉省州县从未设有铺递，皆因无款可领，以致各项文件遗漏甚多。今请由地方官兼理，原为整顿驿务起见，自不必过事更张，致多纷扰。嗣后，各厅、州、县所属境内驿丞、驿丁仍由兵部遴派正、副监督管理，并归地方官兼辖。遇有过往马递、限行文报，饬令各驿设立号簿，将收发时刻、日行程限分晰登记，验无稽延、拆动等弊即行出具印收，交原驿丁带回备查，按十日一次分报该管厅、州、县暨监督衙门，再由各厅、州、县按季汇报驿巡道查核，倘验有情弊，一面接收、加封、转递，一面将驿丁扣留，呈送该管厅、州、县讯供，移会监督禀道究办。倘该驿丞徇隐不报，经该地方官查出，或别经发觉，则应查取职名，照例参办。至日行铺递公文应由地方官分段设立铺司，随时接递，庶免稽压之虞，但此项经费，奉省实无闲款可筹，查向来地方州县，遇有要差，均系借资商力，由铺户津贴、公费与各省办理差徭借资民力情事相同，今既添设铺司，应令各属即于津贴、公费内自行筹办，无须另行请款，此外亦不准丝毫需索以累闾阎。

首道承转案件应详定章程也。查前因奉省少一承上启下之人，（奴才）等拟将治中请加道衔，以便承转诸务，现经部议裁撤治中，改设驿巡道。省垣既有监司大员，则一切政务更可由其承转。而刑名案件尤为紧要，奉省向章旗民交涉各案，虽犯在徒罪以上，亦只由各厅、州、县审定后径解府尹，咨送刑部会同审理，未免涉于简略，其中必须有覆核、审转之员，方昭慎重。现既奏准旗民交涉徒罪，以上各案方归刑部拟结，嗣后应行送审、定拟之案。奉天府所属各厅、州、县应归驿巡道管辖，由该道覆审，转详巡抚，咨送刑部会同督抚覆核、定拟，并将原案分详总督衙门查核，至单民案件与命盗各案逃犯，凡该道所属各厅、州、县，统应由该道一体督缉、核转，徒罪以下之案事同，一律照章，毋庸送部，只由各属详道覆核后，即详巡抚批结。拟此明定章程，将来添设边关道，所有边外各属刑名等件亦可仿照办理。至锦州府属各州、县，向来由锦州府审转者，仍令其径行详院，不必再行详道，致多周折。

旗员不准干预词讼应详定章程也。查乾隆四十四年曾经刑部奏定，旗民词讼悉归州县审理。道光元年，复经军机大臣会同刑部议奏，无论单旗单民及旗民交涉与会旗查勘之案，均令州县自行审理，钦奉上谕："所有奉天州县旗民事件悉归审理，旗员不得干预，等因。钦此。"自应恪遵成宪办理，只缘历任将军多与兼尹府尹不能和衷，以致僚属亦分门户，凡遇旗民交涉之案，旗员不免从中掣肘，地方官每以申理为难，遂多迁就。现在同通州县均已请加理事衔，所有旗民案件皆可归其审断，毋庸再与旗员会办。嗣后，协、佐等官无地方之责者，除各旗过继子嗣例应加结详咨控，分家产须凭旗存户口册档，及各项旗产买卖、退领等事，无论旗民、佃户，仍令该管界督征比催以专考成，照旧办理外，其赌博、奸盗等事比照各省泛防之例，应由各界一体严拿，一经拿获即送地方官讯问，不准该界官等讯供、禁押，亦毋庸会同审讯，其余人命、斗殴及钱债、户婚、田土一切旗民词讼，无论有关罪名与否，悉归各厅、州、县审断，不准该界官擅受呈词、丝毫干预。倘该界所属旗人不服传唤及有抗拒容隐等事，准该地方官移提审讯，不得藉词推诿、稽延，如有包庇、牵制、强行干预，准各厅、州、县禀报严参。如此，庶可划清界限，不至再有牵混之虞。

　　旗员不准充当本地界官应详定章程也。查从前各城界官无论是否本处旗人，均准充当，遇有词讼，非亲即友，每多偏袒。因与地方官争理刑名，以为瞻徇地步，故不能不申明。道光十一年奏准成案，本城旗人不准作本城武职，藉以杜绝弊端。现虽地方词讼不准旗员干预，而催科、缉捕乃其专责，所属旗人口角小事，界官岂能不闻不问？势须回避本城，始可引嫌。至于协、佐等官专司旗务，不办地方公事者，则不在此列。惟目下以本地旗人为本地界官者，人数尚多，若必概行撤调，亦觉过事纷更，自应暂准当差，饬令该管上司认真稽查，如有前项情事，立即禀报撤换，以儆效尤。嗣后再有界官缺出，均应隔城挑选，其本城之人令于挑缺牌内声明扣除，积渐划清，较为简易。所有从前呈请就产当差旧习未免各便私图，自应革除以杜流弊。至缉捕不力处分，向来界官每以卡差公出，委过于骁骑校、领催等微末各员，殊不足以重捕务。现查东边一带卡差均经裁撤，只有看守围场台差十二处（查东边原设十二卡伦，尚留中江台、头道沟二处，因每年与朝鲜会哨，未经裁撤），嗣后应改为骁骑校专项差使，拟即以东边所撤卡差川费、口分，统行津贴，围场台差，免再派令佐领、防御充当，卡差俾得专心本界缉捕，倘有疏防，即将该管城守尉、佐领、防御等官照地方官缉捕不力之例一体分别议处，庶足以靖地方而重捕务。

　　以上各条均系前奏未能详叙并准部咨，应由（奴才）酌拟之件，兹特详加妥议、明定章程，庶几纪纲毕具，自易整齐，责任攸分，无虞推诿。在上官不难于督饬，即下僚亦有所禀承，兴革

大端略具于此。至于增设中军副将整顿捕盗各营暨昌图拟添官
弁、边外拟立练军，自当统俟边务完竣，另行妥定章程，请旨遵
办。他如总督应修衙署、首道应定养廉及理事通判应改同知以便
办考诸事业，另折陆续奏陈自可，毋庸并列所有（奴才）等遵议
变通吏治未尽事宜。谨将现拟详细章程先行覆奏，请旨饬部存案
以垂永久，其余尚有应议之处，（奴才）等当再详加体察，酌度情
形遵旨随时奏明办理，以冀仰副朝廷孜孜求治、不厌精详之至
意，理合，会同恭折具陈。

伏乞皇太后、皇上圣鉴，训示。谨奏。

奉旨："该部议奏。钦此。"

部议："照准。"

奏拟请昌图厅升为府治，添设各官并增设捕盗马兵折

（光绪三年正月，署将军、兵部左侍郎崇厚会同盛京户部侍郎岐元、奉天府府尹恩福具奏）

奏：为昌图厅属幅员辽阔，拟请升为府治、添设厅县教佐各
官以资治理而广教化，恭折仰祈圣鉴事。窃查奉省北边外昌图厅
所辖幅员一千六七百里，蒙民杂处，盗贼出没无常，厅属朝阳坡
地方曾聚匪徒抗官拒捕。同治四年，经钦派原任大学士文祥带兵
痛剿，始臻安谧。该厅本系蒙古地界，迩来流民日多，耕种殆
遍，械斗、命盗之案层见迭出，只一同知独任其事，分设经历、
照磨各一员襄同佐理，地大事繁，实有鞭长莫及之势。曾经前署
将军、尚书崇实统筹奉省全局，以该厅亟须添官增兵、藉资治
理，而厅属地租向来蒙古自管，无款可筹，因请试办河税、斗租
以为经费，奏明在案，旋经崇实饬派委员前往会同该厅同知赵受
璧妥定章程，试行办理，该处商民以此款为设官增兵之用，亦甚
乐从。计自上年六月以来，河税一项因河水浅涸、船只难通，未

经开办，所有斗租试办半年，业已收有一万七百三十余两，除去委员盘费，尚存九千九百六十余两，就现在试办，每年可以收银二万一千余两，虽不能作为定额，以之设官增兵尚敷支用。目下地方甚关紧要，所有应行升设、添设各官自应及时议定，请旨遵行。查前署将军、尚书崇实原奏拟将昌图厅同知升为知府，再于梨树城增设通判一员，八家镇增设知县一员，并于厅属西南康家屯地方增设知州一员，分设佐杂各官相助为理，等因。现在（奴才）等察看情形，康家屯一处离昌图较近，似可毋庸添设知州，拟请将该厅升为府治，仿照热河、承德府之例，仍管地面词讼各事，即康家屯地方亦可归其自理，移设八家镇经历于康家屯分防，再移梨树城照磨于八面城驻扎，均照旧请加六品衔，分司缉捕土匪并勘验命盗各案。凡有地方词讼、户婚、田土细故，准其就近审理，徒罪以上送由该府讯办，并将该厅巡检一员升为府司狱，训导一员升为府教授，既足以重地方，亦可以符体制，此（奴才）等现拟升设昌图府之情形也。八家镇、梨树城两处原设经历、照磨各一员分防佐理，该两处均系扼要之区，政务殷繁，措理非易，该经历等职小权轻，难资整顿。今拟梨树城改为厅治，添设通判一员，名曰"奉化厅"，另添巡检一员管理监狱；八家镇改为县治，添设知县一员，名曰"怀德县"，另添典史一员管理监狱，并均添设训导各一员，以兴学校。该厅县应照章请加理事同知衔，以便蒙民兼理。所有昌图府自理词讼，徒罪以上命盗各案应申详驿巡道审转，以昭慎重。至奉化厅、怀德县自理，徒罪以上之命盗各案则应详由昌图府审转径详府尹核办。此（奴才）等现拟添设厅县教佐各官之情形也。似此星罗棋布，既有提纲挈领之人藉资表率，亦复划界分疆而治各专责成，但使地方慎选得人，不难从容整顿。惟是该处地广民顽，盗风未息，东北直接吉林，边防尤难松缓。现在三盟及吉林各客队在彼驻扎马队四五百名之多，兵力尚觉单薄，边外情形实与内地不同，若非多设捕盗弁兵，非特缉捕难期得力，且亦不足镇压地方。现拟于该府厅县另添捕盗营马兵二百名，交昌图府分拨调遣，以专责成，所需饷干照章给发，即由此项斗租支销，以该处之所出供该处之所需，既免另筹饷项，并可抚辑闾阎，莫此为便。至于学校之事，风化攸关，现既升设学府学教授，并于奉化厅、怀德县添设训导各一员，若不增广学额，无以鼓励人材，自应酌量议增以广教化，俾令地方有所观感，庶几默化潜移，民风渐归淳朴，以副朝廷绥靖边陲之至意。其修建衙署、监狱各费即在上年秋冬两季所收斗租项下动拨，如有不敷，仍在本年所收斗租、开支、廉俸、工食、捕盗兵饷、马干余存项下次第兴办。以上拟请升设、添设各员，如蒙俞允，相应请旨饬部颁发印信关防以昭信守。（奴才）等为因地制宜起见，所有清界址定缺分并一切廉俸、役食以及文武学额、弁兵饷干应行详议，各事宜谨缮清单，并绘具《拟升昌图府改设厅、县全图贴说》，恭呈御览，合无仰恳天恩，饬下部臣核议施行，实于地方大有裨益。其未尽事宜容（奴才）等再行筹议，随时奏闻，理合，会同奉天府府丞臣杨书香合词恭折具奏。

伏乞皇太后、皇上圣鉴，训示。谨奏。

奉旨："该部议奏，单片图并发。钦此。"

部议："照准。惟查通判非知府属员，拟设奉化厅一缺应再酌核奏明办理。"

清　　单

各缺繁简应详定也。查昌图同知本系最要题调边缺，今拟升为昌图府知府，管辖一厅一县及分防之经历、照磨等官，并自理地面各事，政务既繁，责成尤重，应请定为繁、疲、难，提调边要之缺，由外拣员升补，照原设同知之例，三年俸满著有成效，由督抚出具考语，送部引见，候旨简用。其添设之奉化厅通判、怀德县知县所管地面俱系边地要区，蒙民兼理，应请均加理事同知衔作为繁、难题调边要之缺，由外拣补。至旧设之八家镇经历、梨树城照磨原系沿边调要之缺，今虽移设经历于康家屯、移设照磨于八面城，亦均分司巡缉，兼理词讼，应请照旧均加六品衔作为题要边缺。至司狱、巡典等官虽无地方之责，而边外地广民顽，监狱尤关紧要，亦应于通省人员酌量调补以期人地相宜，并请均加六品衔。所有该厅县佐均系边地要缺，三年俸满应准保题升用，如不称职，随时分别撤参以示劝惩。如蒙俞允，应请饬部铸造昌图府暨昌图府学教授，昌图府康家屯分防、经历、昌图府八面城分防、照磨，昌图府司狱各印信；奉化厅通判关防暨奉化厅学训导印记，奉化厅巡检兼典史各印信；怀德县、怀德县学训导各印记以及怀德县典史钤记，迅即颁发，以昭信守。

廉俸、工食应详定也。查昌图升设、改设之知府、厅县教佐各官地居边要，事务殷繁，所有各官廉俸以及书役人等工食等款，拟照热河章程支给，间有情形不同之处，酌量变通、略为增减，除廉俸、办公银两按年支领毋庸计闰外，其工食银两照例按月给发，遇闰照加。今拟昌图府知府养廉银二千两、俸银一百五两；门子二名十二两，遇闰加一两；皂隶十二名七十二两，遇闰加六两；民壮二十名一百二十两，遇闰加十两；马快八名一百三十四两四钱，遇闰加十一两二钱；轿、伞、扇夫七名四十二两，遇闰加三两五钱；禁卒四名二十四两，遇闰加二两；仵作二名十二两，遇闰加一两；更夫五名三十两，遇闰加二两五钱；铺司十四名八十四两，遇闰加七两。共银二千六百七十九两六钱，无闰除银四十四两二钱。昌图府教授俸银四十五两；斋夫三十六两，遇闰加三两；门子十二两，遇闰加一两；马夫六两，遇闰加五钱；膳夫六两六钱六分七厘，遇闰加五钱五分。共银一百一十两七钱一分七厘，无闰除银五两五分。昌图府司狱养廉银七十一两五钱二分，俸银三十一两五钱二分；门子六两，遇闰加五钱；皂隶、民壮各（二十四两），遇闰加二两；马夫六两，遇闰加五钱。共银一百六十八两四分，无闰除银五两。昌图府康家屯经历养廉银一百二十两，俸银四十两；门子六两，遇闰加五钱；皂隶二十四两，遇闰加二两；马夫六两，遇闰加二两；马夫六两，遇闰加五钱；民壮十六名九十六两，遇闰加八两；马快二名三十三两六钱，遇闰加二两八钱。共银三百三十九两四钱，无闰除银十三两八钱。昌图府八面城照磨养廉银七十一两五钱二分，俸银三十一两五钱二分；门子六两，遇闰加五钱；皂隶二十四两，遇闰加二两；弓兵十六名九十六两，遇闰加八两；马夫六两，遇闰加五钱。共银二百四十六两四分，无闰除银十一两。奉化厅通判养廉银八百两，俸银六十两，办公银二百两；门子十二两，遇闰加一两；皂隶十二名七十二两，遇闰加六两；马快八名一百三十四两四钱，遇闰加十一两二钱；轿、伞、扇夫四十二两，遇闰加三两五钱；民壮二十名一百二十两，遇闰加十两；禁卒二十四两，遇闰加二两；仵作十二两，遇闰加一两；更夫三十四两，遇闰加二两五钱；铺司八十四两，遇闰加七两。共银一千六百三十四两六钱，无闰除银四十四两二钱。奉化厅训导俸银四十两；斋夫三十六两，遇闰加三两；门子十二两，遇闰加一两；马夫六两，遇闰加五钱；膳夫六两六钱六分七厘，遇闰加五钱五分。共银一百五两七钱一分七厘，无闰除银五两五分。奉化厅巡检养廉银七十一两五钱二分，俸银三十一两五钱二分；门子六两，遇闰加五钱；皂隶二十四两，遇闰加二两；民壮二十四两，遇闰加二两；马夫六两，遇闰加五钱。共银一百六十八两四分，无闰除银五两。怀德县知县养廉银八百两，俸银四十五两，办公银二百两；门子十二两，遇闰加一两；皂隶七十二两，遇闰加六两；马快一百三十四两四钱，遇闰加十一两二钱；禁卒二十四两，遇闰加二两；轿、伞、扇夫四十二两，遇闰加三两五钱；仵作十二两，遇闰加一两；铺司八十四两，遇闰加七两；更夫三十两，遇闰加二两五钱；民壮一百二十两，遇闰加十两。共银一千六百十九两六钱，无闰除银四十四两二钱。怀德县训导俸银四十两；斋夫三十六两，遇闰加三两；门子十二两，遇闰加一两；膳夫六两六钱六分七厘，遇闰加五钱五分；马夫六两，遇闰加五钱。共银一百五两七钱一分七厘，无闰除银五两五分。怀德县典史养廉银七十一两五钱二分，俸银三十一两五钱二分；门子六两，遇闰加五钱；皂隶二十四两，遇闰加二两；民壮二十四两，遇闰加二两；马夫六两，遇闰加五钱。共银一百六十八两四分，无闰除银五两。以上无闰之年统共应支廉俸、办公、工食等银七千一百五十七两九钱六分一厘，遇闰共应加银一百八十七两五钱五分，均在斗租项下动拨，应请即由各府、厅、县照数按季支用实银以资办公，除囚粮一项例无定额，仍旧由承德县支领外，其余向在承德县支领廉俸、役食概行停止，以归核实。拟再于新设之奉化、怀德两学，每年于斗租项下各拨实银二百两发由该两学训导，以为月课生童奖赏之用，藉以培养人才，振兴教化。

文武学额应详定也。查昌图厅自设立学校以来，士知向学，人文日盛，习武诸童亦各技艺娴熟，志切鹰扬。今该厅既升为府治，并升设府学教授，添设厅、县两学训导，自应议增学额以广教化。旧设昌图厅文学四名、武学二名，历年以来科岁两试，皆由该厅拨入奉天府学一名。今拟请增文学四名，武学四名，定为昌图府文学额八名，武学额六名，其原拨奉天府学一名，应仍归入奉天府属取进。新设之奉化厅、怀德县两学拟请每学均定为文武学额各四名，该厅、县文武童生由该厅、县录送昌图府考试后再送院考，至昌图府自理地面文武童生则由该府录取，径送学院考取。惟一时尚未修建考棚，应仿照直隶易州之例，该府、厅、县文武童生均赴省城院试以归简易。

弁兵饷干应详定也。查奉省各州县原设之捕盗营弁兵、外委每员每月饷干银八两，马兵每名每月饷干银五两四钱。遵照部定章程，不计大小建按月给发八折实银，外委每员六两四钱，马兵每名四两三钱二分。今拟于昌图原设捕盗营马兵八十名之外，再行添设二百名，该处地面辽阔，俗悍民顽，缉捕梭巡极关紧要，自应添设马兵并添设外委四员管带，交昌图府分拨所属厅县暨各分防调遣，所需饷干应仍照章均按八折实银发给，计外委四员每月应发饷干实银二十五两六钱，马兵二百名每月应发饷干实银八百六十四两。统计每年共应发饷干实银一万六百七十五两二钱，遇闰加银八百八十九两六钱，均在该府斗租项下支销，其昌图原设之捕盗弁兵各饷乾应仍照旧办理。现计昌图每年可收斗租银二万一千余两，除动拨各官廉俸、办公银两及书役工食等款并支销添设之捕盗营外委马兵饷干外，每年尚应余银三千二百余两，遇闰亦应余银二千一百余两，拟即作为修建衙署、监狱并制造军械、旗帜、号衣以及犒赏各兵之用。

奏陈筹办东边事宜折

（光绪三年正月，署将军崇厚会同户部侍郎岐元、
奉天府府尹恩福具奏）

奏：为奉省边务，南路办理已有成效，北路亦经具有规模，亟应添设地方官，权宜试办以资治理而固民心，恭折仰祈圣鉴事。窃查奉省东边外南北延袤千有余里，东西相距亦数百里至数十里不等。上年凤凰边门外东沟一带丈清地亩之后，随经前署将军崇实奏明设立安东一县，委员试办，迄今一年之久，地方公事渐经办有条理，民心亦尚帖服，上年应征钱粮俱已扫数完纳。其安东以北瑷阳、城厂、旺清三门外，并凤凰城沿边以及通沟各处地亩续经总办边务候补道陈本植、知府恒泰、提督左宝贵督饬各员分路设局，逐段清查。现据旗民各户赴局投报者，可增至七十余万亩，合之安东县上年升科五十三万余亩及前数年已报升科之

五十余万亩，通计熟地不下一百七十余万亩，此外未经清丈之地无多。所有安东一县元年已收押荒者，二年起征钱粮，其前此已经升科之地则照章纳粮，势难再办押荒。此次续行丈出之地则先收押荒，再行起征钱粮，以每亩征银三分计之，以一分津贴各州县办公，统俟一律丈完升科之后，每年可征收正款银三万数千余两。此外苇塘为数无几，山货、杂货、粮石、斗租及烧锅各税甫经试办，亦难约计成数。至木税一项，元年因东沟贼匪甫经荡平，其多年堆积木植均行下运，商贾云集，征收较旺，共收东钱九十余万吊，二年则木植下运渐少，商贩亦稀，仅收东钱五十万吊有零。查此项木植来源现离水次较远，下运渐难，税自渐少，岁入确数势难预定，（奴才）崇厚、恩福到任后，节据陈本植等禀报，前情正在核办间。（奴才）崇厚承准军机大臣字寄，奉上谕："恩合奏东边新垦地亩，请添设旗署招佃旗丁，无庸添练勇营各折片，著崇厚体察情形，妥议具奏，等因。钦此。"（奴才）等当即公同商酌该副都统原奏不为无见，除所陈添练勇营一条另行附片覆奏外，查前署将军、尚书崇实以边外结庐耕种业已多年，不特各处流民托以为业，即各旗闲散亦不免藉地营生，因而推广皇仁，奏办升科纳税等事以为化私为官之计，而边氓甫经向化，若必区分旗民，畸轻畸重，又恐不足压服众心，所以奏请但凡认地开垦者，一律编入户口册籍，以示旗民一体之意。仰蒙圣明洞鉴，恩准在案。而所编册籍复经前署将军、尚书崇实饬令各委员等，均于本户名下分别注明旗民字样，以杜改旗为民之弊。是该副都统所虑旗人隐名于民圈报地者，前署将军、尚书崇实固已早筹及此也，至此次投报升科，每户或数十亩，或数百亩不等，皆系各管各业，尚无套报情事。该副都统所称一人任意指报极多，可以分段出兑、招佃旗人此事，或指从前而言，与现在情形又不相同。其所称边外添设旗署一节，查奉省边内前此本系旗多于民，嗣则旗民聚处，所以各城设立城守尉、协佐等官，又设州县官以便旗民分治；边外则民多于旗，且旗人不过民人十分之一二。奉省、州、县各官业经奏准，不论满汉，一律请补，均加理事同知通判衔，现在设立州、县，照旧加衔，请补即可，旗民兼理。（奴才）等察看边务，现所最要者，上年试设之安东县，仅管迤南一隅之地，迤北一带幅员辽阔，现经清查地亩，业有成数，若不即行添设州县、委员试办，则散而无纪，不足维系人心。当经扎调陈本植来省面加询问、逐细筹商。目下亟应择地设官，修筑营堡，建置衙署、兵房以为经久之计。因拟于六甸之宽甸添设一县，即名"宽甸县"，六道河添设一县，名曰"怀仁县"，头道江添设一县，名曰"通化县"，分疆划界，委员试署，并于每县各设巡检一员管典史事。但此三县所辖地面较广，尚须踩择地势添设分防、佐杂各官以资襄理。其宽甸县即与已设之安东县及边内改设之岫岩州统归凤凰厅管辖，怀仁、通化两县则归兴京厅管辖，庶几地方有所责成，既免人心涣散之虞。尚有未经丈完之地，亦可由各该县会同委员等就近查勘。所有各处分局当即酌量裁撤、归并以节经费。惟先后既经改设二厅一州四县，则前署将军、尚书崇实原拟于凤凰城添设边关兵备道一员，亦应及时设立，派员试署，俾令提纲挈领巡视东边。边外地方南北相距迢遥，（奴才）等体察情形，公同商酌，夏初南路江海之交帆樯云集，该道应驻东沟一带稽查木税，慎重海防，秋后水涸、水凝，北路边防紧要，又应驰赴头道江以上弹压、督催征收一切，迨至冬末，再回凤凰城清厘公件。一年之间，南北分巡周历，始能彼此兼顾。至于边外扼要之地甚多，且北接吉林，防务尤关紧要，现时东边驻扎本省并客兵各队已有两千数百名之多，将来边外非留重兵不能镇慑。（奴才）等再四思维，惟有将奉省议准满汉练军酌拨数营换防驻守，若无统领之员，不足以资控制。查兴京副都统系驻旺清门内，离边较近，所有边外各军统归节制。现任副都统色楞额、道员陈本植，本系奏派将军、翼长，应即仿照各省镇道体制，兴京副都统及边关道会同办理东边防务，仍兼充将军、翼长。惟边关道南北分巡须有亲兵，以备缓急，拟将前设大孤山步队及边外新添各兵设立道标马兵二百名、步兵五百名作为两营，归由该道亲统，所有该副都统节制之兵亦准该道调遣。庶文武和衷共济，始足绥靖地方。除绘具边外地图、贴说咨呈军机处备查外，其余未尽事宜，（奴才）等当随时体察情形，悉心筹画，妥议具奏，请旨遵行所有。（奴才）等拟于东边外南、北路先行添设文武大员并地方官权宜试办，缘由是否有当，谨合词恭折具奏，伏乞皇太后、皇上圣鉴，训示。遵行。谨奏。

奉旨："该部议奏。钦此。"

部议："照准。惟查兴京系属尊称，请将兴京理事通判改为兴京抚民同知，领新设之怀仁、通化两县，仍兼理事同知衔，不得改称直隶厅，亦不得直称兴京厅，以符体制。"

奉旨："依议。钦此。"

奏陈详定东边章程折
（光绪三年七月，署将军崇厚会同户部侍郎岐元、奉天府府尹恩福具奏）

奏：为奉省东边外地亩现经丈量完竣，谨将应行筹议各事宜胪列条款缮单，恭呈御览，请旨遵行，恭折仰祈圣鉴事，窃准部咨，（奴才）等前奏东边外应行设官添兵一折经部会议核准奏，奉谕旨："依议。钦此。"（奴才）等钦遵之下，感激莫名。伏查东边外自元年剿平东沟之后，旋将庙儿沟、通沟次第荡平，地方一律肃清，流民均经向化，所有边外各地亩仰蒙天恩，准予普律升科，经前署将军、尚书崇实等遵照同治年间王大臣原议，以边外之所出供边外之所需，奏派总办边务道员陈本植、知府恒泰、提督左宝贵督饬各委员分段绳丈，并筹办木税等事以为设官添兵之费。现经陈本植等逐一查清，统计边外前后升科各地共一百八十万三千余亩，其新丈之一百二十九万八千余亩，每亩年收正课银二分、耗羡银一分，并于开办之始每亩收压荒东钱一千，按户给领地照，俾令各安生业。缘上年边外歉收，尚有压荒东钱二十九万余千展至今年秋后补交。其前数年边外呈报升科五十万五千余亩之地，从前本未办过压荒，今若概令补交，未免徒滋纷扰，自应仰体皇仁，免其补交压荒钱文以示体恤。其原收每亩地租制钱三十文作银三分，现亦改为正课银二分、耗羡银一分，一体征收，以免畸轻畸重，即将新旧升科各地分拨各厅县，实力稽征除耗羡一分津贴厅县办公外，每年应征正课银三万六千两有零。至木税来源渐少，税亦减少，此项木税并苇塘、山货、粮货、斗租、烧锅各税均难预定成数，一时只有尽征尽解，俟试办一二年后，当再察看情形，酌定岁额。惟边民甫经向化，良莠不齐，抚绥、弹压均关紧要，虽经部议准，设安东、宽甸、怀仁、通化四县，而地方辽阔，仍恐鞭长莫及，应于离县较远之处添设分防各官捕拿贼盗并稽查赌博、弹压地方，庶几星罗棋布，免致顾彼失此之虞，并将奏准之道标、马步各队简练成营以资镇慑。其兵力不敷分布之处，已由（奴才）崇厚酌派客军并旗、绿练军扼要驻守。现在兴京副都统与东边道均充将军翼长，无论旗、绿各兵，该副都统暨该道俱可节制、调遣。但该道简练官兵稽征木税、苇塘、粮货等税，一年之间南北分巡周历边隘，改设之。兴京抚民同知、凤凰直隶同知自理地面徒罪以上刑名案件均解凤凰城，由该道审转，若该道在外分巡，委员代讯，仍由道核转，俾免疏虞，其分隶兴京、凤凰厅属各州县徒罪以上各案自应详由该同知审转。东边一带各厅、州、县遇有匪徒聚众及抢劫滋事、决不待时之案应仍由东边道就近讯明，禀请法办，庶足以镇压地方。此次陈本植因公晋省，当经（奴才）等向其逐细商榷，通盘筹画。目下地亩既经查清，所有地方应行兴办各事自应赶紧筹办，以免稽迟，所需款项即在办理善后余存，边外压荒、木税、苇租及各杂税项下动用。并查历年所征边外每亩三十文地租原备边务之需，前已陆续动拨，所存无多，即可统充此次费用，免再另请他款，以符原议。计修建城垣、衙署、营房各费共需银十五万数千余两，现在边务所存余款尚属不敷，俟今秋明春续收各项税款，再行凑拨动用。至各厅县起征钱粮系属正供，将来应归道标、马步队饷干之用，不敷银两，再由木税项下动支，其耗羡一分原系津贴各厅县办公，嗣后边外各县养廉、俸工、役食马拨等款即在一分耗羡之内支销。兴京、凤凰两厅征收无几，该同知并东边道及教佐各官养廉、俸工、役食等款应归各项税款动支，按年造报，以昭核实。除道、厅、州、县等官应即遴员试署，并撰拟字样咨部，颁给关防印信外，所有缺分繁、简，并添设分防、振兴学校以及修城垣、建衙署、盖营房、立马拨暨廉俸、饷干各事宜详加拟议，谨缮清单，恭呈御览，合无仰恳天恩，饬下部臣核议、施行。实于边务，地方大有裨益。其余未尽事宜，容（奴才）等再行筹议奏闻，理合，会同奉天府府丞兼学政（臣）王家璧合词恭折具陈。

伏祈皇太后、皇上圣鉴，训示。谨奏。

奉旨："该部议奏，单并发。钦此。"

部议："照准。惟开支各项议令减成，给发凤凰厅文武学额应从岫岩州学酌量抽拨，奏明办理。"

谨将东边外拨设道、厅、县教、佐等官缺分繁、简，并添设分防、增设学额暨建立城垣、衙署、营房以及马拨、廉俸、饷干应行详议各事宜胪列条款，恭呈御览。

分别繁简以定缺分也。查新设东边道一缺驻扎凤凰城，统辖二厅、一州、四县，巡察边防，督征税课，节制营伍，一年之间南北分巡，政务殷繁，责成尤重，应请定为分巡。奉天东边兵备道管理凤凰城等处地方，作为题奏请补最要之缺。其改设之凤凰直隶同知一缺既有自理地方之责，兼辖岫岩、安东、宽甸三州县，地处边围，政务繁紧，请定为冲、繁、难，题调奏补要缺。兴京抚民同知一缺管辖边外北路通化、怀仁二县，地方辽阔，复有自理之责，应请定为繁、疲、难，近边升补要缺，均加四品顶戴兼理事同知衔。至新设之安东、宽甸、怀仁、通化四县，俱系边地要区，事繁责重，除怀仁一县拟作为疲、难、升补边要中缺外，其余三县均请定为繁、疲、难，题调奏补边要繁缺，均加理事通判衔。并拟以上厅、州、县各缺仿照热河章程，先尽边内现任同通州县，无论满汉，拣员升补。如无合例堪调之员，即由候补委用熟悉边务人员内拣员试署一年，期满如果办理裕如，再请实授。统照边缺定为三年俸满著有成效，由督抚出具考语保荐，以应升之缺升用。至岫岩理事通判管知州事一员，虽改隶凤凰直隶厅管辖，该通判本系近边最要之缺，一切升补向有定章，毋庸另议。

添设分防以襄治理也。查新设之通化县北至柳树河，东至帽儿山，距县均三百余里，且界连围场，与吉林接壤，匪徒最易混迹，拟于柳树河添设县丞一员、帽儿山添设巡检一员。新设之怀仁县所辖江东地面与通化县以七十二顶子分界。该县通沟口地方距县三百余里，内阻浑江，外连叆江，接壤朝鲜，尤为扼要，其西界近边之四平街距县亦约二百里，向为盗贼渊薮，拟请于通沟口、四平街各设巡检一员。又宽甸县属之二龙渡距县虽不足二百里，但人烟稠密，地处通衢，其下游长甸河口距县亦将二百里，并与朝鲜一江之隔，民情刁悍，拟请于二龙渡添设巡检一员、长甸河口添设县丞一员。惟安东县地面较窄，毋庸添设分防。兴京抚民同知亦可毋庸再设分防，第既管辖二县，应设府经历兼管司狱一员，以便管理监狱。至凤凰同知虽在边内，而自理地面，北至赛马集有二百里之遥，向有马贼出没，拟于该处添设巡检一员，并请将凤凰厅新设司狱一员作为府经历管司狱事，其原设凤凰巡检一员现已移设孤山海门，应即改为孤山巡检。再东边道既有督征税课钱粮之责，亦应添设道库大使一员，作为丰盛库大使，由候补从九品内拣员请补，安东、宽甸、怀仁、通化四县并应各设巡检一员管典史事。以上府经历县丞、巡检、典史各缺均系边外及近边要缺，拟仍照章由边内升调，如无合例堪调之员，即由候补委用熟悉边务各员内拣员试署一年，期满再请实授，统照边缺三年俸满，果能著有成效，即行保题升用，如若不称职，随时参劾以示劝惩。

振兴学校以维风化也。查兴京发祥重地，二百余年涵濡教育，士知向学，向来该处生童均附承德县考试，今既改设抚民同知，自应添设学校培养根本。至凤凰厅地面向归岫岩管辖，未经设立学校，今既添设直隶同知，人文渐盛，亦应推广学额，而该厅所辖之一州二县除岫岩州原定文武学额，应仍其旧，其安东、宽甸二县并兴京抚民同知所辖之怀仁、通化二县地处边外，民间垦种结庐历有年所，既宽以生聚休养之恩，宜被以弦诵诗书之泽，庶可化梗顽而归淳朴。拟请添设兴京学、凤凰厅学教谕各一员，每学均定为文学额三名、武学额二名，通化、怀仁、宽甸、安东四县各定文学额二名、武学额一名，分隶兴京、凤凰两学。一时未能修建考棚，应由该管同知考试后送至省垣，由学政录取，将来文风日盛，应仍于各县建学增额以广圣世同文之化。所有该教谕并东边兵备道、兴京抚民同知、凤凰直隶同知、岫岩通判管知州事暨安东、宽甸、怀仁、通化四县知县，以及分防、府经历、县丞、库大使、司狱、巡检、典史各缺，相应请旨饬部铸造关防印信、钤记印记，迅即颁发以昭信守。

修筑城垣以昭巩固也。查边外新设各县向无城围可资保卫，其安东、怀仁、通化三县现拟每县修筑土城分开。城门用砖坚砌，上盖门楼各一座，城根用石块填砌，城墙现用土坚筑，顶盖灰土，垛口用砖砌成，每城周围约以三里为率，从减核估每处城垣需工料实银一万四千余两，每城外挑城河一道，需工价银三千余两。至宽甸地方，旧有石堡，年久倾颓，仅存基址，今既添设县治，自应一律修葺，拟仍旧址修补、坚固。该城周围不下六里有奇，添砌石土、购办砖灰，从减估计亦需工料实银一万二千余两，统计新筑修补城垣四处，共需工料实银六万数千余两，现因款项不敷，是以先筑土城，俟明年秋收后税租各项如收有盈余，再行续估，将城墙用石块包砌，以期经久坚固。至兴京抚民同知、凤凰直隶同知均驻扎边内，人烟稠密，街道宽阔，若一体筑城，需费浩繁，拟俟将来边务收款充裕再行修筑。

建置衙署以立体制也。查东边一带地处荒僻，现既添设道、厅、州、县教佐等官，自应建立衙署俾资办公。东边道系驻凤凰城，应在该处置买房地、修盖衙署，估需买价并修盖工料等项实银八千余两，又添设道库大使，衙署估需工料实银一千三百两。又凤凰城旧有巡检衙门，年久倾圮，且地势狭隘，今既改设同知，应于两旁添买房地，扩充基址，建同知衙署并府经历兼司狱衙署、监狱，计同知衙署添买房价并工料估需实银五千五百余两，府经历兼司狱衙署估需实银一千三百两，监狱估需实银一千五百两。又兴京同知现已移设新兵堡，亦应另建衙署，估需工料实银五千五百余两，该厅府经历兼司狱衙署估需实银一千三百两，监狱估需实银一千五百两。又新设安东、宽甸、怀仁、通化四县，每县衙署估计各需实银五千五百余两，每县巡检管典史事衙署估计各需实银一千三百两，监狱每座估计各需实银一千五百两。又新设通化县、柳树河县丞，宽甸县、长甸河县丞，通化县、帽儿山巡检，怀仁县、通沟口巡检，四平街巡检，宽甸县、二龙渡巡检，凤凰厅、赛马集巡检，其分防、县丞、巡检七处应建衙署七座，每座估需实银一千三百两。统计建造各衙署并监狱共估需工料实银六万数千余两。至文庙、学宫、教谕公所，应俟踩择地基，另行勘估，再请兴办。

盖造营房以屯弁兵也。查边外地方甫定，需兵弹压，现既添设道标亲兵，又由省城调拨练兵换防驻扎，自应修盖营房以资屯守。惟扼要之处甚多，若普律兴修，急难筹此巨款。拟请于新设各县每县先修兵房一处，每处修官房三间、兵房六十间，计四县应修官房十二间、兵房二百四十间。并于柳树河、帽儿山、通沟口、四平街、二龙渡、长甸河各分防衙门每处亦各修官房三间、兵房二十间，计六处共修官房十八间、兵房一百二十间，以为省城分拨练兵换防驻守之所。其道标马队二百名、步队五百名分驻凤凰城及边外，地方应盖马队官房三间、兵房四十间、马棚二十间。步队官房六间、兵房一百间，收放各色军火器械并钱粮等项库房十间，计道标马、步队应盖兵房一百四十间、库房十间、马棚二十间，统计换防练军及道标亲兵共应修盖官房三十九间，每间估需实银五十五两，兵房五百间，每间估需实银三十八两，库房十间，每间估需实银六十两，马棚二十间，每间估需实银三十两，通共官兵应行修盖营房、马棚共五百六十九间，估需工料实银二万二千余两，应即及时修盖，以资屯守。

设立马拨以通文报也。查边外幅员辽阔，人心甫定，新设各县一切文报最关紧要，该处驿递不通，并无墩铺，若非设立马拨分头接递，不足昭严密而期迅速。边外里数较大，兼以山路崎岖，草料、食用皆远处购备，价值昂贵。现拟酌定每三十里设马拨一处，每处设马三匹、马夫三名、钞书一名，每马一匹日支料草银九分，马夫每名日支银八分五厘，钞书每名日支银八分五厘，以每处马三匹、马夫三名、钞书一名计之，应日支银六钱一分。计自安东县西北至凤凰同知驻扎之凤凰城一百五十里，应设马拨五处；西南至东边道夏令驻扎之东沟地方一百里，应设马拨三处；东北至宽甸县交界地方一百里，亦应设马拨三处，安东县共马拨十一处，应马三十三匹、马夫三十三名、钞书十一名，日支银六两七钱一分。又自宽甸县西南至安东县交界地方二百一十里，应设马拨七处；东北至怀仁县交界地方二百里有奇，亦应设马拨七处。宽甸县共马拨十四处，应马四十二匹、马夫四十二名、钞书十四名，日支银八两五钱四分。又自怀仁县西南至宽甸县交界地方一百七十里有奇，应设马拨六处；东北至通化县交界地方一百五十里，应设马拨五处。怀仁县共马拨十一处，应马三十三匹、马夫三十三名、钞书十一名，日支银六两七钱一分。又通化县西南至怀仁县交界地方一百六十里，应设马拨五处；西北至兴京抚民同知驻扎之新兵堡二百七十里，应设马拨九处。通化县共马拨十四处，应马四十二匹、马夫四十二名、钞书十四名，日支银八两五钱四分。统共边外四县共设马拨五十处，应马一百五十匹、马夫一百五十名、钞书五十名，每日共支银三十两五钱，遇闰月年加增，遇小建月照扣，应即责令各该县核实支销，按年造报。

详定廉俸以资办公也。查新设东边道暨厅县教、佐等官地处边要，事务殷繁，所有各官廉俸以及差役工食等款拟照热河章程核定，间有情形不同之处，酌量增减。除廉俸及办公银两按年支领，毋庸计闰外，其工食银两按月发给，遇闰照加。今拟东边道即照驿巡道酌定养廉银三千两、俸银一百三十两，书吏十六名，照例不给工食，其余每年应给工食银：马快十二名七十二两，遇闰加六两；门子四名二十四两，遇闰加二两；库丁八名五十七两六钱，遇闰加四两八钱；轿、伞、扇夫七名五十两四钱，遇闰加四两二钱；皂隶十二名八十六两四钱，遇闰加七两二钱；厅事吏二名十四两四钱，遇闰加一两二钱；铺兵二名十四两四钱，遇闰加一两二钱。共银三千四百七十五两八钱，无闰之年除银二十六两六钱。道库大使养廉银七十一两五钱二分、俸银三十一两五钱二分；门子一名六两，遇闰加五钱；皂隶四名二十四两，遇闰加二两；民壮四名二十四两，遇闰加二两；马夫一名六两，遇闰加五钱。共银一百六十八两四分，无闰除银五两。兴京抚民同知、凤凰厅直隶同知拟均酌定养廉银一千两、俸银八十两、办公银四百发两，除祭祀银两及囚粮、柴薪照例报销并书吏六名例不给工食外，每年应发工食银：门子二名十二两，遇闰加一两；皂隶十二名七十二两，遇闰加六两；马快八名一百三十四两四钱，遇闰加十一两二钱；轿、伞、扇夫七名四十二两，遇闰加三两五钱；更夫五名三十两，遇闰加二两五钱；民壮二十名一百二十两，遇闰加十两；禁卒四名二十四两，遇闰加二两；仵作二名十二两，遇闰加一两。两厅同知各应银一千九百六十三两六钱，无闰各除银三十七两二钱。查兴京理事通判现已改设抚民同知，其通判原领俸工应行停止，合并声明。又兴京抚民同知、凤凰直隶同知均添设府经历兼司狱各一员，拟酌定养廉银一百二十两、俸银四十两，其每年应给工食银：门子一名六两，遇闰加五钱；皂隶四名二十四两，遇闰加二两；马夫一名六两，遇闰加五钱；民壮十六名九十六两，遇闰加八两；马快二名三十三两六钱，遇闰加二两八钱。每处经历各应银三百三十九两四钱，无闰各除银十三两八钱。又兴京、凤凰两学教谕各一员，每员俸银四十两；斋夫六名三十六两，遇闰加三两；门子二名十二两，遇闰加一两；马夫一名六两，遇闰加五钱；膳夫一名六两六钱六分七厘，遇闰加五钱五分。每学教谕各应银一百五两七钱一分七厘，无闰各除银五两五分。又新设通化、怀仁、宽甸、安东四县，每县拟各定养廉银八百两、俸银四十五两、办公银二百两，除祭祀银两及囚粮、柴薪照例报销并书吏不给工食外，其余每年应给工食银：门子二名十二两，遇闰加一两；皂隶十二名七十二两，遇闰加六两；马快八名一百三十四两四钱，遇闰加十一两二钱；禁卒四名二十四两，遇闰加二两；轿、伞、扇夫七名四十二两，遇闰加三两五钱；仵作二名十二两，遇闰加一两；更夫五名三十两，遇闰加二两五钱；民壮二十名一百二十两，遇闰加十两。计四县每县各应银一千五百二十八两六钱，无闰各除银三十七两二钱。又通化县之柳树河、宽甸县之长甸河两处各设分防县丞一员，每员应岁支养廉银一百二十两、俸银四十两；门子一员六两，遇闰加五钱；皂隶四名二十四两，遇闰加二两；马夫一名六两，遇闰加五钱；民壮十六名九十六两，遇闰加八两；马快二名三十三两六钱，遇闰加二两八钱。每县丞一员各应银三百三十九两四钱，无闰各除银十三两八钱。又凤凰厅之赛马集、怀仁县之通沟口及四平街、通化县之帽儿山、宽甸县之二龙渡五处，每处各设分防巡检一员，并安东、宽甸、怀仁、通化四县各设巡检管典史事一员，每员应岁支养廉银七十一两五钱二分、俸银三十一两五钱二分；各应门子一名六两，遇闰加五钱；皂隶四名二十四两，遇闰加二两；民壮四名二十四两，遇闰加二两；马夫一名六两，遇闰加五钱。每员各应银一百六十八两四分，无闰各除银五两。以上道厅教、佐等官无闰之年共应支养廉、办公、役食实银一万六千四百一两七钱三分四厘，遇闰加银三百六十五两一钱。

筹议饷干以立营制也。查新设道标马队二百名、步队五百名作为两营，现经部议核准，应即简练成营。前经奏明，道标两营饷干一切均照直隶练军章程。今步队五百名为一营，核与直隶练军人数相符，应即照章办理。马队二百名为一营，与直隶二百五十名分作五哨略有不同，自应仍以五十名为一哨，照分四哨，其饷干、公费、柴薪银两按照四哨支放。至营官一员、帮带二员、字识一名饷干薪水及所用马匹、马夫、伙夫等项，既已成营，无可核减，应仍按照直隶练军支放以符定章，所有马、步队遇有出征、援营等事，亦应统照直隶章程办理。拟请定为靖边左右两营练军，所用饷干银两按年造报核销。至马队需用之鞍鞯扎、铁嚼、铡草刀、麸料口袋并步队号衣等项照章由各该营置买，只准报销一次，其两营需用枪、炮、子药由省发给，刀、矛、旗帜等项应由该道置办，核实报销。

奏请奉化改县片
（光绪三年十月，署将军崇厚、奉天府府尹恩福会奏）

再，准部咨，以（奴才）等前奏昌图厅升为府治，拟设奉化厅通判一缺，归由该府统辖，体制不符，令再核议，等因。奉旨："依议。钦此。"钦遵咨会前来，自应遵照办理。（奴才）等公同商酌，应请将拟设奉化厅通判改设奉化县知县，加理事同知衔，并设典史、训导各一员，一切章程均照怀德县一律办理，请旨饬部速议，施行，理合，附片具陈。

伏乞圣鉴。谨奏。

奉旨："该部速议具奏。钦此。"

嗣准部咨，奉化厅通判准改为奉化县知县，余照所议办理。

奏请东边各官廉俸、役食、马拨并修建工程照发实银折
（光绪四年三月，署将军、兼总督崇厚会同府尹、
行巡抚事恩福具奏）

奏：为东边各官廉俸、役食、马拨并修建工程应请照数给发实银，以重地方而求实济，恭折具陈，仰祈圣鉴事。窃准部咨，以（奴才）等前奏筹议东边应办各事宜，按照条款议覆奏。奉谕旨："依议。钦此。"钦遵咨会前来。（奴才）等查地方建置诸事均经各部会议核准，自应遵照办理，即工程、马拨银两亦经议准照办。惟户部议令删减，按照折扣章程支放，在部臣综核、度支，固应力图撙节，但自钦差、刑部尚书、前署将军崇实开办边务以来，叠奉上谕，饬令实事求是，量予变通，所以事事认真、务求实济。遵照王大臣等原议，以边外之所出供边外之所需，（奴才）崇厚、恩福抵任后，所有一切事宜悉行遵照办理，入款必令涓滴

归公，出款毋许丝毫浮冒，冀可量入为出，不必另请款项。而边疆紧要，又须遇事变通始足以资治理，故于各官廉俸、役食请发实银，庶几养其廉隅，俾知自爱。马拨及各项工程亦经再三核减，估计实银，免致办公竭蹶，转生弊窦。原以实事求是，事在创始，本无例案可循，今既经核实，酌定复绳以折扣章程，不特不敷应用，势必无从措手。谨将一切情形敬为皇太后、皇上陈之：

边外流民甫经向化，良莠不齐，必须上下相孚始能积渐观感，地方官稍失检点，害即立见，弊亦日深。既任以边疆繁剧之区，复申以廉洁自持之戒，倘不量加体恤，何能为地择人？东边道为东边阖属表率，首重责成，因定养廉银三千两、俸银一百三十两。同知有兼辖之权，知县有地方之责，酌定同知养廉银一千两、俸银八十两，知县养廉银八百两、俸银四十五两。只以边缺瘠苦异常，无可挹注，复定为同知办公银四百两，知县办公银二百两，其余教、佐各官廉俸以次递减。役食等款亦因边地情形苦累，所有书差、衙役均系招募出边，每年每名十余两至数两不等，今若并此均行折扣，令其枵腹从事，何以办公？况边地钱粮经前署将军、尚书崇实议以一分耗羡津贴地方官办公奏明，奉部议准在案，现定各县廉俸、役食、马拨即在此项一分之内支销，更可毋庸删减、折扣，此廉俸、役食应给实银之实在情形也。至于设立马拨，原因边外重山复岭，道路崎岖，各厅县相距迢遥，既须文报往来、相连一气，并无墩铺可接、驿站可通，稍有稽迟，关系地方军报。故拟每三十里设马三匹、马夫三名、抄书一名，每马一匹日支草料银九分，马夫及抄书每名日支银八分五厘，较之各驿站设马数十匹至十余匹者情形自不相同，若马匹既经核减，复绳以折扣章程，则养赡不敷，必致有名无实。至收发文报，必须填载月日、时刻，户部议以奉省各站并无抄书名目，嗣后倘有稽延、遗失，将从何处稽查？此抄书之仍须照设并马乾、马夫应给实银之实在情形也。修建各工，如城垣一项，边内之兴京、凤凰两厅治现因边款未充，请从缓办。其安东、宽甸、怀仁、通化四县远悬边外，地当冲要，若非赶紧建城，难资保卫。石砌城根，土筑城墙，灰盖墙顶，砖砌垛口，周围数里环挖壕沟，每城估需实银一万七八千两并不为多，且宽甸一县既有旧址可修，虽里数加倍，亦即从实减少，估以实银一万二千余两。如此层层核实，比之他处工程，实属有减无增，岂可再行折扣？衙署一项，东边道挖制，边疆具有体制，置买房地并修盖工料估以实银八千余两，厅县刑钱所汇案牍繁多，地址房间势亦不能过隘，各估以实银五千五百余两。至于杂佐各官，既系公所，亦须略具规模，各估以实银一千三百两，监狱每座则估以实银一千五百两，并工料、地价均在其内，实已力加撙节。营房一项，边界辽远，民气未纯，弹压、巡防均关紧要，既应择其要区屯兵镇慑，则官房、库房、兵房、马棚皆属必不可少，现在官房每间估以实银五十五两，库房每间估以实银六十两，兵房每间估以实银三十八两，马棚每间估以实银三十两，不过因陋就简，略资休息。统计道标马队二百名、步队五百名，加之省城随时拨兵换防，兵数众多，地方困苦，原估房间工料本已力从核减，今若再按折扣章程，更属不能兴办。此修建各工程业经按照实银核实、估计，不能再行折扣之实在情形也。总之，边外甫经平定，创办一切均须因时制宜，若不酌量变通，断难求其实济，况边地情形不特与各省不同，即与奉省边内地方亦有区别，建置事宜系在创始，本无例案可循，自非他处所得援以为例。现复筹度，至再不敢不将一切实在情形据实渎陈。仰恳天恩，俯念边疆紧要，所有廉俸、役食、马拨并修建城池、兵房、衙署各工程，特恩准予按照（奴才）等原奏数目，免其减扣，概给实银，方能及时兴办，不致中辍。（奴才）等为实事求是起见，除凤凰厅学额容再酌定另行覆奏外，谨会同恭折具陈。

伏乞皇太后、皇上圣鉴，训示。谨奏请旨。

奉旨："另有旨。钦此。"

奏请昌图廉俸、役食仍请支给实银折片
（光绪四年三月，署将军兼总督崇厚会同
府尹、行巡抚事恩福具奏）

再，准部咨，以（奴才）等前奏酌定昌图各官廉俸、役食，议令按折扣章程支给，并议将知县办公银两停放，另由征收项下酌提银钱饬交该府、县以资调剂，等因。查昌图系属边外蒙古地面，幅员辽阔，治理繁难。（奴才）等前奏请将升设之昌图府定为养廉银二千两、俸银一百五十两，奉化、怀德两县各定养廉银八百两、俸银四十五两、办公银二百两，其余教、佐各官廉俸以次递减，并役食等项均照实银给发，原以边疆瘠苦，必须酌量变通，始足以资治理。且前署将军、尚书崇实原议开办斗租以为添官增兵之费，今此项廉俸、役食即在斗租项下动支，以边外所出供边外所需，并非另行请款。若必按照停扣折放，既与原议不符，并亦无以资体恤而养廉隅。部臣议令于征收项下酌提银钱以资调剂，（奴才）等详加酌核，与其另立名目，不如优给廉俸及办公银两，既有限制，亦较光明，始为实事求是办法。昌图地方官与东边外事同，一律并非他处府县所得援以为例。合无仰恳天恩，俯念边疆紧要，所有昌图府及教、佐各官廉俸、役食并办公银两，特恩准予按照（奴才）等原奏数目，免其减扣，概给实银，实于边务、地方大有裨益。谨会同附片具陈。伏乞圣鉴。谨奏。请旨。

奉旨："另有旨。钦此。"

奏请边外地亩仍请准予税契折片

（光绪四年三月，署将军兼总督崇厚会同府尹、

行巡抚事恩福具奏）

再，准部咨，以（奴才）等前奏请将东边外各户置买房地由府尹衙门发照税契，应毋庸议，等因。查奉省东边外本系一片闲荒，嗣经流民开垦，渐成熟地，民间互买互卖业已多年。仰蒙圣明洞鉴，准予编入户口册籍、普律升科。经前署将军、尚书崇实派员查丈，先收押荒钱文，按户给予地照，奏明在案。现经查明升科熟地一百八十余万亩，设官征收钱粮。（奴才）等前奏请由府尹衙门给发契尾，交由地方官办理税契，只以将来各户倒兑迁移，既不能免，随时报税自易稽查，并非将已发各地照，令其再行报税也。今部议行令，毋庸税契，并引江西棚民之案，只准本户子孙承管，不准互买互卖。奉省东边外幅员辽阔，民气未纯，现在添设地方官自道员以及教、佐至于数十余员之多，始足以资治理。其与江西铜塘山棚民附入上饶、广丰两县兼辖者情形自不相同，若既设郡县之后，而一切地亩仍按民佃官地办理，实觉窒碍难行，部臣虑及，嗣后如查有碍及风水、碍及围猎之处，不复听官经理。查边外有关风水地方，既经前礼部主事张元益周历履勘，设立封堆永远查禁，现并随山护砂、各沟塘亦经清出交。兴京副都统督同旗民、地方官敬谨守护围场地亩，亦已奏明，派员查办，自不至再有前弊。当此边民甫经向化，尚多疑虑之心，办理稍失机宜，关系即非浅鲜。（奴才）等再三酌核，未便稍存歧视。合无仰恳天恩，准将东边外升科各地按照各州县属地一律办理，嗣后民间互买互卖，概予税契，以定民心而安边境。理合，会同附片具陈。伏乞圣鉴。谨奏。请旨。

奉旨："另有旨。钦此。"

上谕一道

光绪四年三月十九日，内阁奉上谕："崇厚等奏请将东边及昌图各官廉俸等项照数发给实银各折片。奉天东边创办各事宜与边内不同，自应因时制宜，免致办公竭蹷。崇厚等以前请动用款项均系核实、酌定，万难再加折扣，自系实在情形。所有东边官员廉俸、差役工食暨设立马拨、修建工程等项均著照崇厚等原定数目发给，免其减扣，以示体恤。昌图地方与东边事同一律，该处各官廉俸、役食暨办公银两，著一并发给实银，免其减扣，他处均不得援以为例。另片奏东边外各户置买房地，请仍发照税契等语，著照所请。东边外升科各地准照各州县属地一律办理，听民间互买互卖，随时报税立契，以昭画一。该部知道。钦此。"

《盛京奏议》 解题

王　凯

　　《盛京奏议》是清朝中央与东北地方大员之间的奏折和谕旨的汇编，具体内容主要是关于同治年间调查东北地区流民私垦土地、呈请升科等。

　　东北是满族的祖居之地，1644 年清军入关后，便开始对东北实行封禁。清初，开始于辽河流域和今吉林部分地区修建柳条边，禁止汉人越过边墙打猎、放牧和采人参。但是，到康熙年间，特别是平定三藩之后，中原人口激增，加之自然灾害严重，出现了人多地少的情况，于是，大量人口涌入东北。这就让朝鲜感到不安，且两国边民矛盾时有发生。于是，朝鲜就向清政府要求禁断。

　　乾隆时期封禁政策更加严格，但是仍有大量关内人民涌入东北。道光年间，东北流民继续增加，并出现了私垦土地、定居的现象。面对朝鲜的一再要求，清朝制定了春秋二季清朝派官兵出边巡察，每届三年清朝派钦差一员同朝鲜官吏沿江会哨的所谓统巡会哨制。

　　到了同治年间，流民越聚越多，在东北形成了一个稳固的群体，并且爆发了横扫辽、吉两省的王起、马傻子起义。此外，在东北还多次发生朝鲜贡使被劫、货物被抢事件，朝鲜也多次提出严惩流民和展边要求。这一切都使得清政府认识到原来的封禁政策已不适应东北的实际情况，于是清政府便开始由镇压流民向内抚流民、外绥藩服转变。（见李花子《清代中朝围绕关内流民在鸭绿江地区活动的交涉》）

1867 年，流民何名庆等呈请，旺清门外六道河等处聚众数十万，垦田数百万垧，请照吉林五常开荒成案一律升科。清朝以此为契机，派延煦、恩锡、奕榕等同盛京将军一起勘察东北地区流民私垦情况，并与朝鲜商定展边事宜。

一、《盛京奏议》的内容

全书共有奏折 15 篇，上谕 4 篇。主要内容有：

"恭亲王等初次会议奏""将军都、单衔奏"两篇奏折主要陈述了游民私垦禁地、呈请升科一事的以往先例以及处理意见，即需要派出官员实地考察再做定夺，并且将军都认为在勘察之前应该先行肃清匪患。

"为遵旨进山查勘，先期咨会朝鲜定地接见，恭折""为接见朝鲜委员并查勘凤皇瑷阳两边门外大概情形，恭折"主要是关于接见朝鲜官员、商定展边事宜的记述。奏折中对于中朝之间定期会哨制度，即"至每届三年钦派大员出边巡察，则系由旺清边门至瑷江西岸头道沟地方，与朝鲜委员会哨"，中国进入朝鲜之路径，即"均出凤皇边门至中江卡伦地方入朝鲜境"，中朝之间会议记录及礼物清单，以及初次进山勘察情况，即"凤皇门南界窟窿山、柞木山、光土山、长山等处逐一勘察，已垦之地有十之三四，后勘小黑山、台沟、大东沟、小东沟等处沿边一带，已垦不过十之二三"皆记述较详。

"恭亲王等二次会议奏"主要是根据第一次进山勘察情况以及与朝鲜会议内容，对流民私垦、呈请升科的处理，即"朝廷宽其既往，加以格外之恩，予以养生之路"及对于未到地的再勘察，"遇有风水关碍之处，应如何保护，赋税轻重之间，应如何科定，以及官员之应设立，学校之应请求，祭品供物之地应酌量变通，淘金、采参之人应善为处置"等的处理意见。

"延、奕会奏展期奏""为钦奉谕旨，谨将前议筹办边地始末情形，缕细详陈""为遵旨出边巡阅，拟先委熟悉员弁前往详查山形地势扼要处所绘图""为遵旨拣派委员出边查勘地势，谨将办理情形恭折奏祈圣鉴事"四篇奏折主要讲述为第二次进山勘察所做的准备，因东北地区夏季山洪时发，且山高林密，不易勘察，故决定于秋天出边巡察。在出边之前，派遣熟悉当地情况的人员，先对瑷阳、碱厂、旺清等三边门以外沿浑江西岸进行勘探，并在地势扼要处所，一面挂告示一面削木志以标记，且书写地名、距离等，并将其地理形势绘图说明。

"为派员查勘瑷阳等三边门外大概情形""延、奕奏请未能查边奏""为遵旨先行出边查勘，谨将起程日期恭折会奏"三篇奏折是对进山勘察的情况进行的详细描述。首先派出三路人马先行勘探，即派协领书明额、候补防守尉扎朗阿、骑都尉多恩出碱厂边门；派开复协领丰恩、防御巴达朗额出瑷阳边门；派佐领柏林、阎士芳、防御庆龄出旺清边门。勘察的目的是将未垦田亩、已垦田亩、人口数量、山川地势等情况先行勘察明了，记录在案。共查出"窝铺七千四百余所，男妇游民四万四千三百余名口，已垦熟地四万二千亩，未垦闲荒十之一二至十之七八不等，土性瘠沃各半，标记密林茂木十七处"。后由于将军回乡探亲，所以延煦、奕榕先行进山考察，并列出所用款项及对有功人员的奖赏。

"遵查边外地势民情，绘图贴说，并酌拟章程，恭折奏闻""将军都、单衔奏，为遵旨酌核边务，谨抒愚昧之见，缕晰直陈"两篇奏折记述了进山勘察后的结果及应对措施。共提出八条措施：（一）拟严限制，以慎风水；（二）拟照册籍，以安民心；（三）拟轻赋敛，以恤民力；（四）拟封围场，以符旧制；（五）明恩威，化以顽梗；（六）拟定边界，以维中外；（七）拟严边禁，以绥藩服；（八）拟明赏罚，以策员弁。

二、《盛京奏议》的学术价值

通过《盛京奏议》所载内容可以看出，清朝最终放松了对东北的封禁政策，但对于承认流民的合法地位，无论是中央军机处还是地方将军均是出于被迫的，特别是此事还牵扯到朝鲜流民越界私垦的事件。因此，清朝多次派员勘察东北私垦情况，并最终制定了流民安插等政策。

首先，《盛京奏议》保存了大量的史料。对于东北地区的地理地貌，如"边外山重水复，路径崎岖，非险峻之峰峦，即低洼之陷甸。三春以后，草木丛深，该处谓之树叶阂门，且山水之涌泄无常，时有冲淹之虞。是以每当夏令，行旅绝踪"；农田开发，如"已垦熟地四万二千亩，未垦闲荒十之一二至十之七八不等"；流民来源，如"问其原籍，大半自称海南人者居多。查山东省之登、莱、青三府与奉天之岫岩等处，南北遥遥相对，中隔大海，水路可通。盖其所谓海南者，即山东也"等方面有详细记载。

其次，该书也是研究清朝对东北统治政策的重要资料。从书中我们可以看出清朝对东北流民政策的转变过程，如"恭亲王等初次会议奏"中记载："道光二十六七年，将军奕湘、侍郎柏葰等悉遵守成例，将私垦地亩一律平毁，流民照例治罪。"此时对于流民还是一味地采取镇压政策。而"同治二年，御史吴台寿请开奉省荒地一折，经将军玉明覆奏"则表明此时镇压流民政策已经开始向安抚流民转变。到同治六年，清朝流民政策已转变为"臣等伏思法贵因时，今昔之情形，本难拘执，治宜利导，事机之缓急，尤贵变通。与其守例而谕禁两穷，何如就势而抚绥较便"。由此我们可以看出，清朝对东北已经由封禁向开放转变。

第三，该书还是研究清朝与朝鲜的外交关系的重要史料。例如，对会哨巡边制度时间、地点、路线的记载："至每届三年钦派大员出边巡察，则系由旺清边门至瑷江西岸头道沟地方，与朝鲜委员会哨。"对清朝与朝鲜两国民众纠纷的处理原则的记载："并拟与朝鲜约明，如有各项匪徒扰及该国边境，即为中国犯法之民，准该国王随时拿获，解交盛京将军奏明，即在江边正法。敢拒捕者，准其格杀后咨明盛京将军据情代奏。如于空地之内见有中国人民，亦准随时咨行盛京将军，立予查拿。倘有彼国之民违禁私越，亦应一律办理。"

从这些记载中都可以看出，清朝在处理藩属国的问题上实行"外绥藩服"政策。由此来看，《盛京奏议》是研究东北地区历史、地理、边疆开发、礼仪制度，以及中朝关系的重要资料。

《盛京奏议》标点说明

王　凯

本书以沈云龙主编的《近代中国史料丛刊续编》第五十二辑（文海出版社，1978 年版）所刊《盛京奏议》（手抄本）为底本进行标点。

1. 本书一律按现代汉语的规范进行标点，并根据该书的具体内容，按现行行文规范进行合理分段。对原书中的用语、标点，确需更正的，以脚注的形式说明。

2. 对原文中出现的通假字仍按照原字形在文中列出；对原书中出现的词语混用的情况不做改动，如"商榷、商确""察勘、查勘"等照录；对当时通用的词语、数字及语法表达形式，一仍其旧，个别产生疑问的以脚注的形式予以说明；对原文中出现的脱字、错字、别字、衍字等也以脚注的形式标出，并提出作者个人修改意见。

3. 对原文中出现的当时的地名、民族名称、官职名称等仍保持原貌，有歧义者以脚注予以说明。涉及的疆界问题、领土归属问题、民族宗教问题等，在保持原作者的政治立场和观点的同时，加以必要的修正。

4. 原文中随文注释及表示谦卑的小字，均用 ［　］ 或 （　）

标出，且字号比正文略小。

　　5. 原文中字迹漫漶者尽可能查证相关史籍补充完善，不能补充者以□代之。

盛

京

奏

议

佚名撰

恭亲王等初次会议奏：为遵旨会议具奏，仰祈圣鉴事。

同治六年四月二十日，军机处交出盛京侍郎额勒和布等具奏游民私垦禁地呈请升科一折。奉旨：额勒和布等奏游民私垦禁地呈请升科，请饬廷臣集议，并陈与将军都兴阿等筹商两岐各折片。著派恭亲王会同大学士、六部、九卿公同商议，妥筹具奏。前陛见来京之锦州副都统奕榕，著一并会议。钦此。钦遵。并由军机处交出从前办理查禁地亩各折片、地图。臣等定期齐集内阁，公同阅看。查额勒和布等原奏内称，本年二月三十日准。盛京将军衙门文称，据民人何名庆等私越开垦，呈请纳课，咨送奉天府委员究办。据称奉天旺清门外六道河等处聚积数十万家，垦地数百万晌。请照吉林五常堡开荒成案，一律升科等情。查边外刨地已成，律坐军罪。何名庆等公然自首，其为恃众尝试，不问可知。如因聚集既繁，开垦已广，因势利导，准其升科，固属一劳永逸之计。而设立牌甲、编查户口、丈量地亩、分别等则，稍或用人乏当，办理失宜，贻患亦非浅鲜。况边外东界朝鲜，其中有无窒碍，尤须查明旧章，斟酌尽善。（奴才）等不敢稍涉迁就，致误事机。请饬廷臣，集思广益，详慎办理等语。臣等详查旧制，于国朝发祥之盛京附近一带特留数千里之沃壤荒山，沿边设门，定制森严。其中深谋远虑，诚有不可殚述者。凡属臣工，孰敢轻议历朝旧章，妄献展边之策，如道光二十六七年，将军奕湘、侍郎柏葰等悉遵守成例，将私垦地亩一律平毁，流民照例治罪，同治二年，御史吴台寿请开奉省荒地一折，经将军玉明覆奏以诸多窒碍，副都统恩合覆奏颇属详明。二次所奏亦以事关重大，未敢率行试办。况瑷阳、凤凰等边门与朝鲜之各浦堡接壤，所关尤钜。康熙年间，曾将沿边近处，流民盖屋、垦地严行禁止。乾隆年间，复于凤凰城树栅之外特留空地百余里，使内外隔截，以免流民混迹。伏读圣谕，具有深意，虽历任将军、副都统等遵照定章取具，并无私垦，切结存案。而边荒地阔，防检难周。现在所垦地亩，仅据何名庆等四人供称已有数百万晌，此外尚不知凡几。该民人等竟敢冒罪自陈，恳请升科纳税，该侍郎、府尹等虽明知事干例禁，亦不敢据实上闻，其为驱除不易已可概见。臣等伏思法贵因时，今昔之情形，本难拘执，治宜利导，事机之缓急，尤贵变通。与其守例而谕禁两穷，何如就势而抚绥较便。检查同治二年，将军玉明呈绘地图，南至瑷阳边门，北至英额边门，东至瑷江西沿。所有匪民在边外山场，占盖房间、窝棚，垦田伐木各项营生，其聚处之众，垦种之多，了如指掌。今若恪遵旧制，严行驱逐，诚如额勒和布等所奏：数十万众讬业多年，一旦夺其衣食，必至抗而不遵，铤而走险，窃恐重烦兵力。臣等再四筹商，并详阅何名庆等供，原难以该四人一面之词指为确据，而游垦处所究有户口若干人，田亩若干晌，地方辽阔，种种实在情形，无从悬揣，必须彻底查究庶已垦之地，可以核实清厘。未垦之田，仍当示以限制。应请钦派大臣前往，会同将军、府尹等拣派明白晓事、熟悉情形之员，逐一详加察勘、办理方有把握。如果审时度势，有不能不俯顺群情，藉免起衅之处，则设官立城，稽查弹压。一切事务应如何详定之章程，俟查勘大臣覆奏到日，请旨定夺。至赋则一项应重应轻，朝廷本不争此区区之课，但能以彼处之所入，供彼处之所需，俾此等游民各安生业，不致更烦帑项，别肇衅端，亦未始非权宜之计。然其间有关风水地方，仍当严行封禁，不准稍涉游移。该侍郎额勒和布等所称边外东界朝鲜有无窒碍等语，自为抚绥外藩起见。惟查每年与朝鲜会哨之时，该国何以出具并无游民私垦切结，且难保无该国游民潜行越界，私垦情事。应由钦派大臣一并查勘覆奏，再行妥议遵办。倘事属可行，该将军、府尹等有地方之责，务当宣示朝廷格外恩施，不咎其既往之愆，仍予以养生之路。将来章程作何严定，不致愈垦愈广，流弊滋多，仍一并请旨，饬下该将军、府尹等严察边门，加意防范，毋令游民任意潜越，以重地方而消隐患。

　　臣等所议恐尚有未能周备，及该地方民人能否一律安分、众情帖服之处，统由查勘大臣详察地势，博采舆情，并检查吉林五常堡升科成案，通盘筹画。朝鲜沿边情形亦可就近查看，一并奏闻。至何名庆等四人现经府尹衙门看管，并候查勘大臣抵沈阳时，或带同前往，或仍行羁留，酌量办理，以免疏忽。

　　所有臣等遵旨，会议缘由，理合，恭折具陈。

　　伏乞皇太后、皇上圣鉴训示。遵行。

　　再，此折系由内阁主稿，合并声明。谨奏。

谕旨

　　军机大臣字寄礼部、盛京将军都、户部右侍郎延、兼管奉天府府尹额、锦州副都统奕、奉天府府尹恩。同治六年五月二十日奉上谕：前据额勒和布等奏游民私垦禁地，呈请升科，请饬集议并陈与将军都兴阿等筹商两歧各折片，当派恭亲王会同大学士、六部、九卿议奏，并令奕榕会议。兹据王大臣等奏称，盛京附近一带沃壤荒山，历届未敢轻议开垦。而边荒地阔，防检难周。现在所垦地亩，仅据何名庆等供称已有数百万晌，此外尚不知凡几。必须彻底查究，庶已垦之地可以核实清厘，未垦之地仍当示以限制。请派王大臣前往会同察勘、请旨办理等语，著派都兴阿、延煦、额勒和布、奕榕、恩锡拣派明白晓事、熟悉情形之员逐一详加察勘，并著延煦、恩锡、奕榕进山查勘。如果审时度势，不能不俯顺舆情，所有一切应办事宜应如何详定章程，俟查勘覆奏到时，再降谕旨。其有关风水者，仍当封禁，不得妄议开垦。

　　至东界朝鲜地方有无窒碍，自当妥筹抚绥，俾该国猜疑悉泯。著礼部行文该国，告以遽行驱逐，恐失业匪民转致骚扰该国边境，（且该国）民人亦难保无潜行越界、私垦情事。令其先行详查，或拟作何安插之处，迅速核复，一面俟延煦等查勘定议后，再行酌度办理。都兴阿等务当宣示朝廷格外恩施，不咎其既往之愆，仍予以谋生之路。至该省历任将军及各部曾经查勘侍郎，朝廷宽大之恩，既概恕其失察。此次查办各员，务须筹画万全，严定章程，加意防范，以期一劳永逸。并检查吉林五常堡升科成案，通盘筹画。朝鲜沿边情形亦著就近察看具奏。何名庆等四人，著带同前往，酌度妥办。

原折均著抄给阅看，将此各谕令知之。钦此。

遵旨寄信前来。

将军都、单衔奏：为前陈边外情形，未经会衔。圣恩宽大，概恕失察之咎，谨将感愧愚忱恭折奏闻，仰祈圣鉴事。

窃于五月二十五日承准军机大臣字寄，同治六年五月二十日奉上谕："前据额勒和布等奏游民私垦禁地，呈请升科，请饬集议，并陈与将军都等筹商两岐各折片。当派恭亲王会同大学士、六部、九卿议奏，并令奕会议。兹据王大臣等奏称，盛京附近一带沃壤荒山，历届未敢轻议开垦。而边荒地阔，防检难周。现在所垦地亩仅据何名庆等供称已有数百万响，此外尚不知凡几，必须彻底查究。庶已垦之地可以核实清厘，未垦之地仍当示以限制。请派王大臣前往会同查勘、请旨办理等语，著派都兴阿、延煦、额勒和布、奕榕、恩锡拣派明白晓事、熟悉情形之员逐一详加查勘，并著延煦、恩锡、奕进山查勘。如果审时度势，不能不俯顺舆情，所有一切应办事宜，应如何详定章程，俟察勘覆奏，到时再降谕旨。其有关风水者仍当封禁，不得妄议开垦。至东界朝鲜地方有无窒碍，自当妥筹抚绥，俾该国猜疑悉泯。著礼部行文该国，告以遽行驱逐，恐失业匪民转致骚扰该国边境，且该国边境民人亦难保无潜行越界、私垦情事。令其先行详查，或拟作何安插之处，迅速核覆，一面俟延煦等查勘定议后，再行酌度办理。

都等务当宣示朝廷格外恩施，不咎其既往之愆，仍予以谋生之路。至该省历任将军及各部曾经查勘侍郎，朝廷宽大之恩，既概恕其失察。此次查办各员务须筹画万全，严定章程，加意防范，以期一劳永逸。并检查吉林五常堡升科成案，通盘筹画。朝鲜沿边情形亦著就近察看具奏。何名庆等四人，著带同前往，酌量妥办。原折均著抄给阅看，将此各谕令知之。钦此。"

遵旨寄信前来，钦奉之下，感愧之忱，实难名状，惟有钦遵谕旨，派员查勘，和衷商酌，筹画万全，以期仰副圣主慎重根本、训示周详之至意。

查奉省边外聚集游民，历年已久。地宽人众，并非一律，皆系垦田，滞碍殊多。自顾菲材，曷敢轻议妄举，昼夜思维，实无办法，亦不敢上烦宸廑。近年奉省军威不振，元气未复。设有梗阻，进止两难，易启游民轻视之心，内地伏莽乘隙待动，更属堪虞。深恐前后难于兼顾，是以惟以练兵补救元气为急，期望本省声威壮盛。仰仗皇上洪福，余匪肃清确有把掘①，妄冀边外游民或者亦稍生畏惧之心，化梗为良，亦未可知。庸懦无能之见，实深愧悚。今既奉有恩旨派员查勘，务期尽心竭力，通盘筹画万全，断不敢稍存卸诿，仍当一面督饬官兵勤加训练，亦不敢稍生疏懈。但时当夏令，边外草深树密，洼塘陷甸，人马难行，派员查勘势须稍缓，俟礼部饬查朝鲜复文到后，酌定办理，尤臻妥善。所有感愧愚忱，谨恭折奏闻。

伏祈皇太后、皇上圣鉴。谨奏。于六月十四日。

军机大臣奉旨："知道了。著即会同延煦等悉心筹画，以为久安长治之计。毋负委任。钦此。"

钦差侍郎延、府尹恩、将军都奏：为遵旨进山查勘，先期咨

---

① "掘"疑为"握"之误写。

会朝鲜定地接见，恭折奏闻，仰祈圣鉴事。

窃（奴才）等于八月三十日承准军机大臣字寄，八月二十五日奉上谕："前据礼部接准朝鲜国王来咨，当派恭亲王会同大学士、六部、九卿议奏。兹据奏称，游民垦荒有无窒碍，该处情形无由悬揣，请饬都兴阿等妥立章程，再行酌夺等语。都兴阿等奉派查勘此事关系綦重，该游民开垦之地，东界朝鲜，若不谋画万全，殊失朝廷字小之意。该国王现已派员赴该地方听候查办。著奕迅将剿匪事宜办竣，克期会同延煦等带领恩进山查勘，就近与该国委员将地方情形通盘筹画，并与都和衷商酌，以期中外兼筹，永杜后患。其如何筹办之处，著即妥立章程，详细覆奏，候旨定夺。恭亲王等原奏及朝鲜国来咨，均著抄给阅看，等因。钦此。"

遵旨寄信前来，（奴才）延煦等应即钦遵会同进山查勘，就近与朝鲜国委员酌度情形，妥筹办理。惟查向来每遇钦差前赴朝鲜，均出凤皇边门至中江卡伦地方入朝鲜境。至每届三年钦派大员出边巡察，则系由旺清边门至瑷江西岸头道沟地方，与朝鲜委员会哨。头道沟卡伦与中江卡伦相距八九百里。今朝鲜国咨称差兵曹参判郑周应、蒲浦金使李义明前往该地方听候办理等语，其所谓该地方者，并未指明何处，恐致彼此相左。若待请旨遵行，又不免多需时日。（奴才）延煦等与（奴才）都兴阿等公同商酌，拟于九月十五后启程，先由凤皇门外沿边一带查勘。一面咨会朝鲜国王饬知该委员先期在中江卡伦地方听候接见筹办，以免路途参差。

除咨盛京礼部即转咨朝鲜国王知照，并俟定期起身再行奏报外，所有（奴才）延煦等遵旨进山查勘，先期咨会朝鲜定地接见缘由，谨合词恭折，由驿奏闻。

伏祈皇太后、皇上圣鉴。谨奏。

钦差副都统奕、侍郎延、府尹恩奏：为接见朝鲜委员并查勘凤凰、暧阳两边门外大概情形，恭折具陈，仰祈圣鉴事。

窃游民何明庆等私垦一案，钦奉谕旨，饬令（奴才）等进山查勘。当将咨会朝鲜定地接见缘由，并起程日期先后奏闻在案。

（奴才）等于九月二十二日带同恩暨各委员起程，陆续驰抵凤凰边门，接据该城守尉转据朝鲜义州府尹文，称该国委员先赴旺清门外间阎阎地方等待，奉文后即为转达，距此一千余里，恐无以及期等情。（奴才）等因该委员未到，先赴凤凰门南界窟窿山、柞木山、光土山、长山等处逐一勘察，已垦之地有十之三四，后勘小黑山、台沟、大东沟、小东沟等处沿边一带，已垦不过十之二三。十月十九日，折回凤凰边门。朝鲜委员于二十二日报到义州。（奴才）等于二十四日驰抵中江卡伦，二十五日该委员郑周应、李义明并劳问使柳德鲁、差使员申枸等齐集江岸帐房接见。先令通事传，语因不甚明晰，恐有舛错，互相笔谈，五问五答，谨将问答之词另缮清单，恭呈御览。

该委员当晚过江回国，（奴才）等由该处绕至安平河、茅儿佃、宽佃等处查勘，则垦辟几无隙地，盖有屋宇，开有铺户，非复边荒境象。旋因积雪已深，山险路滑，车马不能前进，遂进暧阳边门，于本月初七日抵省。其三道浪头、大江口、小黄沟、浑江口设卡，各处派员分往查勘。据禀，沿江一带已垦之地十之三四至十之七八，多寡不等。虽未全行开种，已无大段闲荒。所盖窝棚亦星罗棋布，疏密不同等情。复经（奴才）等在边外访闻，暧阳迤北种地尤多。回省后即向都面罂一切，复定期公同熟商。都适因感冒未到，函嘱（奴才）等将所查情形先行具奏，俟将来通查后，拟商办法之时，再当会衔具奏，等因。

伏思此事关系綦重，头绪极繁。现准盛京礼部文称，陵寝祭品供用细鳞鱼，向由暧阳、旺清边外南北古河等处捕打。若准游民开地与捕鱼，河口均有窒碍。又准盛京总管内务府咨以旺清门外佛思恨山及红石碰子等处向系采蜜官山，现有流民占垦，砍伐藏蜜之树，恐误贡蜜等情，先后咨行前来。查游民私垦已非一年，一经查办即与捕鱼、采蜜有碍，然既据咨明，即应核实办理。且边外所产，有关官用者，正不止此两项，亦应兼顾并筹。至伐木山匪，尤干例禁。本年虽经查办，尚未立有定章，现在朝鲜业经指明，俟应及早图维，永杜后患。其未垦之荒亦宜严禁续开，以便将来不致十分棘手。总之，游民私垦，既蒙恩施格外，不咎既往，准予谋生，则章程一日不定，民心仍一日不安。若俟通查之后再议办法，窃恐辗转须时，易滋流弊。今展边一语既已出自朝鲜使臣，其可否因山因河各就地势，酌改边界之处，应即请旨定夺。所有展垦各户，何处即可安插，何处必须迁移，似可于命下之日由查办大臣相度机宜。一面履勘，一面奏办，转觉弊少利多，且免空劳往返，虚糜经费。（奴才）等管见所及未敢遽定，合将接见朝鲜委员问答各词分缮清单，并查勘凤凰、暧阳两边门外垦地情形，绘图贴说，先行由驿恭折具陈。

伏乞皇太后、皇上圣鉴训示。谨奏。

片：

再，已革将军恩，此次自备资金、随从（奴才）等查勘边地，不辞劳瘁，于地势人情均能晓畅。（奴才）等察看民情似有畏服之意，伊前在锦州副都统任内奏陈边地一事亦颇详明。窃以查办边务，如果资其料理，当有驾轻就熟之效。此次虽经蒙恩，准令（奴才）等带同前往，惟恩曾任一品大员，凡一切奏咨示谕稿件，未便令其随同委员画押，又未敢率令随同（奴才）等同堂画诺。在恩受恩深重，惟图报称以盖前愆，而（奴才）等审度事势，终恐其谨慎之心流为前郤，或未能尽其所知所能。（奴才）等因公起见，合词敬陈，可否赏给职衔或赏给顶戴，以便明年随同查办大臣。列衔奏事之处，未敢擅请，出自圣主逾格鸿慈，（奴才）等愚昧之见，是否有当，伏乞皇上圣鉴。谨附片具奏。

片：

再，朝鲜国王李熙令其委员赍送（奴才）等土物三分，每分计十八种，又送委员随从人等白米等十三种，（奴才）等全数却之。该委员述其国王之意，必欲稍尽微忱，如不肯收，委员回国将以不善伺应获谴等情，再四恳求，长跪不起。（奴才）等察其情辞肫挚，不得已收其朱竿、烟竹、三筒油、扇三十柄，余仍一概却还。于其礼单之后详为注明，并分犒以袍料、荷包等件。该委员等欣捧而去。谨照录该国王所备礼物清单二件，并所收烟竹、油、扇各匣，该使臣笔谈原文五纸一并咨送军机处查核。理合，附片陈明。谨奏。

恭亲王等二次会议奏：为遵旨会议具奏，仰祈圣鉴事。

同治七年二月十四日，军机处交出盛京兵部侍郎延煦等具奏，接见朝鲜委员并查勘凤凰、瑷阳两边门外大概情形各折片，并清单三件。奉旨：著派恭亲王会同大学士、六部、九卿公同商议，妥筹具奏，锦州副都统奕榕等著一并会议，等因。钦此。钦遵。臣等定期在内阁公同阅看。查延煦等原奏内称，带同恩合暨各委员起程驰抵凤凰边门，因朝鲜委员未到，先赴凤凰门南界窟窿山、柞木山、光土山、长山等处，逐一查勘，已垦之地约有十之三四。复勘小黑山、台沟、大东沟、小东沟等处沿边一带，已垦不过十之二三。十月十九日折回凤凰边门，朝鲜委员报到义州，（奴才）等驰抵中江卡伦，该委员等齐集江岸帐房接见，通事传语不甚明晰，恐有舛错，互相笔谈，五问五答。该委员过江回国，（奴才）等由该处绕至安平河、茅儿甸、宽甸等处查勘，则垦辟几无隙地。盖有房屋，开有铺户，非复边荒境象。旋因积雪已深，山险路滑，车马不能前进，遂进瑷阳边门抵省。其三道浪头、大江口、小黄沟、浑江口设卡，各处派员分往查勘。据禀，沿江一带，已垦之地，自十之二三至十之七八不等，所盖窝棚亦疏密不同等情。复经（奴才）等在边外访闻，暖阳迤北，垦种尤多。伏思此事关系綦重，头绪极繁，现准盛京礼部文称，陵寝祭品供用细鳞鱼，向由暖阳、旺清边门南北古河等处捕打，若准游民开地与捕鱼，河口有碍。又准盛京总管内务府咨以旺清门外佛思恨山及红石碴子等处向系采蜜官山，流民占垦，砍伐藏蜂之树，恐误贡蜜等情，先后咨行前来。查游民私垦已非一年，何至一经查办即与捕鱼、采蜜有碍？然既据咨明，即应核实办理。至伐木山匪，尤干例禁，尚未立有定章。现在朝鲜业经指明，似应及早图维，以杜后患。若俟通查之后再议办法，恐展转需时，易滋流弊。今展边一语既出自朝鲜使臣，可否因山因河各就地势，酌改边界，应请旨定夺。所有占垦各户，何处即可安插，何处必须迁移，似可于命下之日，由查办大臣相度机宜，一面履勘一面奏办等语。

臣等查去年七月间礼部奏，据朝鲜国王咨称，游民私垦禁地事机有异昔日，差兵曹参判郑周应等前赴该地方听候办理，等因。经臣等于八月间会议，曾请将该国王来咨发交该将军、侍郎等悉心商酌，务出万全。如何俯顺舆情，永无后患，容俟核奏，到时详加酌核，再饬礼部咨行该国王遵照。今阅延煦等所奏，查勘各处私垦地亩并屋宇、窝棚、铺户，虽未全行开辟，已无大段闲荒。此仅就查勘现历之境而言。雪深山阻，因车马不能前进者，尚不知凡几。溯查旧制，在盛京附近一带，特留沃壤荒山设门定禁，具有深意，何敢轻议更张。而现在垦聚既繁，势非昔比。禁之，恐激而生事；听之，将久而愈多。诚应及早图维，免滋枝节。惟是展边之议，朝鲜使臣即有是请，自当以重立边界为第一要务。查朝鲜所虑专在民物混杂，欲除混杂之弊，在乎边禁之严不在空地之广。延煦、奕榕现在到京，既经亲历其境，谅必确有定见。臣等复面加询问。据称，除凤凰一门距朝鲜仅九十里，只能展出三五十里外，其迤北各门均可相度地势，或以山为藩篱，或以水为界限，遇无山无水处所，可以挑濠筑墙，或栽植树株以为边栅。但于边外留出闲荒百余里，严加防范，即可无混杂之虞；或宽留余地，即以浑江为界，更属相宜。惟东边原设六门，南自凤凰，北至威远堡，径约千里，边濠边栅不过徒存其名。兼之各门相距太远，耳目难周，虽有官兵，几同虚设。从前之纷纷私越未必不由于此。查边外原有卡伦二十四处，由将军衙门派员坐卡巡查。今若重定边界，应由盛京将军会同六边衙门，将卡伦与边门酌量归并，使巡查员弁声息相通，始可杜私越而收实效。边界既定，即将边外垦田之民予以限期，令其移入边内，妥为安插。如于定边之后再有私越之民，一经拿获，即于讯明后，就地正法。该管弁兵治以失查之罪，即讯有卖放情弊，应与私越之人一律同科。其差满无过者，或酌予奖励，应由该管大员酌定章程，奏明办理。至朝鲜所称伐木山匪，系在旺清、英额等门外沿江大山中，于秋冬砍伐大树，春夏扎成巨筏，顺江而下，运至大东沟等处售卖，仍由边内绕出旺清、英额等门再伐再运。今既边界从严，再将大东沟等处收归边内，则此种木匪无路绕越，可以不禁自无。庶内外两无贻患。

再，游民之领地升科亦当明定限制，每户名下不得过二百亩等语。臣等公同参酌所议，尚为详尽。伏思该处民人私垦禁地，原属显违定例，朝廷宽其既往，加以格外之恩，予以养生之路。未便再事延缓，致起事端。查边外地方向归盛京将军管辖，一切边务、案卷均在将军署中，若非责成该将军总司其事，必不能纲举目张，垂久无弊。现任将军都兴阿此次虽未经会衔，然身任地方，责无旁贷，断不可稍涉推诿游移，致误全局。该将军等前此未能亲往查勘，现据延煦、奕榕等详加筹度，绘图贴说，确实奏陈，相应请旨饬下该将军认真办理，其应否饬派原往履勘之侍郎延煦等会同该将军查办，统俟命下之日，由该将军大臣等和衷商榷，因地制宜，总期一劳永逸。除凤凰边门经延煦等亲行履勘，其叆阳边门一带虽据延煦等奏称，访闻垦种尤多，究未亲身周历，应请一并再为细查。此外，遇有风水关碍之处，应如何保护，赋税轻重之间，应如何科定，以及官员之应设立，学校之应讲求，祭品贡物之地应酌量变通，淘金、采参之人应善为处置，一切未尽事宜，务当随时随地斟酌尽善，迅速定议具奏，以安边境，以卫藩封。至恩合曾任大员，据称明悉边情，可否赏给职衔，臣等未便擅拟，仰候圣裁。所有臣等会议缘由，谨缮折合词具陈。

伏乞皇太后、皇上圣鉴训示遵行。

再，此折系内阁主稿，合并声明。谨奏。

延、奕会奏展期，奏：为奏闻事。

窃（奴才）等承准军机大臣字寄，同治七年二月二十七日奉上谕："前据侍郎延煦等奏，接见朝鲜委员并查勘凤凰、叆阳两边门外大概情形各折件，当经谕令恭亲王会同大学士、六部、九卿公同商议，副都统奕榕并会议具奏。兹据恭亲王等奏称，细阅延煦等所奏，查勘各处私垦地亩并屋宇、窝棚、铺户，虽未全行开辟，已无大段闲荒。而朝鲜所虑专在民物混杂，欲除混杂之弊，在乎边禁之严。复经该亲王等会同延煦、奕榕详加审度，将展边一切事宜分别商酌，并请饬盛京将军会同原勘之延煦等悉心查办等语，览奏均悉。著仍派延煦、奕榕驰驿前往奉天，会同都兴阿出边查办等因。钦此。"

遵旨寄信前来，恭读之下，仰见圣虑周详，无远弗届。（奴才）等惟有勉竭驽骀，与都兴阿和衷商办，冀图万全，仰副圣主委任之重。

查边外山重水复，路径崎岖，非险峻之峰峦，即低洼之陷甸。三春以后，草木丛深，该处谓之树叶阕门，且山水之涌泄无常，时有冲淹之虑。是以每当夏令，行旅绝踪。（奴才）等若于月内由京起程，计至奉省已在夏初，欲出边勘办，则道路难通。若在省停留，则为日太多，未免虚縻经费，于事无补。现在公同酌商，（奴才）奕于假满后，暂回锦州副都统任，（奴才）延于秋初由京起程，会同（奴才）奕偕至奉省，与都定期出边，认真勘办。如果边外可以过冬，拟即毋庸折回，以期一鼓作气，勘定边界，议定章程。明年春末夏初，再行回省。即或严冬冰雪太深，不能周历，亦可暂回盛京，明春再往接办，总以定有规模而止。如此办理，庶经费不至虚縻，时地两无妨碍。所有（奴才）等公议，交秋出边会同查勘办理缘由，谨合词恭折奏闻。

伏乞皇太后、皇上圣鉴。谨奏，等因。于同治七年三月初四日具奏。本日奉旨："依议。钦此。"

将军都、单衔奏：为钦奉谕旨，谨将前议筹办边地始末情形，缕细详陈，仰祈圣鉴事。

窃（奴才）于三月初二日承准军机大臣字寄，同治七年二月二十七日奉上谕："前据侍郎延等奏接见朝鲜委员并查勘凤凰、瑷阳两边门外大概情形各折件，当经谕令恭亲王会同大学士、六部、九卿公同商议，副都统奕一并会议具奏。兹据恭亲王等奏称，细阅延等所奏查勘各处私垦地亩并屋宇、窝棚、铺户，虽未全行开辟，已无大段闲荒。而朝鲜所虑专在民物混杂，欲除混杂之弊，在乎边禁之严。复经该亲王等会同延、奕详加审度，将展边一切事宜分别商酌，并请饬盛京将军会同原勘之延等悉心查办等语，览奏均悉。著仍派延、奕驰驿前往奉天，会同都出边查办。惟事当创始，必纲举而目始张。且与外藩交涉尤应禁令修明，方能垂诸久远。都前于入山查勘一节，迹涉推诿，此事系该将军专责，岂能置身事外？延、奕行抵奉天后，即著都带印出省，会同周历妥办。所有该衙门日行事件即咨交副都统清凯代拆代行。都务当按照该亲王等所奏各节并将未尽事宜妥为筹办，倘仍意存观望，虚应故事，以致贻误，将来有坏大局，必惟该将军是问。延、奕均经亲历其境，自必了然于心。此次奉命前往，尤当会同都逐一查勘，认真办理，以安边境而卫藩封。不得稍形疏漏。恩合既属明悉边情，即著加恩赏给五品顶戴，交都等带往差遣。该员务当感恩图报，悉竭所知。如果遇事尽心，将来尚可录用；如再不知愧奋，则自外生成，朝廷断不为宽贷。前次延等接见之朝鲜使臣，所设问答均极明晰，足见该国王深明大体，洵堪嘉尚。即著礼部传知朝鲜国王，俟查勘定议后，务须严饬该国边界官员一体遵守，以副朝廷安民弭患之意。恭亲王等原折著抄给都阅看，将此各谕令知之。钦此。”

遵旨寄信前来，（奴才）跪读之下，不胜悚惧之至。伏思（奴才）受恩深重，遇事惟有以勤补拙，竭力奋勉，断不敢稍涉趋避。（奴才）自到任以来即闻边外深山，聚集游民，终为奉省隐患。随在谘访查询，昼夜筹思，迄无办法。并据署中协佐各员禀称，该游民等皆系仅谋生计，数十百年亦尚相安。营私之徒不能限以绳墨，转难安置。是以由雍正年间至今，屡次筹议查办，均因窒碍中止等语。前当延等会商查办之际，（奴才）当告以现在内地潜踪伏莽未靖，奉省元气未复，不若先以操练官兵为急。声威壮盛，内地余匪肃清，俾该游民等有威可畏，方能知感。彼时查办，或有可乘之机。并将各员所禀，送给阅看。据该侍郎不以为然，言若不即时查办，恐致蠢动，人数众多，仅此客兵，何能支持等语，执意欲办。在该侍郎等学问优长，才识高远，或有成竹在胸。惟（奴才）再四筹思，毫无措办之法。现在奉省各处余匪三五潜出，时有抢劫之事。即省边界，旬月之间，已零星拿获十二名，讯明正法。外城各属亦随时皆有拿获。此时春融，正宵小窃发之时，极当督饬官兵勤加操练，严搜贼匪之际。查前经（奴才）分饬各城演练马步官兵，续又添练闲散。迄今已逾数月，有无成效，必当亲历查阅，俾昭慎重。就便巡察海口，沿途搜捕匪徒，藉壮声威。拟即奏明，携印前往。此折正在缮办之际，兹奉谕旨，命（奴才）会同延等进山查办边地。（奴才）钦奉之下，何敢推诿？惟延等从前执意欲办，自必见有可行之势，迨去秋亲历边外，更已明晰。尚未周查，先与朝鲜使臣会晤，所设问答大意已许该国展边设栅，不使游民扰其边界，是胸中实有把握办法。窃（奴才）前已钦奉谕旨，会同派员查办边地，且身任本省将军，亦有地方之责，焉敢稍有膜视之心？将来商酌章程是否妥善，实系责无旁贷。（奴才）仍仰恳皇上恩准（奴才）携印查阅各城，藉壮声威，于刻下时势实有裨益。至进山查办边务事宜，延等已许外国展边设栅，似有确见，必能筹策万全，当不致贻误。所有（奴才）沥陈情形，冒昧恳恩请旨。缘由，谨恭折具奏。

伏乞皇太后、皇上圣鉴训示。临折不胜惶悚，待命之至。谨奏，等因。于同治七年三月十七日承准军机大臣。奉旨："另有旨。钦此。"

仝日恭奉上谕："都奏遵覆查办边地情形，并请亲历各城巡阅兵练一折。奉天展边事宜，最关紧要，该将军身任地方，责无旁贷。现在延等因边外道路难行，奏明改于秋间前往。都此次仅可带印出边巡阅，务当实心查校，不可稍涉粉饰。延等到后，仍著该将军会同出边，将应办一切事宜，认真办理。总之，此事系因时制宜，且与朝鲜业经定议，势难中止。该将军毋得固执己见，回护前说，任听协佐各员一面之词，以致自干咎戾也。将此谕令知之。钦此。"

将军都、单衔奏：为遵旨出边巡阅，拟先委熟悉员弁前往详查山形地势扼要处所绘图，到日再往覆勘，以期详慎而昭核实缘由，恭折奏，祈圣鉴事。

窃（奴才）于同治七年三月十七日恭奉上谕："都奏遵覆查办

边地情形，并请亲历各城巡阅兵练一折。奉天展边事宜，最关紧要。该将军身任地方，责无旁贷。现在延等因边外道路难行，奏明改于秋间前往。都此次仅可带印出边巡阅，务当实心查校，不可稍涉粉饰。延等到后，仍著该将军会同出边，将应办一切事宜，认真办理。总之，此事系因时制宜，且与朝鲜业经定议，势难中止。该将军毋得固执己见，回护前说，任听协佐各员一面之词，以致自干咎戾也。将此谕令知之。钦此。"跪读之下，不胜悚惶之至。伏思（奴才）屡受国家厚恩，每愧涓埃未报，何敢于职分应为之事稍涉推诿？缘（奴才）到任以来，竭蹶办理诸务，未遑亲历边卡，其中一切地势情形，弗克深悉。是以前于延等会议查边，未敢遽以悬揣臆断参核。兹奉谕旨严切，（奴才）敢不竭尽愚诚，实心查校。第展边事重，必须虑始慎终，方能稍有裨益。窃查边外地广山深，幅员不下二千余里。山川险峻，树木丛杂，其崎岖扼要处所，势必不能循径一过即能了然于心。即浑江以西山行地势，沃壤地段，远近亦难周历。今若遽行出边，非惟徒事，往返虚名，需费殷繁。且（奴才）身任将军，阖省军民瞻望职任，所关甚重，势不能轻骑简从，敷衍巡阅。更恐游民惊疑惶惑，转难查实，于抚局大有关碍。（奴才）反复筹维，与其先行亲往巡阅。目前，敷衍虚糜疏漏，莫若预酌熟悉边务之员，轻骑前往。除凤凰边门前经延等业已查明，其英额、威远堡二边系与大小围场界址毗连，暂毋庸查勘外，先于瑷阳、碱厂、旺清等三边门迤外沿浑江西岸，于山川地势扼要处所，一面张挂告示，一面削木志以标记，书写地名，远近里数，逐细勘度。南北东西相距形势是否险要，有无关碍，绘图贴说。详报到日，（奴才）即当带同该委员等出边，再行覆加履勘，是否妥善，以期周密而昭核实。若将台卡、边栅、扼要地势大略明晰，俟延等到时亦可藉此参考，易于酌办。（奴才）实为慎重边务，不敢敷衍，并可节省需糜起见，实非有意藉词规避。理合，将派员先行出边，查勘地势缘由，恭折驰奏。

伏祈皇太后、皇上圣鉴训示。遵行。谨奏。于闰四月初一日承准军机大臣，奉旨："知道了。钦此。"

将军都、单衔奏：为遵旨拣派委员出边查勘地势，谨将办理情形恭折奏祈圣鉴事。

窃（奴才）于同治七年四月初二日恭奉上谕："都奏先行派员详查边外地势，再行覆勘一折。都以边外地势辽远，山川险峻，拟先派熟悉边务之员前往叆阳、碱厂、旺清等三边门迤外，沿浑江西岸详细勘度，俟详报到日，再行覆加履勘。即著都饬令该委员等将该处地势、扼要处所，周历查勘，毋稍疏漏。该将军即可俟延等到后，会同出边覆勘，将展边一切应办事宜和衷商榷，务臻周妥，不准稍涉推诿。将此谕令知之。钦此。"

跪读之下，遵即拣派协领书明额、候补防守尉扎朗阿、骑都尉多恩出碱厂边门，开复协领丰恩、防御巴达朗额出叆阳边门，佐领柏林、阎士芳、防御庆龄出旺清边门。由近及远，周历详查。每路各带帖写绘图及随差兵役共二十名，官兵俱照上年章程发给口粮、银两。于立夏后即饬令束装起程，分路出边。一面携带告示各处张挂，先行晓谕；一面将山川地势，远近里数，沃壤瘠薄，有无关碍风水，已垦未垦段落，游民窝铺多寡，分别按段标记明晰。至时（奴才）等再行督同该委员等覆加履勘，处处务期详审，用昭核实，庶可易于参考酌办。谨将晓谕边外游民发去告示照钞，咨呈军机处备查。所有（奴才）遵旨派员先行出边查勘地势办理情形，谨恭折具奏。

伏乞皇太后、皇上圣鉴。谨奏。于闰四月初一日承准军机大臣，奉旨："知道了。钦此。"

署将军奕奏为派员查勘叆阳等三边门外大概情形，恭折祈仰圣鉴事。

窃查同治七年四月初二日军机大臣字寄，奉上谕："都奏先行派员详查边外地势，再行覆勘一折，都以边外地势辽远，山川险峻，拟先派熟悉边务之员前往叆阳、碱厂、旺清等三边门迤外，沿浑江西岸详细勘度，俟详报到日，再行覆加履勘。即著都饬令该委员等将各该处地势、扼要处所，周历查勘，毋稍疏漏。该将军即可俟延等到后，会同出边履勘，将展边一切应办事宜和衷商榷，务臻周妥，不得稍涉推诿。将此谕令知之。钦此。"

遵旨寄信到都，当经都钦遵拣派协领书明额、候补防守尉扎朗阿、骑都尉多恩出碱厂边门，开复协领丰恩、防御巴达朗额出叆阳边门，佐领柏林、阎士芳、防御庆龄出旺清边门。令各携带告示，由近及远，张贴晓谕。周历详查，务将山川地势，远近里数，沃壤瘠区，已垦未垦段落，游民窝铺多寡，按段分别标记，以备覆勘参考等因，奏明在案。（奴才）奕到署任后，复经会同（奴才）额、恩，分饬前派各员遵照前札详细查勘，并将密林茂木处所一并标记，毋稍含混，致干查参。去后，兹据各该员陆续回省，汇具草图并册，呈送前来。（奴才）等按图详核叆阳、碱厂、旺清三边门外界址，南北直长五百余里，东西广阔，由浑江西岸至叆阳边门二百五十余里，至碱厂边门二百三十余里，至旺清边门一百八十余里，共查出窝铺七千四百余所，男妇游民四万四千三百余名口，已垦熟地四万二千亩，未垦闲荒十之一二至十之七八不等，土性瘠沃各半，标记密林茂木十七处。（奴才）等伏查边外地方辽阔，现在该员等所查仅系浑江以西，其浑江以东，地尚宽广，自应一并详查，方可通筹全局。现值大雨时行，河水涨发，拟俟秋后延到时，都如可回沈，会同随带原委各员，携带图册出边逐处覆勘详细，妥商办法，再行绘图贴说，请旨遵行外，理合，将各员现查叆阳、碱厂、旺清三边门外浑江以西大概情形，先行恭折奏闻。

伏祈皇太后、皇上圣鉴训示。谨奏，等因。于同治七年七月十四日承准军机大臣，奉旨："知道了。钦此。"

延、奕奏请未能查边奏：为请旨事。

窃照本年二月二十七日钦奉上谕："前据侍郎延等接见朝鲜委员并查勘凤凰、瑷阳两边门大概情形一折，著仍派延、奕驰驿前往奉天，会同都出边查办，等因。钦此。"又，本年四月初二日奉上谕："都奏先行派员详查边外地势再行覆勘一折，该将军即可俟延等到后，会同出边覆勘，将展边应办一切事宜和衷商榷，务臻周妥，不得稍涉推诿，等因。钦此。"钦遵在案。

兹（奴才）延于本月初六日行抵奉省，原拟钦遵叠奉谕旨，和衷商榷，拟定章程，会衔具奏后，即行出边查办一切。乃先据都于八月二十三日咨称，现在奉旨赏假一个月，回籍省墓，并钞录原奏咨行前来。该将军原奏但称，原籍距盛京甚近，并未声明往返程途，且无一字提及边务。查奉天省至黑龙江城二千余里，都原籍布特罕地方又在黑龙江城北四五百里，统计往返程途，加以一月假期，总在八九十日。即使该将军兼程往返，亦须十月杪始能回任。边外处处皆山，若于坚冰深雪之中，陟冈越岭，车马万不能行，势须明年二三月间始能前往。（奴才）等各有职守，岂能半载之久在奉闲居，虚糜经费？然使（奴才）等不待都回任，即行出边，非但与原奉谕旨不符，未敢举动，且恐更有无益大局者。溯自上年，（奴才）延会同额等陈奏边务以来，都与众异议，早在圣明洞鉴之中。今（奴才）等荷蒙圣恩，委以重任，原冀到奉后与都和衷商榷，务期意见和同，斟酌尽善，方敢办理。查该将军夏间奏派委员出边查勘折内所称，先于瑷阳、碱厂、旺清三边门外，沿浑江西岸山川地势、扼要处所，削木标志，逐细勘度是否险要，有无关碍，绘图贴说，以期周密而昭核实等语，于筹办情形较为详晰，是该将军布置一切，自必胸有成竹。现在若由

（奴才）等率定章程，先行具奏，即日出边。将来都回任后，一切办法未经面议，恐难事事同心，则前此之参商未释，后来之龃龉更多。且边外地方与夫，历次档案办事委员皆系将军所管，非（奴才）等所能指挥调遣。倘至呼应不灵，动多掣肘，于事非徒无益。（奴才）等受恩深重，于此等重大事件苟存趋避之心，自问岂为圣朝之臣子？若但避推诿之虚名，不顾目前之大局，抚衷尤觉难安。再四筹思，与其径行从事，隐患转多，何若徐图万全，和衷共济，惟有将种种情形据实陈奏。可否将展边事务缓至明春，仍由（奴才）等会同都前往查办，以期周妥之处，恭请圣裁，伏候命下遵行。所有（奴才）等未能即时出边及现在商办情形，谨合词恭折，由驿递三百里驰奏。

伏乞皇太后、皇上圣鉴。谨奏。请旨。

催令出边上谕

九月十七日军机大臣字寄，奉上谕："延、奕奏展边事务未能即时查办一折。奉天展边一事，前本谕令都先行派员查勘，俟延等到后，会同出边覆勘。现在延业经驰抵奉省，而都请假回籍尚未回任。据延等奏称，转瞬冬令，边外坚冰深雪，车马势难行走，请缓至明春再行查办等语。此事关系边境，甚为紧要，岂可再事延缓？都此时计已抵籍，著即迅速起程，驰赴奉天，会同延等妥筹商办。毋庸俟假满起程，致延时日。延、奕著将应办事宜详细妥筹，先行出边，不得因都未到，致涉延误。都回奉后，亦应和衷商榷，不得以此次未经出边，稍涉推诿，致干咎戾。将此由五百里各谕令知之。钦此。"

延、奕奏先行出边奏，为遵旨先行出边查勘，谨将起程日期恭折会奏：仰祈圣鉴事。

窃（奴才）等前因盛京将军都告假回籍，谨将未能即时出边情形专折由驿奏陈请旨。兹于二十一日承准军机大臣字寄，奉上谕："现在延已抵奉省，都请假尚未回任。据延等奏称，转瞬冬令，边外坚冰深雪，车马难行，请缓至明春查办等语。此事关系边境，甚为紧要，岂可再事延缓？都此时计已抵籍，著即驰赴奉天，会同延等妥商筹办。毋庸俟假满起程，致延时日。延、奕著将应办事宜详细妥筹，先行出边，等因。钦此。"

遵旨寄信前来，（奴才）等跪读之下，惟有遵即定期出边，不敢稍事延缓。伏查本年四月，都奏派员先于瑷阳、碱厂、旺清三边门外，沿浑江西岸逐细勘度一折，奉上谕："著都饬令该委员等将各该处地势周历查勘，该将军即可俟延等到后，会同出边覆勘，等因。钦此。"钦遵行知在案。今都虽未回任，（奴才）等自应遵奉谕旨，前往各边门，先行覆勘。查边境接壤朝鲜，必须处处亲历，逐段详查。于一切山川险要，土地肥硗，人民多寡，均能洞悉于中，然后酌定章程，庶无窒碍。上年十月间，（奴才）等由凤凰门外沿边查勘，北至瑷阳，旋因天寒雪阻，折回奉省。其瑷阳迤北及碱厂、旺清各门，据都前派委员将各该处里数、户口，大致绘图贴说，呈送前来。惟（奴才）等并未身历其地，诚恐百闻不如一见。且该委员等彼时亦因大雨时行，河水涨发，仅查至浑江迤西而止。（奴才）等查浑江东岸地面尤属弯远，风闻该处游民聚众较多，开垦日久，均有根深蒂固之势。其地与朝鲜密迩毗连，亟应查看情形，妥筹布置。兹拟拜折后，即行起程。（奴才）延、奕率同奏带随员，并遴委熟悉边务及都前派查勘瑷阳、碱厂、旺清三门各委员暨吏役人等径赴瑷阳边门，将上年未经亲历各处，接续前往。由南及北，由西及东，凡四月间委员已查之地，即行亲履覆勘。其委员所未及遍查之地，亦当以次往查。际此边外严寒，雪深冰沍，但车马可行之处自应督饬各员悉心查办。即或年内不能遍历，一俟开春冻解，仍由（奴才）等督率随员再行出边，务当周历各门，详细履勘，俾得形势了然，妥筹办理，以期无负委任。所有（奴才）延、奕等遵旨，定期先行出边覆勘缘由，谨合词恭折，由三百里驿递奏闻。

伏乞皇太后、皇上圣鉴。谨奏。

片：

再，选补户部员外郎庆彦系正红旗满洲人，现在盛京刑部员外郎任内，经（奴才）延等咨调边务处差遣。该员于本年五月间经吏部选补户部员外郎缺，例应咨送验放，以免悬缺。惟该员在奉供职多年，于边务较为熟习，现复随同出边，并有经手未完事件，合并恳恩饬下吏部免其开缺，一俟经手事件办竣，即行咨送验放，回京当差，以重职守。除分咨吏、户部查照外，谨合词附折具奏，伏乞圣鉴。谨奏。

再，（奴才）奕此次出边查勘，所署盛京将军印钥并督办军务事宜，实属任大责重，势难兼顾。况现值冬令，盗贼正虞，窃发督饬巡防、搜缉尤关紧要，（奴才）若携印前往，则各营禀报一切，深恐迟延贻误，即（奴才）亦有鞭长莫及之虞。且副都统清凯现又恭送册宝至山海关，本任将军都兴阿回任又需时日，省中若无大员镇压，不足以昭慎重。现又准吉林将军来咨，拟定十月初十日在昌图属梨树城地方公同会哨，（奴才）亦难兼顾。查历任将军遇事出省，均将印钥奏请钦派五部侍郎一员暂行署理。今（奴才）钦奉上谕，先行出边，若待奉旨派署后再行起程，诚恐延缓时日。是以未敢拘泥，谨将署理印钥并现办军务一并移交户部侍郎额暂时接管，仍循例开具五部侍郎衔名清单，恭请钦派一员署理，以昭慎重。谨附片具奏。

伏乞圣鉴训示。遵行。谨奏。

谨将奏请派署将军印务之五部侍郎敬缮名单，恭呈御览。

盛京户部侍郎额、盛京礼部侍郎清、盛京兵部侍郎宗室瑞、盛京刑部侍郎志、盛京工部侍郎奕。

片：

再，同治六年五月，（奴才）等奉旨进山查勘，当经奏明，边外道险商稀，非同内地随在有物可买，有店可宿。（奴才）等随带员弁、吏役前往，必须携带锅帐，载运米粮，雇备人夫，铲觅水草，用项繁多，不能不宽给薪水。请照大员出边会哨向章，在于船规项下提款支给。当蒙俞①旨，准其开销。嗣于船规项下提到银八千两。十月间，（奴才）延、奕会同奉天府府尹恩查勘凤凰、瑷阳两边门，各员分别支领薪水共用银五千五百三十两。曾经开单奏报在案。本年四月，盛京将军都派员往查瑷阳、碱厂、旺清三门，复提船规银一万两。该委员等八员，每路随带差兵、书吏二十名，三路共六十名，暨心红纸张等项均照上年支领，薪水章程，按数发给，计共用银三千四百三十两。至此次（奴才）延奏带司员户部主事禄德、范鸿谟、简宗杰、史崧翰，刑部笔帖式奎昌，候选同知怀清六员，又酌带供事四名。自驰驿抵奉日起，至会同（奴才）奕前往瑷阳、碱厂两门覆勘，带同恩合暨各司员，并于奉省遴委曾经都拣派出边之书明额等六员，熟习边情之协领成殿鳌等四员暨供事，并奉省书役戈什哈人等共五十二名，以及心红等项亦皆查照上年成案，札由承办边务处委员在于提存船规项下共支领银七千零九十六两六钱四分。又省局自同治六年八月二十一日开办起，至本年十一月止，所有书吏、听差人等，共领过工食、心红银一千一百五十二两，以上共提船规银一万八千两。统计（奴才）等两次出边，又都派员一次出边及省局支领各项实用银一万七千二百零八两六钱四分，尚存银七百九十两零三钱六分。现在边务未竣，不能截清报销。（奴才）等业将以前用款督饬随员核算明晰，开列四柱清单，移交盛京将军衙门存案。统俟边务一律清完，再由该衙门开具全单，报部核销。兹将（奴才）等暨委员三次出边曾用银数先行奏明，以清款项。谨附片具奏。

---

① "俞"疑为"谕"之误写。

奉旨派户部侍郎额暂署将军印篆之上谕

军机大臣字寄钦差户部右侍郎延、署盛京将军锦州副都统奕、暂署盛京将军户部侍郎额，同治七年十月初六日，奉上谕："延、奕奏遵旨定期先行出边查勘并奕奏请派署将军印务，将盛京五部侍郎衔名开单呈览各折片。奉省边外查勘展边事宜，关系紧要。兹据该侍郎等奏，查浑江东岸地面尤属弯远，风闻该处游民聚众较多，开垦日久，地与朝鲜密迩，亟应查看情形，妥筹布置。该侍郎等于拜折后即行启程等语。现在边外天气虽已严寒，但事关查勘边境，势难稍缓。所有暖阳边门一带，该侍郎等上年未经亲历及委员已查未查各处，著即督饬各员亲历周勘，悉心查办，以副委任。盛京将军印务著额勒和布暂时署理。该处地方紧要，该侍郎于巡防、搜缉各事，宜认真办理，毋稍贻误。将此由五百里各谕令知之。钦此。"

遵旨寄信前来（同治七年十月十一日戌刻奉到）。

延、奕奏：奏为遵查边外地势民情，绘图贴说，并酌拟章程，恭折奏闻，仰祈圣鉴事。

窃（奴才）等前于九月二十一日承准军机大臣字寄，奉上谕："延等奏展边事务一折，奉天展边一事，前本谕令都先行派员查勘，俟延等到后，会同出边覆勘。现在延业经驰抵奉省，而都请假尚未回任。延、奕著将应办事宜详细妥筹，先行出边，等因。钦此。"钦遵寄信前来，（奴才）等遵于奏闻后，一面委令都原派查边之协领书明额、防御巴达朗额、骑都尉多恩先期前赴浑江边岸察探江水情形，一面择期率同五品顶戴恩合暨奏带随员并遴委熟悉边务各员，由奉起程。复札调原查暖阳、碱厂两边外之开复协领丰恩、候补防守尉扎朗阿随同出边。惟时辽阳一路，积雪尺余，车马已难行走。十月十二日行抵岫岩厅属之甜水站，承准军机大臣字寄，奉上谕："延、奕奏遵旨定期先行出边查勘一折，现在天气虽已严寒，但事关查勘边境，势难稍缓。所有瑷阳边门一带著即督饬各员亲历周勘，悉心查办，等因。钦此。"钦遵寄信前来，（奴才）等于十六日到瑷阳门，当即分派候补主事简宗杰、史崧翰，候选通判笔帖式奎昌，员外郎穆奇先佛宝，协领成殿鳌等出瑷阳门，沿边向北逐段挨查。（奴才）等率同员外郎庆彦、学习主事禄德、开复协领丰恩、候补防守尉扎朗阿、候补防御多禄等与恩合出瑷阳门，径取中路，分道东行。由长岭子、松枝岭、四道沟等处前往江岸踏勘。行至浑江迤西三十余里之太平哨地方，值书明额等自江岸折回。据称探得傍岸江水已结薄冰，即拟踏冰东渡。遇有江岸垦田民户再三阻止，言江水傍岸虽已成冰，而江心之水疾溜奔腾，每年总须大寒节后方始冻结，此时万难飞渡。该员等复行沿岸细访，所说金同。即取该民户等供结并加具切结呈报前来。

（奴才）等饬唤近江居民询访东岸情形，咸称江东开垦人户众多，历年已久，皆系东直各境游民，大都不携眷属，其中掺杂伐木之人尤为不少等语。与（奴才）等平日访闻情形大略相似。因在太平哨停息半日，反复熟商。窃思上年呈请升科皆系浑江迤西之民，其瑷江一带，自查办以来曾无一人首报地亩。其为意存观望，不问可知。且该处人民良莠不一，倘于巡查之际或有一二无知匪徒稍形顽梗，容之则徒长刁风，惩之则恐激事变。与其轻往窒碍转多，不如徐图，以求妥善。再四筹商，往复驳诘，乃知（奴才）等前奏欲于今冬明春渡江查勘一节系属。（奴才）等一时粗浅之见，此时尚未可行。是以现在微论不能渡江，即或一水可通，亦以从缓为是。正商酌间，恩和亦至，互相讨论，意见相同。遂与恩合率领委员折而北行，由轿顶山至小牙河，越老岭、冬瓜岭，复由夹道沟等处折向西北。惟时节交大雪，积雪已深，沿途处处皆山，曾无数里平坦，既滑且险，人马时虞扑跌，因绕归边内。至与旺清、碱厂两边门相距各九十余里之平顶山，暂为停息。当即委弁将简宗杰等六员调赴平顶山接见。据该员等禀称，自暖阳门沿边北行，取道草豆沟等处，至碱厂门。复由碱厂门至罗圈沟、闹枝沟一带，逐段查勘。适因奉调来辕，（奴才）等复与各员将所查地势民情互相谈论，统计周历边外七百余里，近边一带树木较少，二三十里之外皆系茂林峻岭，重叠连延。除未垦荒田尚有十之一二至十之七八不等外，其成熟之地，平原甚少。大率削伐树株，栽植禾稼，断木横地，长陇连山。其居处则星罗棋布，村堡未成，编木为垣，结茅苫屋，名曰窝棚。（奴才）等每日停宿皆系租觅窝棚为栖止之所。至则该民人等担柴汲水，意甚殷勤。每与接谈，察其情辞，极其驯顺，且有愧形于色者。问其原籍，大半自称海南人者居多。查山东省之登、莱、青三府与奉天之岫岩等处，南北遥遥相对，中隔大海，水路可通。盖其所谓海南者，即山东也。（奴才）等所过之地，时见树间挂有木牌，开写牌长姓名、地段、四至、方向并户口若干、垦地若干。问，系都所派查勘各员夏间所制。阅其标志，尚属详明。与（奴才）等各路所查，大致亦属相符。

（奴才）等因道路不能前进，当即率领各员则平顶山取道回行，于本月初三日抵省。复传原查旺清门外之佐领柏林、防御庆龄，问以所查情形，言之历历，如绘凿凿。可凭此各员先后所查与（奴才）等覆勘之大概情形也。（奴才）等采集众议，统筹大局。现在除暖江一带务须从缓办理外，其浑江迤西所有旺清、碱厂、暖阳、凤凰各边门外，如果事权归一，办理得法得人，似不至别肇衅端，致贻后患。但须及早定章，统归地方官逐款逐层，次第办理。无欲速，无见小，慎厥始图厥终，以为长治久安之计。（奴才）等到省后，即拟酌定章程，恭折奏闻。适于初四日接据都函，称已于十月二十九日行抵吉林，月初即可回任。伏思（奴才）等屡蒙圣谕，令与都和衷商榷，详细妥筹。该将军既称不日即可回任，自应稍候数日，于晤面妥商后，再行具奏。兹该将军于本月十一日到省，（奴才）等与之接见，将边务事宜互相讨论。该将军始云，未经亲历，实无办法。嗣经（奴才）等将所拟章程八条与之阅看，复云边务所关极重，办理极难，但事难中止，亦只得如斯。嘱（奴才）等先行驰奏，该将军俟将书明额等所呈图说阅看明晰，斟酌妥协，再行专折陈奏。除（奴才）等所拟章程八条，暨将书明额等各员所呈图式汇总，绘图贴说，恭呈御览外，所有（奴才）等遵旨覆勘缘由，谨由驿驰奏。

伏乞皇太后、皇上圣鉴。

再，（奴才）延于拜折后，即行率同奏带随员暨供事等驰驿迎折回京。（奴才）奕于拜折后，即回锦州副都统任，以节糜费而重职守。合并声明。谨奏。

延、奕酌拟章程八条。

谨将酌拟边务章程八条敬缮清单，恭呈御览。

拟严限制以慎风水。谨按：永陵建于兴京，地居旺清门内。风水之源肇自长白山。其间峰峦起伏，水势回环，延袤千余里。何处有关地脉？何处有关山向？（奴才）等不谙地理，无从指明。即随员中间有一知半解，亦未敢遽以为凭。应请简派通晓堪舆大员，敬谨查勘，绘图贴说，恭呈御览。凡有关系风水之地，无论已垦未垦，皆应一律严加封禁。如于封禁之后，有敢擅动一草一木者，除将犯禁之人治以重典外，仍将该管官员从重治罪，以昭慎重而垂久远。

拟封围场以符旧制。伏查盛京围场在于英额、威远两边门外，北与吉林相界，南与旺清毗连。旧制每岁盛京将军率领官兵捕打冬围，呈进鲜品。于讲武操兵大有关系，实为不可久虚之典。前因节省经费，奏请暂停，而游民垦荒于围场之地，不无侵占。本年夏间，都奏派员查勘折内声称，英额、威远二边门与围场界址相连，暂时毋庸查勘等语。所论实非无见。现在既经奉旨举行冬围，应由盛京将军于行围之时，就近查勘。将围场之地，照旧封禁。其与吉林省旺清门南北相接处所，应即划清界址。如围场之内有已经垦种者，或酌量迁移，或应如何变通之处，统由该将军随时随地审度办理。

拟造册籍以安民心。查上年游民呈请升科奏，奉谕旨不究其既往之愆，仍予以谋生之路。经（奴才）等两次巡查，明白宣示。凡旺清迤南、浑江以西各处，民情皆有感戴皇仁，俯首待治之意。惟现在章程未定，众心究不能安。（奴才）等访闻今春以来，直隶、山东以及奉省之旗民人等，续行出边垦地者，又复不少。若不及早定章，诚恐先来后至，互起争端。且更可虑者，将来勘定边界时，其沿江一带与朝鲜接壤之地势不能不严禁耕种，其居民亦不能不酌量迁移。倘此时漫无限制，人日益众，地日益多，则将来应行迁徙者无地可容，必至束手无策。拟请饬下盛京将军于明岁春融，选派妥员在旺清以南各边门外分地设局，出示晓谕，予限期令浑江西岸之民各将垦地若干晌，坐落何处，开写四至，亲身赴局呈报。不准以多报少，以少报多。并令将姓名、住址、牌长何人、原籍何处、何时出边垦地、共有丁口几人，一一呈报。局员按其所报，填写蓝牌，盖用骑缝印信，交来人持归以为执照，逾限一概不收。再按牌式编造底册一分，以备查核。各局地册造齐，呈交该将军，通盘核计，酌定赋则。其所报地亩应于起科之前统由各该局员分往各处，按册秉公详查。每户名下不得过二百亩或数十晌，务须定以限制，逾其数者，一概入官。其有数目与所报不符者，立即更正。如此办理，可以息争端，杜包揽，绝觊觎，泯猜疑。庶民心无摇惑之虑，较之凭空查访，裨益良多。

拟轻赋敛以恤民力。查上年会议王大臣原折内称，赋则一项，朝廷本不争此区区之课，但能以彼处之所入供彼处之所需，俾此等游民各安生业，不致更烦苛项，别肇衅端，亦未始非权宜之计等语。洵属至当不易之理，向来荒地升科，每以地之肥硗定为上、中、下则，以均输纳。而不肖官吏往往藉以高下其手，弊端百出。且边外之地，沃瘠不同，大抵因山开陇，去木植禾，沃壤平原，十不获一，即现在之膏腴或因二百年来培养而得。耕锄日久，难免稍有变更。请由盛京将军于地册报齐后，通盘核计，不必分别上、中、下之等差，一律酌定赋则，与轻无重。且事属就地升科，并非开荒招佃，押荒名目自应革除。并无庸追缴花利，以广皇仁而崇政体。但以定赋之后，当年起科，试办三年，再行查看情形，核实增减。至每岁征收之事，请暂由局员经管。俟将来，设有官员之后，再归地方照例办理。

拟明恩威以化顽梗。查浑江西岸之民，现皆感恩待治矣。其浑江迤东，（奴才）等虽未亲往查勘，而匝岁以来，时访问于官民人等，佥谓该处游民，谋生日久，眷属无多，未必一律安分。耕种且伐木，山匪溷迹其间，出没无常。尤非一时所能处置。谨拟请旨饬下盛京将军，仍旧设法羁縻，暂缓勘办。一面札饬边外九处卡伦值班官员，将瑷江一带民情、地势与夫已垦、未垦地亩约有若干晌，伐木山匪究有若干人。此外，有无别项营业。不动声色访察明晰，严密禀报，由将军专折奏闻。统俟浑江西岸升科事宜办有头绪，民心大定，使江东之民有所观感。然后选派妥员前往该处，一面查勘，一面劝谕。其安分守业者，设法妥为安插。倘有谋利之徒，顽梗难化，则酌恩之下济以明威。既足以折服其心，而良民亦不致为其煽惑矣。

拟定边界以维中外。查东边事务头绪纷繁，揔而计之，则惟内治百姓，外恤藩封两大端。以事体言，则定边为重；以次序言，则安民为先。（奴才）等本年春间原拟先定边，后安民，今通盘计较，逐细筹思，所议尚未妥善。查六边之外，直至瑷江西岸，皆有居民。今于民心未定之时，从中遽划边界，诚恐瑷江西岸人民自知划于边外，顿起猜疑。所关匪细，拟俟一切安民事宜办有头绪后，再于大江西岸，距江数十里或百余里地方，逐细踏勘，择有险要处所，酌定边界。其界外之民，予以限期，令其移入界内，妥为安插。移入之后，或因山或因水挑濠筑墙，或栽植树木以为界限。设卡置兵，严加防范。第办理此事，层折非一，未便急于求成。仍请先由礼部知照朝鲜国王，告以安插游民，推展边界，非一二年间所能猝办。该国王仍应慎守边疆，静候办有规模，再由礼部行知，永远信守。

拟严边禁以绥藩服。查朝鲜所虑，专在民物混杂，扰及该国。为今之计，窃谓欲除混杂之弊，不在空地之广，专恃边禁之严。边禁不严，地愈广，则弊愈多。现在边务之兴，即明验也。夫空地多，则耳目难周；空地少，则逻察较易。与其宽留余地，何如严定边防。查六边外，原设卡伦二十一处，由将军衙门出派弁兵坐卡巡查。嗣经裁汰，仅存九处。今拟定边之后，仍将二十一卡伦择要分布，照旧巡查。或有不足，再行酌增。如有私越之人，一经拿获，即于讯明后就地正法。将原拿官兵酌予奖励，失察官员治以应得之罪。如讯有私放、卖放情弊，应与私越同科，并拟与朝鲜约明，如有各项匪徒扰及该国边境，即为中国犯法之民，准该国王随时拿获，解交盛京将军奏明，即在江边正法。敢拒捕者，准其格杀后咨明盛京将军据情代奏。如于空地之内见有中国人民，亦准随时咨行盛京将军，立予查拿。倘有彼国之民违禁私越，亦应一律办理。

查每年原有按季统巡会哨之案，并每届三年奏请钦派大员出边会哨一次。本年因查办边务，奏请暂停。将来酌定边界后，应如何变通举行之处，再行奏请办理。

拟明赏罚以策员弁。查边务之重，不减军务。稍生枝节，关系匪轻。今事当创始，头绪繁杂，需员孔多，所委之员须择熟习边情者，始能得力。但边情既熟，可以得力者在此，而藉以舞弊者亦在此。奉省文武员弁，深明大义，廉洁自守者，固不乏人。而能干之中，见利不能思义者，亦难保其必无。惟有赏罚严明，随时劝惩，方足以收实效，而杜弊端。请于派员设局后，如有为守兼优，始终勤奋者，准该管大员于办有成效时，按照军营出力人员，从优保奏，恭候恩施。如有听情受贿、舞弊营私之员，亦应随时严参，按照军法从重治罪。劝惩分明，庶足维持大局矣。

以上各条，（奴才）等因访察民情，量度地势，谨就管见所及，公同酌拟。但恐思虑尚有未周，筹画尚有未备，仍应请旨，发交都逐细推勘，悉心参酌。如所拟未能详尽、未能周妥之处，务须逐款酌核，不必稍涉回护，以昭慎重，以图万全。此外，如官员不可不设，学校不可不修，武备不可不讲，并供应各项官物之处，亦不可不妥为筹画。然须先将地亩、人民、赋税各项数目办理明确后，再行统筹全局，酌定章程。奏请饬下各该衙门，妥议办理，实非现在悬揣所能周备者也。

将军都、单衔奏：为遵旨酌核边务，谨抒愚昧之见，缕晰直陈。并请饬下奉天府府尹会同派员查办，恭折仰乞圣鉴事。

同治七年十一月二十四日，承准军机大臣字寄，奉上谕："延等奏遵查办边外地势情形，酌拟章程，绘图呈览一折。边外流民私垦，历有年所。前因该侍郎等合词公请查办，派延等前往会同都妥筹办理。兹延、奕于浑江以西已经查勘，拟就章程，请饬都酌核办理。其章程内所称，关碍风水、围场地方，俱应封禁，自系正办。惟何处关碍，现在能否饬令迁徙，该侍郎等并未指明。又设局呈报有无流弊，报出民户作何钤束，亦未议及。折内所称叆江一带，从缓查办，情形是否确实？都身膺重寄，责无旁贷，着即悉心筹画，务使经久可行，毋存苟且塞责之意。延等原折并章程八条，着抄给都阅看。其中有无可采并一切未尽事宜，均着该将军酌核以闻。再降谕旨，将此由五百里谕令知之。

钦此。"

遵旨寄信前来，（奴才）跪聆之下，仰见圣主慎重根本、考察精详之至意，曷胜钦佩。遵将该侍郎延煦等原折并章程八条详加批阅。内如严限制、封围场、定边界、严边禁四条，均为本省之急务，即无查勘之议，亦当体察情形，随时核办。其余各条似应就事论事，临时亦可采择而行。伏查当初设卡立台，严加巡察，立法极为周备。惟一台一卡之兵，为数无多，渐至彼众我寡，徒有虚名。各处游民现已日聚日多，以致砍木、垦荒视为常事。（奴才）自莅任之初，即随在访查地方利弊情形，极知边外营私玩法之徒，不一而足，历年已久，实为奉省之隐忧。惟（奴才）赋性至愚，知识浅陋，思维至再，不得消患未形之策。又不敢茫无把握，率然轻举，恐一发莫收，为害更甚。仰荷天恩，（奴才）身任本省将军重任，此事责无旁贷。前当延煦等合词公请查办之时，未敢列衔。自维庸劣无能，实深愧恧。兹钦奉谕旨：著将该侍郎等酌拟章程，悉心筹画，务使经久可行。（奴才）惟有竭尽愚诚，细心酌度，务期顾全大局，以维根本，断不敢稍存诿卸之见。况该侍郎等，业经两次亲历查勘边民及朝鲜，无不周知，此事似亦势难中止。惟思沿边附近，刨种谋食之民，就其熟荒查办，安插自易办理。在该游民禁地，私垦化为官招佃户，亦必乐从。惟是边外地虽辽阔，而山势崎岖，林丛茂密，砂碛陷甸之处甚多，平原沃壤之区甚少。斫木、打牲，各种谋利之徒，潜于山坳林密之中者，多于垦地之户。浑江迤东，地势愈广，杂项游民愈众。诚如该侍郎等所陈，瑷江一带游民，谋生日久，未必一律安分。且伐木山匪溷迹其间，出没无常，尤非一时所能处置。拟请暂缓勘办，并请先由礼部知照朝鲜等语。是该侍郎等近已深悉情形，紧要所陈，不为无因。兹通盘筹画，固应先将应行封禁之处，查明界址，严饬封禁。查大小围场系历年捕进鲜品、练武操兵之地，所关甚重。前经（奴才）屡次拣派官兵前往稽查，如有私越匪民，随时拿办驱逐，尚无侵占情事。惟旺清边外，地近永陵，风水禁地，龙脉起伏，尤关重大，何处当封？何处当开？查奉省人员、实无深悉其术者，应如原拟，请简派通晓堪舆之员，敬谨查勘，指明处所，先立界牌，方昭慎重。此外，尚有延等原奏未经议及者。查奉省历年应进各项贡物，如内务府槽盆、蜂蜜、盛京礼部烤晾鱼尾需用枝柴以及应进蜂蜜，经该管各衙门，因该处展垦，未便均经咨会前来。并将军衙门应进辇轴、箭杆、虎枪杆、鱼尾等项，甚至恭修陵寝宫殿需用一切大小木植，均由边外一带砍办采取。复有产参山场，应纳课赋。现虽停止采办，理应照旧封禁。兹查各该处，从前虽有游民，为数尚少。近因延等议奏展垦以来，则四方游民闻信续行出边占地者络绎不绝，竟有携眷前往者。虽屡示严谕，莫可禁阻。（奴才）昼夜筹思，此项人民将来如尽数驱逐，实于抚局有碍，若任令占垦，又于各项贡物有关。即或设法迁移，亦恐一时难以化导。拟请于春融，仍会同府尹衙门，拣派妥员，先在于浑江迤西覆加详查，务将各处游民究有若干数，系何姓名、何处籍贯、已占荒厂若干段、现垦熟地若干亩，其中是否沃壤瘠薄，此外，尚有闲荒多寡，有无续出游民侵占，逐细详查，载明册簿。并将何处系茂密林木，何处有关贡物禁地，一一分晰明白，绘具草图详报。到日（奴才）详加酌核，究系有无窒碍流弊，能否经久，以及如何办理之处，再行详细陈奏，请旨示覆遵办，断不敢稍存苟且塞责之意。至叆江迤西地方，只宜仿照延等原拟章程，饬令边外坐卡官员将叆江一带民情、地势先行密为访查明晰，禀报以备。浑江西岸办有头绪，再行派员勘办，以归核实而期稳固。所有（奴才）遵旨酌核延等原奏章程大概情形以及未尽事宜，并请饬下奉天府府尹会同派员查办缘由，理合，恭折据实覆奏。

伏祈皇太后、皇上圣鉴训示。遵行。谨奏，等因。

于同治八年正月初六日承准军机大臣，奉旨："另有旨。

钦此。"

上谕

军机大臣字寄盛京将军都、奉天府府尹恩，同治七年十二月二十七日奉上谕：前因延等奏查勘边地，酌拟章程八条，当经谕令都酌核办理。兹据覆陈大概情形以及未尽事宜，览奏均悉。奉天边外流民日多，既难概行驱逐，自应妥筹安插之法。惟旺清边外，地近永陵风水禁地，关系紧要，必应查明封禁。本日已派礼部主事张元益于明年二月间前往奉天，随同都等将应行封禁处所，逐一勘明，分别界限，以昭慎重。此外，尚有应进贡物地方，亦应照旧封禁。据都奏称，近来游民续行出边占地者络绎不绝，若不赶紧查办，势必愈聚愈多，何所底止？著都、恩会同拣派妥员，于春融后，先往浑江迤西覆加查勘，将各该处游民户口及荒熟地亩详细查明，酌核情形，妥筹办理，务期经久无弊，方为妥善。额现在穿孝，俟其回任后，并著都等会同办理。其暧江一带地方游民尤多，且有伐木山匪溷迹其间，出没无常，虽一时未能处置，然亦岂可听其自然，致滋他患？都等务当先行访查明确，熟筹办法。一俟浑江西岸办理就绪，即可次第查勘也。将此各谕令知之。钦此。

遵旨寄信前来。

标点后记

　　"中国边疆研究文库·初编——近代稀见边疆名著点校及解题"之"东北边疆卷"即将出版了。在此，首先感谢"中国边疆研究文库·初编"的主编，中国社会科学院边疆史地研究中心的于逢春研究员的信任，让我们担当"东北边疆卷"主编的重任。记得 2009 年初于先生来长春讲学时，曾与我们谈及想同黑龙江教育出版社合作，编选并标点一套晚清民国时代的边疆名著，以供今人借鉴的设想。未曾想，2010 年夏，"中国边疆研究文库"作为"国家出版基金项目"被立项。更没有想到的是，于先生让我们主持"东北边疆卷"的编选与标点。

　　有关东北地方的典籍收集、整理与出版，前有金毓黻的"辽海丛书"，后有李澍田、刁书仁等的"长白丛书"，以及其他学者林林总总的整理成果，可谓收罗比较完备，俨然大观。但这些成果更多的是着眼于一个地域的典籍收集、整理与传承。而"东北边疆卷"则更多着眼于思想的传承，即把近代东北边疆置于近代中国边疆危机的大背景下来观察当时国人如何思考边疆问题，如何思忖改变中国被分割、蚕食与瓜分的命运。这也是本卷甄选典籍的出发点与着眼处。

　　"东北边疆卷"内容涵盖今东三省、内蒙古东四盟市，以及被俄国侵占的远东地区，共 15 卷，收集典籍 40 余种。就内容而言，大体上可分以下几种：（1）研究边界沿革问题；（2）地方大员奏稿及中枢回复；（3）中外交涉纪要；（4）边界探查及勘界纪录；（5）边务报告；（6）舆地辑要；（7）边防要略；（8）边地志；（9）边政志；（10）翻译作品等。

本次标点虽然注重边疆思想的传承，但版本的选择也是竭尽所能从全国各地选取最好的底本，并邀请有一定文言文基础与史学素养的人，尽量参酌其他版本或相关资料予以标点。为此，不但需要邀请东北史学界的专家及图书馆、档案馆的工作者，也需要其他地方相关学者的协助。同时，一些典籍的收集、整理、复制、拍照，以及文字录入、校对等工作都需要许多人协助完成。在此，感谢为本卷典籍整理付出心血的标点者王凯、孙伟祥、诸位编委，以及苑宏光、张淑贤、玄花、武宏丽、李爽、蒲思文、李辉、董萌、魏凤云、程石、戴冰、刘德成、孙昊、田青、张戍、姚雯雯、高娜、丛彦博、谷颖、薛刚、李威、朱兴义、刘利、王诗涵、刘威、王颖等同志。

囿于见识与学养，加之参加者水平参差不齐，标点及解题之错谬在所难免，恳请读者不吝赐教，以便于今后再版时改正。

主编　谨识